Magische Urkräfte nutzen

ANSHA

Magische Urkräfte nutzen

Feuer • Erde • Wasser • Luft

LUDWIG

– INHALT –

Vorwort 6

Formen des Erkennens – die vier Elemente 6

Die vier Elemente in der heutigen Magie 8

Im Einklang mit den vier Elementen 11

Erkenne dich selbst 12

Großer Persönlichkeitstest 13

Magie der vier Elemente 20

Magische Techniken 21

Visualisieren und Imaginieren 23

Analogien, Symbole und Archetypen 26

Das Element Luft 32

Die Natur der Luft 32

Der Luftcharakter 34

Die magischen Bilder der Luft 38

Götter und Geister der Luft 43

Praktische Luftmagie 47

Orte der Kraft 52

Kontaktaufnahme mit den Luftkräften 55

Lufttrituale 57

Das Element Feuer 62

Die Natur des Feuers 62

Der Feuercharakter 64

Die magischen Bilder des Feuers 69

Götter und Geister des Feuers 74

Praktische Feuermagie 78

Orte der Kraft 83

Kontaktaufnahme mit den Feuerkräften 86

Feuerrituale 88

Das Element Wasser 94

Die Natur des Wassers 94

Der Wassercharakter 96

Die magischen Bilder des Wassers 100

Götter und Geister des Wassers 104

Praktische Wassermagie 108

Orte der Kraft 113

Kontaktaufnahme mit den Wasserkräften 116

Wasserrituale 118

Das Element Erde 124

Die Natur der Erde 124

Der Erdcharakter 125

Die magischen Bilder der Erde 129

Götter und Geistwesen der Erde 134

Praktische Erdmagie 138

Orte der Kraft 144

Kontaktaufnahme mit den Erdkräften 148

Erdrituale 150

Analogien-Tabelle 154

Quinta Essentia 156

Register 159

Impressum 160

Vorwort

»Wer sie nicht kennte, die Elemente, ihre Kraft und Eigenschaft, wäre kein Meister über die Geister.«

Goethe, Faust 1

Feuer, Wasser, Erde und Luft – seit der Mensch seine Umwelt bewusst wahrnimmt, sind diese vier Elemente für ihn bedeutsam und haben ihn geprägt. Stellen Sie sich vor, Sie sind eine Frau oder ein Mann am Anbeginn der Zeit. Ihr Bewusstsein ist erwacht, Sie nehmen Ihre Umgebung mit Ihren Sinnen wahr. Aber noch ist niemand da, der Ihnen erklären kann, woraus diese Welt besteht, in der Sie sich befinden. Doch Sie haben das Bedürfnis – und das ist nun mal uns Menschen eigen –, erkennen zu wollen, was Sie umgibt und wie es wirkt.

Formen des Erkennens – die vier Elemente

Da ist zuerst die Erde, der Untergrund, auf dem wir stehen, der Stein, den wir in die Hand nehmen können, die Pflanze, die aus dem Boden erwächst, die Materie, die wir anfassen können. Begreifen ist das erste fundamentale Erkennen der Umgebung. Das Wasser, das unsere Füße umspült, durch die Finger tropft, den Durst lindert, das im Boden versickert, aber auch wundersamerweise vom Himmel fällt, bedarf schon einer anderen Form des Erkennens – man kann es nicht begreifen, nicht festhalten, man muss es erfühlen. Die Luft hingegen ist, obwohl wir sie beständig ein- und ausatmen, weder mit den Händen zu fassen noch zu erfühlen. Doch sie ist da, und ihre Auswirkungen sind durchaus wahrnehmbar – als Wind und Sturm, der Staub aufwirbelt, die Blätter von den Bäumen reißt und die Wellen peitscht. Es verlangt ein gewisses Abstraktionsvermögen, sich so etwas Unsichtbares wie die Luft vorzustellen. Die Erkenntnis des Phänomens Luft erfolgt über eine Schlussfolgerung, also das Denken. Das Feuer entzieht sich ganz und gar der Erklärung. Ein Blitz aus dem Himmel entflammt den Baum, den er trifft, ein Sonnenstrahl, der durch ein Kristall gebündelt wird, entzündet ein Schwelfeuer, ein Berg speit aus seinen Tiefen brennende Steine – es scheint, als ob eine fremde Macht das Feuer hervorbringt, willkürlich oder absichtlich. Es vernichtet, doch es leuchtet auch und wärmt. Es zu zähmen, scheint dem Menschen zunächst kaum möglich. In den Mythen vieler Völker bringen daher die Götter den Menschen das Feuer und verraten ihnen seinen Gebrauch. Feuer ist substanzlos, ja es verzehrt sogar die Substanz. Es ist da, aber nicht erklärbar, und so bedeutet, das Feuer zu erkennen, zu glauben.

Die alten Symbole der vier Elemente

Die vier Elemente sind so ungeheuer wichtig für die Menschheit, dass sie zu immer währenden Symbolen, zu zeitlosen Bildern geworden sind, die jeder von uns in sich trägt. Symbole sind seltsame Wesen, sie entziehen sich exakter Definitionen. Sie sind vielschichtig und schillernd in ihrer Bedeutung, sie sind wandelbar und dennoch immer gleich. Sie sind wirksam und kontrollierbar, wenn man sie bewusst erweckt. Sie sind aber ebenso wirksam, wenn man sie unterdrückt. Dann allerdings sind sie nicht kontrollierbar. »Die Symbolik verwandelt die Erscheinung in Idee, die Idee in ein Bild, und so, dass die Idee im Bild immer wirksam und unerreichbar bleibt«, so Goethe.

Dieses Buch handelt von der Magie der vier Elemente und damit letztlich von der Wirkungsweise der ältesten und mächtigsten Symbole der Menschheit. Magie – die Kunst oder Wissenschaft, Einfluss auf unsere Lebensumgebung zu nehmen – bedient sich ihrer seit Menschengedenken.

Die ersten Götter

Dass die vier Elemente das menschliche Denken seit frühester Zeit begleiten, zeigen uns die alten Göttinnen und Götter, die in ihrer ersten Erscheinungsform immer eng mit den Naturgewalten verbunden waren. Sturm und Erdbeben, Waldbrände und Überschwemmungen bringen Tod und Verwüstung. Sie sind höhere, also vom Menschen nicht beeinflussbare Gewalten. Doch auch die Kenntnis davon, dass in der Erde die Samen keimen, dass befruchtendes Wasser die Pflanzen wachsen lässt, eine sanfte Brise Abkühlung bringt und dass das wärmende Feuer Licht spendet, hat diese ersten Gottheiten nie ausschließlich nur gut oder böse erscheinen lassen. Sie sind alles: Zerstörer und Erneuerer, todbringend und gebärend, dunkel und hell, Ende und Anfang – eben wie alle wahrhaft wirksamen Symbole. Die Kunst der Magie bedient sich auch ihrer göttlichen Kräfte. In welcher Form, das werden Sie in den entsprechenden Kapiteln finden.

Die Urstoffe der Griechen

Religion, Mythen, Magie, Philosophie und Naturwissenschaft waren lange Zeit untrennbar miteinander verknüpft. Sie haben eines grundlegend gemeinsam: Sie stellen die gedanklichen Gebäude dar, mit denen der Mensch seine Umwelt und sein eigenes Sein zu erklären versucht.

In der abendländischen Kultur haben uns die Griechen – dank ihrer ausgesprochenen Neigung, eine Schriftsprache zu entwickeln und sich fleißig darin zu ergehen – bis heute ihr Gedankengut erhalten.

Empedokles, der von ca. 490 bis 430 v.Chr. lebte, hielt erstmals den Gedanken der vier Elemente als Grundstoffe der Welt schriftlich fest. Zumindest haben wir keine früheren Aufzeichnungen. Er definiert nicht nur Feuer, Wasser, Erde und Luft als Elemente, sondern er setzt sie auch zueinander in Beziehung. Durch Anziehung (Liebe) und Abstoßung (Hass) beeinflussen sich die Elemente gegenseitig und schaffen und zerstören damit alle Dinge im ewigen Wechsel.

Die Entwicklung der vier Elemente

Die Elementelehre hielt sich lange. Sie wurde verfeinert, auf viele Gebiete übertragen und als Erklärungsmuster für unzählige Erscheinungen und Prozesse hergenommen. Hildegard von Bingen bezog sich in ihrer Heilkunst auf sie, Paracelsus beschrieb die Elementargeister. Die Temperamente der Persönlichkeit sind uns bis heute ein Begriff. Jeder kennt einen aufbrausenden Choleriker oder eine phlegmatische Schlafmütze, einen trübsinnigen Melancholiker oder einen forschen Sanguiniker.

Für die Naturelemente Feuer, Wasser, Erde und Luft fanden sich im Laufe der kulturellen Entwicklung mehr und mehr Entsprechungen, die sich auf diese Symbole beziehen. Weder Naturwissenschaft noch Philosophie, weder christliche Theologie noch mittelalterliche Magie, weder die Heilkunde des Körpers noch die der Seele verzichteten auf dieses Modell der Welt. Es wurde immer differenzierter, erhielt immer mehr Facetten, so dass wir heute oft den Zusammenhang mit den ursprünglichen Elementen gar nicht mehr erkennen. Es hat sich daraus noch eine ganze Reihe anderer magischer Modelle abgeleitet, die differenzierter, nicht mehr einfach auf vier Elemente bezogen sind, sondern beispielsweise auf die sieben Planeten, die zehn Sephirot der Kabbala, die zwölf Tierkreiszeichen, die über zwanzig Zeichen der verschiedenen Alphabete u.s.w. Und das macht das magische Wirken heutzutage zunächst ein wenig unübersichtlich. Darum sollten wir uns auf die elementaren Kräfte rückbesinnen, die vier, die die Grundlage für alle Modelle bilden. Denn Magie gibt es noch immer, wenngleich das Erkennen physikalischer, chemischer oder mathematischer Gesetzmäßigkeiten und das Spielen mit diesen wissenschaftlich definierten Regeln uns vortäuschen, die Welt zu verstehen und zu beherrschen. Ein verständliches Missverständnis. Nicht nur Hebelkräfte heben die Welt aus den Angeln, wie Archimedes glaubte, der forderte: »Gebt mir einen Hebel, einen Ansatzpunkt, und ich werde die Welt aus der Angel heben.« Auch die Kräfte des Geistes tun das. Die allerdings unterliegen anderen Gesetzen als die der Materie.

Die vier Elemente in der heutigen Magie

Den Wunsch, mit Magie Einfluss auf das Leben zu nehmen, hat wohl jeder schon einmal verspürt. Zaubern – sich einfach aus einer unerträglichen Situation mittels Zauberspruch und Hexenwerk zu befreien, das Ungerade wieder gerade zu machen, das Zerbrochene ganz, das Verlorene zurückzuholen, das Fehlende zu ergänzen – wie schön, wenn man das könnte. Man kann es, Magie funktioniert. Mit ihr zu arbeiten bedeutet, das Gleichgewicht wiederherzustellen, und darum zielt die weiße Magie darauf, die Kräfte wieder auszugleichen, die gestört waren.

In ihrer ursprünglichen Form wirken die vier Elemente immer zusammen. Materielles Leben ist nicht möglich, wenn eines fehlt.

Ohne Erde ist uns der Boden entzogen, ohne Wasser verdursten wir, und das Land verdorrt. Fehlt die Luft, ersticken wir, ohne Feuer herrscht ewige Dunkelheit und Kälte. Schon eine geringe Störung im Gleichgewicht dieser vier Elemente führt zu Mangel oder Zerstörung. So ist es auch in der magischen Entsprechung der vier Elemente, der Kräfte, die das seelische Leben beherrschen. Allerdings hat die Sache mit der Magie einen Haken: Nichts ist jemals einfach. Man muss sich nach den Regeln der Kunst richten, und dazu bedarf es der Kenntnis der magischen Energien, der Wirkungsweise der Symbole, ihrer Entsprechungen und Verbindungen. Und einer gehörigen Portion Selbsterkenntnis.

Der Mensch trägt die vier Kräfte von Feuer, Wasser, Erde und Luft in sich – in Form von ganz bestimmten Charaktereigenschaften. Und um zu bestimmen, was einem gerade zu seinem Glück – oder besser zu seiner Vollständigkeit – fehlt, sollte man herausfinden, welches Element das eigene Leben bestimmt.

Beginnen Sie die Lektüre daher mit einem Test, und halten Sie sich das Ergebnis vor Augen, wenn Sie sich anschließend mit den Kräften der Elemente, ihrer Symbole und Korrespondenzen, ihrer Wirkungsweise im Guten wie im Schlechten auseinander setzen.

Ziel des magischen Wirkens

Das Ziel der weißen Magie ist ein Leben in Ganzheit, im Gleichgewicht und im Heilsein. Die Magier aller Zeiten haben Methoden und Techniken gesucht und viele auch gefunden, die das ermöglichen. Doch die Entwicklung ist fortgeschritten, die Welt wandelt sich, neue Einsichten prägen das Denken, und so mögen manche alte magische Praktiken heute skurril und wie abergläubischer Hokuspokus erscheinen. Magie geht heute neue Wege, die Kräfte, die hinter ihr wirken, sind jedoch die alten geblieben. Nutzen Sie sie!

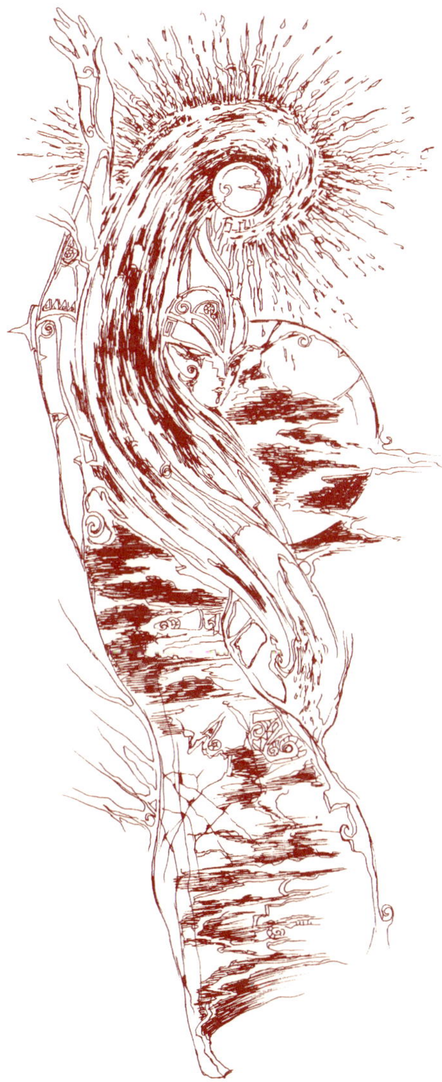

Im Einklang mit den vier Elementen

1. Kapitel
Erkenne dich selbst

»Wie viel bist du von anderen unterschieden?
Erkenne dich selbst, leb mit der Welt in Frieden.«

Goethe

Um sich mit den vier Elementen auseinander setzen zu können, sollten Sie wissen, aus welchen Anteilen Ihre Persönlichkeit gemischt ist. Hier finden Sie einen Fragebogen, der Ihnen helfen soll zu erkennen, welcher Elementtyp Sie sind. Doch bevor Sie mit Feuereifer Punkte vergeben, sollten Sie noch etwas Grundlegendes bedenken: Menschen sind veränderlich. Wir lernen ständig dazu, nicht nur an Faktenwissen, sondern auch emotional und durch intuitive Einsichten. Wir vergessen übrigens auch und lösen uns von Ansichten und Vorstellungen. Im besten Falle entwickeln wir uns also ständig weiter, und zwar auf einen Zustand größtmöglicher Ganzheit hin. Dieser Test kann also nur eine Momentaufnahme Ihres gegenwärtigen Zustandes sein. Vor fünf Jahren hätten Sie vielleicht die eine oder andere Frage ganz anders beantwortet, und in weiteren fünf Jahren werden Sie sie wieder anders bewerten – so, wie Sie es sich heute vielleicht überhaupt nicht vorstellen können. Wenn Sie also feststellen, dass Sie ein ausgeprägter Wassertyp sind und es Ihnen an Erdenergie fehlt, so ist das kein vernichtendes Urteil, das für alle Zeit gilt, sondern es zeigt nur, worin Ihre zukünftige Entwicklung liegt. Und wo die Ursachen gewisser Probleme zu suchen sind.

Test: Welches Element überwiegt in mir?

Beantworten Sie jede Frage so, wie sie derzeit am besten zu Ihnen passt, nicht, wie Sie wünschen, dass es sei. Das verlangt Ehrlichkeit sich selbst gegenüber – aber Sie müssen den Test ja nicht veröffentlichen. Und so wird es gemacht:

- Geben Sie derjenigen Antwort zwei Punkte, die Sie für besonders zutreffend halten.
- Wenn Sie eine zweite Antwort ebenfalls für zutreffend halten, vergeben Sie noch einen Punkt.
- Passt Ihnen eine Aussage überhaupt nicht, vergeben Sie für diese einen Minuspunkt.
- Mindestens eine Wertung geben Sie pro Frage ab (2, 1 oder -1 Punkt), maximal sind drei Nennungen pro Frage möglich.

1. Man sagt Ihnen nach, dass Sie in Konflikten …

A schmollen und anderen Vorwürfe machen.

B den anderen ignorieren.

C manchmal gewalttätig werden.

D massiv mauern.

E überaus cool bleiben.

F sofort explodieren.

G sich emotional völlig zurückziehen.

H mit schmerzhaften Sticheleien reagieren.

2. Entscheidungen fällen Sie meistens …

A spontan und aus dem Bauch.

B langsam und eher nach Gefühl.

C bedächtig und mit Verstand.

D schnell und scharfsinnig.

3. Zum Thema Geld und Besitz ist Ihre Einstellung am ehesten:

A Ein gut angelegtes Vermögen bildet eine solide Grundlage für die Zukunft.

B Kapital lässt man arbeiten.

C Man kann es nicht mitnehmen, also jetzt genießen!

D Geld allein macht nicht glücklich.

4. Ihr Partner schätzt vor allem folgende Eigenschaft an Ihnen:

A Erotische Ausstrahlung

B Anregende Gespräche

C Leidenschaftlichkeit

D Hingabe

E Treue

F Hang zur Romantik

G Verlässlichkeit

H Heiterkeit

5. Wie reagieren Sie, wenn Sie einen ungerechten Angriff erleben?

A Mit einem lautstarken Widerspruch und einer vernichtenden Beleidigung.

B Darauf gehen Sie nicht ein, sondern stellen den anderen mit einer anderen Sache so bloß, dass er vor Scham versinkt.

C Sie weichen aus und versuchen vom Thema abzulenken.

D Sie ignorieren den Dummkopf. Aber wenn er den Angriff wiederholt, kann er sich auf etwas gefasst machen!

6. Wie stehen Sie zu Träumen?

A Sie sind bedeutungsvolle Botschaften aus der Tiefe.

B Luftschlösser lohnt es sich immer zu bauen.

C Träume sind Schäume.

D Manchmal mögen Sie lieber träumen als wachen.

7. Plötzliche, aber nicht ausgesprochen unangenehme Veränderungen in Ihrem Leben …

A lassen sich nicht vermeiden. Sie warten ab, was sich daraus ergibt.

B begrüßen Sie freudig, denn sie setzen tausend neue Ideen frei.

C sind dazu da, die Gelegenheit beim Schopf zu packen und zu sehen, was man daraus machen kann.

D stören Ihre Pläne.

8. Prüfungen, ob in Ausbildung, Studium oder im Beruf, sind besondere Situationen, für die jeder sein eigenes Rezept hat. Welches kommt Ihnen entgegen?

A Etwas Lampenfieber muss sein, es fördert die Leistungsfähigkeit.

B Was ich weiß, weiß ich.

C Hauptsache, man sagt etwas, egal, was es ist.

D Gelassen läuft's am besten.

9. Welche Sportarten würden Sie wählen, wenn Sie Zeit und Gelegenheit dazu hätten?

A Basketball

B Tanzen

C Thai Chi

D Surfen

E Kampfsport

F Fahrradfahren

G Drachenfliegen

H Laufen

I Squash

J Boxen

K Schwimmen

L Turnen

10. Sie sind zu einer Party bei neuen Bekannten eingeladen. Was nehmen Sie gewöhnlich als Erstes wahr, wenn Sie eintreten?

A Sie merken sofort, welche Stimmung herrscht.

B Sie suchen unter den Anwesenden bekannte Gesichter.

C Sie lauschen, welche Gesprächsthemen Sie reizen.

D Sie lassen Ihren Blick über das Büffet gleiten.

11. Wie würde Sie ein Fremder beschreiben, der Sie in einer Gruppe von Menschen beobachtet?

A Einen unbefangenen Plauderer haben wir da.

B Er oder sie wartet darauf, angesprochen zu werden.

C Er oder sie ist der Mittelpunkt der Gesellschaft.

D Ein liebenswürdiger und verständnisvoller Zuhörer.

12. Wann war ein Urlaub für Sie ein wahres Erlebnis?

A Wenn Sie einem irren Lover begegnet sind.

B Wenn Sie so viel Abwechslung geboten bekommen haben, dass Sie sich keine Sekunde gelangweilt haben.

C Wenn Sie sich zutiefst entspannt haben.

D Wenn Sie ein ungeheures Abenteuer erlebt haben.

13. Ihre beste Freundin, ein guter Freund hat einen schrecklichen Verlust erlitten. Wie verhalten Sie sich ganz spontan?

A Sie bemühen sich, sie oder ihn wieder aufzubauen und Hoffnung zu machen.

B Sie schenken ihm oder ihr Ihr ganzes Mitgefühl und bieten eine Schulter zum Ausweinen.

C Sie versuchen die Trümmer zu beseitigen und helfen, die praktischen Konsequenzen zu ziehen.

D Sie zeigen die verschiedenen Lösungswege auf, die er oder sie beschreiten kann.

14. Sie haben einen massiven Fehler begangen, und Ihr Chef wird Sie gleich zur Rede stellen. Wie bereiten Sie sich vor?

A Sie fragen sich, wo die Ursache dafür liegt, dass Sie diesen Fehler begangen haben.

B Sie brauchen sich darauf nicht vorzubereiten, denn Sie stehen zu Ihrem Fehler.

C Sie sollen einen Fehler gemacht haben? Da fällt Ihnen doch bestimmt eine Ausrede ein!

D Sie denken über Möglichkeiten nach, den Fehler wieder gutzumachen.

15. Welche Urlaubsunterkunft würden Sie vorziehen, wenn Sie die Wahl hätten?

A Einsames Ferienhaus

B Zelt

C Clubferienanlage

D Ruhiges Luxushotel

E Fitnesshotel

F Familienpension

G Trailer

H Traumschiff

16. Sie stehen in einer Buchhandlung und suchen sich eine Bettlektüre aus. Was wählen Sie?

A Roman

B Actionkrimi

C Tatsachenroman

D Sciencefiction

E Fantasyroman

F Klassiker

G Spionagethriller

H Satirische Parodie

17. Wie würden Ihre Freunde einen öffentlichen Auftritt von Ihnen beschreiben?

A Was für eine gefühlvolle Szene!

B Das war sehr höflich und korrekt.

C Du hast das so liebevoll in Szene gesetzt!

D Geradezu brillierend im Scheinwerferlicht!

E Absolut gewinnend!

F Donnerwetter! Was für ein Theater!

G Dramatisch!

H Eine kompetente Darbietung.

18. Sie haben einen Videorekorder geschenkt bekommen, das technisch Neueste und Ausgefeilteste, was auf dem Markt erhältlich ist. Sie möchten ihn in Betrieb nehmen. Wie gehen Sie vor?

A Sie fragen jemanden, wie es geht.

B Sie drücken fest auf den roten Knopf und erwarten, dass es funktioniert. So schwer kann das doch nicht sein.

C Sie spielen damit herum, bis es so funktioniert, wie Sie es haben wollen.

D Sie kämpfen sich durch die Bedienungsanleitung und folgen den dort angegebenen Schritten.

19. Sie dürfen sich ein Urlaubsziel aussuchen. Worauf legen Sie besonderen Wert?

A Romantische Landschaften

B Abenteuerliche Gegenden

C Naturbelassene Gebiete

D Großartige Natur

E Lebhafte Städte

F Mystische Stätten

G Ländliche Idylle

H Berühmte Sehenswürdigkeiten

20. Was glauben Sie, womit Sie Ihren Partner/Ihre Partnerin verführt haben?

A Hingabe

B Leidenschaft

C Beharrlichkeit

D Charme und Schmeichelei

21. Welches Lob schätzen Sie am meisten?

A Wenn man Ihren Schönheitssinn erkennt.

B Jedes!

C Wenn man Sie feinfühlig nennt.

D Wenn Ihre Verlässlichkeit geschätzt wird.

E Wenn man Sie als geistreich bezeichnet.

F Wenn man Ihren Mut bewundert.

G Wenn man Sie für das Schaffen klarer Strukturen lobt.

H Wenn man Sie clever nennt.

22. Was ist Ihr stärkster Antrieb, etwas zu tun?

A Sehnsucht

B Allgemeine Begeisterung

C Neugierde, schlichtweg Neugierde!

D Wenn sich daraus Routine und Ordnung entwickelt.

23. Auf welche Art eignen Sie sich am leichtesten Wissen an?

A Indem Sie etwas tun.

B Indem Sie darüber nachdenken und es analysieren.

C Indem Sie es durchleben und sich einbringen.

D Indem Sie es wiederholen.

24. Welche Ärgernisse nerven Sie besonders?

A Verletzen von Gefühlen

B Verschwendung

C Langsamkeit

D Hartherzigkeit

E Eintönigkeit

F Unpünktlichkeit

G Langeweile

H Kritik

25. Was beeindruckt Sie nachhaltig?

A Herzlichkeit

B Hohe Ideale

C Vernunft

D Innere Ruhe

E Konsequentes Handeln

F Überschäumende Phantasie

G Soziales Verhalten

H Dynamik

Tragen Sie nun die Auswertungen in die nachfolgende Tabelle ein, und zählen Sie dann die Punkte in den vier Spalten Feuer, Wasser, Erde und Luft zusammen. Sollten Sie sehr viele Minuspunkte vergeben haben, kann es sein, dass Sie dabei durchaus bei einer Kategorie auf null oder sogar einen negativen Wert kommen. Wichtig sind nicht die absoluten Punktwerte, sondern das Verhältnis der vier Elemente zueinander. Um es noch anschaulicher zu machen, können Sie die Werte in die folgende Grafik einzeichnen.

AUSWERTUNG

Frage		Feuer		Wasser		Erde		Luft
1	C		A		B		E	
	F		G		D		H	
2	A		B		C		D	
3	C		D		A		B	
4	A		D		E		B	
	C		F		G		H	
5	A		C		D		B	
6	C		D		A		B	
7	C		A		D		B	
8	A		D		B		C	
9	A		B		F		D	
	E		C		H		G	
	J		L		K		I	
10	B		A		D		C	
11	C		D		B		A	
12	D		A		C		B	
13	A		B		C		D	
14	D		A		B		C	
15	B		D		A		C	
	G		H		F		E	
16	B		A		C		D	
	G		E		F		H	
17	F		A		B		D	
	G		C		H		E	
18	B		A		D		C	
19	B		A		C		E	
	D		F		G		H	
20	B		A		C		D	
21	B		A		D		E	
	F		C		G		H	
22	B		A		D		C	
23	A		C		D		B	
24	C		A		B		E	
	H		D		F		G	
25	D		B		F		A	
	G		C		H		E	
Punkte								

Auswertegrafik

	Feuer	Wasser	Erde	Luft
45				
40				
35				
30				
25				
20				
15				
10				
5				
0				
-5				
-10				
-15				
-20				
-25				
-30				

Das Horoskop und die Elemente

Sie können nun an Ihrem Testergebnis erkennen, wie die einzelnen Elemente Ihre Persönlichkeit beeinflussen. Doch sicher haben Sie auch schon einmal gehört, dass auch das Geburtshoroskop durchaus Aufschluss über die Elementverteilung im Charakterbild eines Menschen geben kann. Die Tierkreiszeichen sind ebenfalls Feuer, Wasser, Erde und Luft zugeordnet. Insbesondere das Zeichen, in dem die Sonne steht, hat einen bestimmten Einfluss auf den Charakter des Menschen. Die Astrologie ordnet die Elemente wie folgt zu:

Feuerzeichen
Widder, Löwe, Schütze
Wasserzeichen
Krebs, Skorpion, Fische
Erdzeichen
Stier, Jungfrau, Steinbock
Luftzeichen
Zwillinge, Waage, Wassermann

Es ist sicher interessant für Sie zu vergleichen, ob Ihr Testergebnis mit der astrologischen Disposition übereinstimmt. Aber gleich vorweg – das muss nicht sein, denn wie gesagt, der Mensch entwickelt sich. Und außerdem haben auch die anderen Planeten durchaus noch ein Wörtchen mitzureden. Möglicherweise hat sich eine ganze Gruppe von ihnen in den Luftzeichen versammelt, aber Ihre Sonne steht in einem Feuerzeichen. Das mildert den Feuereinfluss erheblich. Vergessen Sie auch nicht – ein detailliertes Radixhoroskop zeigt nur eine Momentaufnahme, nämlich die des Zeitpunktes der Geburt. Es sagt etwas über die Anlagen des Menschen aus, nicht aber, was er daraus macht. Die Sterne machen geneigt, heißt es, aber sie bestimmen nicht. Es kann also sein, dass Sie eine Neigung dazu haben, schnell zu entflammen, doch die Sterne zwingen Sie nicht dazu, jedes Mal in lodernde Leidenschaft auszubrechen, wenn Ihnen ein attraktiver Mensch begegnet. Sie können, wenn Sie in einem solchen Fall schon mal kräftig auf die Nase gefallen sind, beispielsweise gelernt haben, eine etwas bedächtigere (Erd-)Gangart zu wählen.

Temperamente und Säfte

Auf den griechischen Arzt Hippokrates (460–377 v.Chr.) geht die Lehre der vier Körpersäfte und der vier Temperamente zurück. Er ordnete dem Element Erde den Melancholiker zu, dessen »Temperament« von der schwarzen Galle (griech. melaina cholé) verursacht wird, dem feurigen Choleriker die gelbe Galle (griech. cholé), dem luftigen Sanguiniker das rote Blut (lat. sanguis) und dem Phlegmatiker, der durch das Element Wasser bestimmt wird, den Schleim (griech. phlegma). Ein Analogieschluss, sicher, und damit nicht unbedingt logisch, aber bei näherer Betrachtung richtig. Denn Dunkelheit, Erstarrung, Tod und Verwesung sind die düsteren Themen, die beispielsweise die Seele eines Erdtypen bedrohen. Leichtlebig ist nicht der Ausdruck, mit dem man ihre typischen Vertreter bezeichnet. Schwermütig, schwerblütig und schwerfällig können sie sein, wenn die negativen Seiten dieses Elements überwiegen.

Die Psychologie und die vier Elemente

Die Temperamentenlehre ist die Vorläuferin der abendländischen Psychologie, und diese Vierteilung der Charaktertypen findet sich auch in den neueren Lehren wieder. So unterscheidet man nach C.G. Jung den Empfindungstyp (Erde), den Intuitionstyp (Feuer), den Denktyp (Luft) und den Fühltyp (Wasser) oder nach Riemann den zwanghaften Typ (Erde), den hysterischen Typ (Feuer), den schizoiden Typ (Luft) und den depressiven Typ (Wasser). Das hört sich leider ziemlich krank an und beleuchtet die unangenehmen Seiten des Charakters.

Beleuchten wir den Charakter also etwas intensiver. Jeder Mensch lebt auf unterschiedlichen Ebenen, die sich ebenfalls den vier Elementen zuordnen lassen.

Das Denken, der analytische Verstand, die Ratio, das Wissen – das ist die Luftseite, die sich mit der bewussten Wahrnehmung der Welt beschäftigt und mit ihr über die Sprache kommuniziert. Das Fühlen, das Erspüren von Schwingungen, die emotionale Intelligenz, das soziale Verständnis – das ist die Wasserseite, die sich mit dem Erleben der Welt beschäftigt und über persönliche Beziehungen mit ihr in Verbindung steht. Das Wollen, die Dynamik, das Durchsetzungsvermögen, die Begeisterungsfähigkeit – das ist die Feuerseite, die sich mit Hingabe mit der Welt auseinander setzt und die Führung übernimmt. Das Handeln, das Erfassen der materiellen Eigenschaften, die praktische Vernunft, die Sinnlichkeit – das ist die Erdseite, die sich mit der Machbarkeit beschäftigt und sich gestaltend und formend ausdrückt. In jedem der vier Bereiche wirkt der Charakter, und je nachdem, welches Element Übergewicht hat, ergeben sich Stärken oder Schwächen. Und derjenige, bei dem die Kräfte im Gleichgewicht sind, ist am besten dran. Jedes Übermaß und jeder Mangel bereiten Probleme, die man beseitigen sollte. Und natürlich auch beseitigen kann. Wie man das am besten angeht, davon handelt dieses Buch.

Welche Bedeutung die Elemente Feuer, Wasser, Erde und Luft für Sie haben, welche Auswirkungen Sie auf Ihr Leben zeitigen, wie sie sich in Ihrer Persönlichkeit angenehm oder auch unangenehm bemerkbar machen, das zeigen Ihnen die folgenden Kapitel. Doch sie sollen Ihnen nicht nur Einsicht in die eigene Charakterstruktur geben, sondern auch die magischen Mittel und Möglichkeiten an die Hand geben, mit eben diesen Kräften Einfluss zu nehmen. Sie sollen Ihnen zeigen, wie Sie ganz konkret auf Ihr Leben und Ihre Umwelt einwirken können. Darum zunächst ein kleiner Grundkurs in Magie.

2. Kapitel
Magie der vier Elemente

Magie funktioniert, aber man muss sich mit den Grundlagen vertraut machen. Dazu gehören Kenntnisse vom prinzipiellen Ritualaufbau, der Reinigung, Anrufung, Bannung, der Technik des Visualisierens und Imaginierens, vor allem aber das Verständnis für die Wirkungsweise der Symbole und Bilder und der Hilfsmittel, die sie unterstützen.

Wunder sollen geschehen, Liebe, Wohlstand, Gesundheit und Abwechslung sollen in Ihrem Leben herrschen. Wenn etwas davon fehlt, muss es ergänzt werden. Am liebsten würden Sie einfach einen passenden Spruch murmeln, einmal kräftig den Zauberstab schwingen und – schwups – das Problem ist gelöst. Wenn man weiß, welchen Spruch man aufsagen und wie man den Zauberstab schwingen muss, dann geht das in der Tat.

Es gibt etliche Bücher, die versorgen Sie mit Beschwörungsformeln aller Art, mit den zugehörigen Rezepten für Räucherwerk und Duftöle. In Esoterikläden können Sie sich mit Stab und Dolch, Kelch und Pentagramm eindecken, im Mondkalender nachschlagen, wann die Zeit des Wachstums und wann Zerstörung angesagt ist.

Und dann zaubern Sie – und siehe da, der Liebste kehrt zurück, die Gehaltserhöhung fließt aufs Konto, die Pickel verschwinden, und die nächste Partyeinladung flattert Ihnen ins Haus. Oder auch nicht.

Magische Rezepte und ihre Wirksamkeit

Weder Zaubersprüche noch Räucherwerk, magisches Werkzeug oder Zeitpunkt als solche sind schuld daran, wenn es nicht klappt mit der Magie. Diejenigen, die Vorschläge für Beschwörungsformeln oder magische Rituale machen, haben sich nämlich etwas dabei gedacht, denn die abendländische Magie fußt ganz ursächlich auf den Entsprechungen der vier Elemente. Doch wenn Sie einen Liebeszauber wirken wollen, um einen Partner fürs Leben zu finden, und dazu, weil empfohlen, rote Rosen, gelbe Kerzen, Moschusduft im Parfüm, eine Räuchermischung mit dem beziehungsreichen Namen Liebesfeuer und einen Zauberstab aus Haselnussholz verwenden und sich dann das Ganze in einem kurzen Quicky entlädt, statt in eine dauerhafte Beziehung zu münden, dann haben Sie mit dem falschen Element zugeschlagen. Rot und Gelb, Moschus und Haselstrauch wie auch der Stab selbst sind Entsprechungen des Feuers. Wendet man sie in der Liebeszauberei an, schürt das zwar die Leidenschaft, mitnichten aber die Harmonie oder gar Tiefe und Dauerhaftigkeit.

Vorbereitete magische Rezepte können funktionieren, wenn sie zufällig vom Richtigen für den richtigen Anlass angewendet werden. Aber sie sind vergleichbar mit einer Bedienungsanleitung, auf der nicht vermerkt ist, für welches Gerät sie gedacht ist.

Die Techniken sind an anderer Stelle ausführlich beschrieben, beispielsweise im »Praxisbuch der weißen Magie«, ebenfalls im Ludwig Verlag erschienen. Hier deshalb nur eine Zusammenfassung.

Magische Techniken

Falls Sie noch nicht ein Meister oder eine Meisterin der hohen Magie sind, der/die auf weitgehend alle Hilfsmittel verzichtet, ist das Ritual die Grundlage allen magischen Wirkens. Es grenzt die magische Tätigkeit vom Alltag ab, es schließt störende Faktoren aus, es hilft dem Ausführenden, sich ausschließlich auf die magische Tätigkeit zu konzentrieren, es weckt die Energien und wirkt als solches schon als Symbol. Doch egal, ob sie Ihr Ritual als Materialschlacht mit Bühnenwirkung durchführen oder als schlichtes Gebet in der Ecke Ihres Schlafzimmers – nie wird es ohne vorherige Zielsetzung begonnen. Und dann müssen Sie wissen, welche Kräfte Sie wie dazu einsetzen wollen. Und Sie müssen bereit sein, die Veränderung zu akzeptieren, die es bewirkt. Dann erst werden Sie magisch tätig. Und anschließend, bitte, schweigen Sie darüber. Daher lautet auch der wesentliche Grundsatz der Magie:

Wissen – wollen – wagen – schweigen.

Das Ritual

Ein Ritual, einen magischen Akt, kann man aus mehreren Gründen durchführen:

- Weil man sich etwas wünscht – das ist für den Einsteiger der häufigste Anlass.
- Weil man etwas an sich oder seinem Umfeld ändern möchte – das ist oft der löblichste Anlass.
- Weil man jemandem Schaden zufügen will – das bekommen Sie anschließend zurück. Überlegen Sie sich gut, ob es das wert ist.
- Um sich mit den alten Traditionen rückzuverbinden – das wird dann ein kultisches Ritual, das Festigkeit gibt und meist in der Vergangenheit wurzelt.
- Um sich mit magischen Kräften zu verbinden – das ist ein hoher Ansatz und führt, wenn es richtig gemacht wird, dazu, dass man auf dem Weg zur Ganzheit vorankommt.

Welcher Art Ihr Ritual sein soll, legen Sie also als Erstes fest. Dazu gehört vor allem, dass Sie in allen Konsequenzen durchdenken, was Sie sich wünschen oder verändern wollen. Erst dann suchen Sie nach einer passenden Formulierung. Diese Formel nennt man gemeinhin Zauberspruch. Er kann aus einem Buch über Zaubersprüche stammen, doch je persönlicher er ist, desto wirksamer ist er. Wenn Sie wissen, was Sie wollen, können Sie auch die Hilfsmittel auswählen: Düfte, Farben, Kerzen, Räucherwerk, Blumen, Kräuter, Edelsteine, Kleidung, Schmuck, Amulette,

Sigillen, Kristallkugeln, Pendel und ähnliche divinatorische Gerätschaften, Musik, Beleuchtung, eventuell Hymnen an die angerufene Gottheit, Ort und Zeit.

Nicht alles ist ein Muss – Sie bestimmen den Materialaufwand, der Ihnen notwendig erscheint.

Vor dem Ritual

- Formulieren Sie Ihre Zielsetzung.
- Fertigen Sie den »Zauberspruch« an, den Sie im Lauf des Rituals übermitteln werden.
- Stellen Sie die notwendigen materiellen und magischen Hilfsmittel zusammen, legen Sie Ort und Zeit für die magische Arbeit fest.

Ritualbeginn

Das Ritual selbst beginnt mit der persönlichen Vorbereitung, meist der Reinigung von Raum und Beteiligten. Auch hier gibt es verschiedene Möglichkeiten: von der visualisierten Lichtdusche bis hin zu stundenlangen Saunabesuchen, vom kräftigen Durchlüften bis zum Ausräuchern aller Ecken.

Viele Vorschläge hierzu finden Sie in dem Ratgeber »Reinigungsrituale für Haus und Wohnung«, der ebenfalls im Ludwig Verlag erschienen ist.

Es folgt das Erden, die Konzentration auf das eigene Zentrum, die Verbindung zur Erde und der feste Halt, den Sie während dem magischen Akt nicht verlieren dürfen. Die Erdung ist eine körperliche Übung, die einen engen Kontakt mit dem Boden herstellt. Sie kann im Stehen, im Knien oder sogar im flachen Liegen auf der Erde geschehen. Dabei visualisiert man den Kräftefluss zwischen der Erde und dem eigenen Körper. Eine Übung dazu finden Sie im Kapitel über die Erdkräfte (siehe Seite 131ff.).

Anschließend werden Alltags- und Außenwelt ausgegrenzt. Dazu zieht man den magischen Kreis um sich oder den gesamten Ritualbereich. Das kann durch einen Kreis aus Kerzen oder anderem Ritualzubehör geschehen oder auch nur durch Gesten und visualisiertes Licht.

Hierzu finden Sie Übungen in den Kapiteln über die einzelnen Elemente.

Ritualeinleitung

- Führen Sie die persönliche Reinigung und eventuell auch eine Raumreinigung durch.
- Erden und zentrieren Sie sich nach der von Ihnen gewählten Methode.
- Bauen Sie Schutz oder Bannung auf, beispielsweise dadurch, dass Sie den magischen Kreis ziehen.

Durchführung des Rituals

Die eigentliche magische Operation findet im Hauptteil statt. Hier werden die Kräfte angerufen – Götter oder Dämonen, Engel oder Naturgeister oder welcherart die von Ihnen gewählten Energien sind. Es können Weihungen, Opfer, Heilungshandlungen oder Schicksalsbefragungen durchgeführt oder mystische Erfahrungen angestrebt werden. Gleichgültig, was der Inhalt des Rituals war, anschließend müssen die geweckten Energien wieder verabschiedet werden, damit sie nicht später »herumgeistern«.

Dazu werden noch einmal Erdung, häufig in Form von Essen und Trinken, eventuell eine weitere Reinigung und vor allem die Aufhebung des gezogenen Kreises durchgeführt. Was immer man in einem Ritual erfahren hat, sollte man für sich noch einmal verarbeiten. Häufig empfindet man anschließend eine große Kreativität, und ein Gedicht, Bild oder Lied entsteht wie von selbst.

Ritualabschluss

- Verabschiedung der gerufenen Energien
- Erdung, Reinigung und Aufhebung des Schutzkreises
- Wiedereintritt ins Alltagsbewusstsein
- Nachbereitung des Rituals und kritische Betrachtung

Visualisieren und Imaginieren

Grundsätzlich gehören das Visualisieren und das Imaginieren zu den magischen Fähigkeiten, die man beherrschen muss. Erschrecken Sie jetzt nicht, und glauben Sie nicht, dass damit eine geheimnisvolle Fähigkeit von Ihnen verlangt wird, die Sie erst nach jahrelanger strenger und asketischer Übung entwickeln können. Das können Sie nämlich schon lange.

Stellen Sie sich vor, Sie beißen in eine Zitrone. Es wäre sehr ungewöhnlich, wenn diese Vorstellung nicht den Speichelfluss anregen würde. Oder machen Sie die Augen zu, und stellen Sie sich Ihr Schlafzimmer vor. Sie wissen, wo das Fenster ist, wo der Schrank steht und das Bett. Visualisieren heißt sich etwas vorstellen.

Visualisieren – neue Bilder schaffen

Nun ist es verhältnismäßig einfach, sich etwas vorzustellen, was man schon einmal gesehen, geschmeckt, gerochen, gehört oder ertastet hat. Ein bisschen schwieriger mag es für den einen oder anderen sein, sich etwas Neues, ganz anderes vorzustellen. Aber auch das geht.

Entwerfen Sie Ihr Traumhaus oder ein phantastisches Abendkleid oder die Landschaft, durch die Sie gerne wandern würden. Solche Vorstellungen sind nicht ungewöhnlich, wir alle machen so etwas recht häufig.

Eine weitere Steigerungsstufe ist das so genannte Tagträumen, in dem man sich nicht nur Gegenstände oder Szenerien vorstellt, sondern ganze Handlungsabläufe. Wie man seinem Chef so richtig die Meinung sagt, wie man dem Mann begegnet, nach dem man sich schon immer gesehnt hat, wie man mit dem Motorrad durch das Gelände donnert ...

Sie wissen schon: sich Geschichten ausmalen, Figuren schaffen, Situationen gestalten – eben visualisieren. Sie können es, aber beherrschen Sie es auch? Oder beherrscht es Sie?

Beherrschen meint in diesem Fall, sich willentlich und wissentlich etwas vorzustellen, eine Weile nur dabeizubleiben und schließlich wieder damit aufzuhören! Nur dann kann man es für das magische Wirken einsetzen.

Das bedarf nun allerdings der Übung und Disziplin. Hat man beides nicht, bleibt in dem einen Fall die Visualisierung flüchtig und wirkungslos, in dem anderen Fall verlieren Sie teilweise oder vollständig den Bezug zur Wirklichkeit und werden zum Traumtänzer.

Imaginieren – sich etwas einbilden

Imaginieren bedeutet Einbilden. Man bildet sich ständig etwas ein. Beispielsweise, dass man zu dick ist, dass einen der Nachbar nicht leiden kann, dass man morgen schon mit dem Rauchen aufhören wird, dass die Politiker wissen, was sie tun, oder dass die Erde eine Kugel ist. Eingebildet nennt man jemanden, der von sich glaubt, ein toller Hecht zu sein. Eingebildet ist auch das Genie, das nicht weiß, welche ungeheure Leistung es vollbracht hat. Bei ihm jedoch spricht man von Bescheidenheit. Der Einbildung bedient man sich am häufigsten, um einen Mangel wettzumachen oder mit einer Angst fertig zu werden. Falsch ist es, wenn man vor einer Prüfung die Angst vor dem Misserfolg mit den einprägsamen Vorstellungen in den Griff zu bringen versucht: »Was soll ich mich aufregen, ich versage ja sowieso!«

Einbildung kommt aus tiefen Schichten, aus dem Unbewussten. Und da lümmeln auch immer einige Dämonen herum, die nur zu gern hinterrücks ans Licht kommen wollen. Selbstmitleid, Unsicherheit, Versagens- und Verlustängste sind ihre Namen. Einbilden, in das Unbewusste etwas hineinzubilden, dazu muss man das Imaginieren beherrschen – also auch die gefühlsbelasteten Bilder und Symbole, mit denen man dabei arbeitet, wissentlich und willentlich einsetzen und sich dann auch wieder von ihnen lösen. Sie werden in den folgenden Kapiteln immer wieder Anregungen, Hinweise und Übungen zum Visualisieren und Imaginieren finden.

Die Beherrschung allerdings müssen Sie selbst erlernen.

Meditation, Trance und Träume

Das, was sich im Hauptteil eines magischen Rituals abspielt, findet in einem anderen Bewusstseinszustand statt, einer Haltung, die mit der üblichen Form der Wahrnehmung nicht vergleichbar ist. Es bedeutet somit, dass das Bewusstsein offener, weiter ist und der Zugang zum Unbewussten und/oder Überbewussten geschaffen wird. Hier spielt sich der eigentliche magische Akt ab.

Die Technik der Entspannung

Magie ist kein entspannender Zeitvertreib, sondern es ist so, dass diese Entspannung einen höchst aktiven Bestandteil hat. Es gibt mehrere Methoden, eine davon ist das autogene Training. Wenn Sie eine bequeme Haltung einnehmen, die Augen schließen und dann langsam und tief in den Bauch einatmen, setzt ein körperliches Gefühl der Entspannung ein. Atmen Sie 20-mal ein, nicht häufiger. Wahrscheinlich reichen auch schon zehn Atemzüge, um das Gefühl der Ruhe herzustellen.

Atmen Sie dann einmal ganz tief ein, und strecken Sie sich ein wenig. Möglicherweise müssen Sie gähnen. Machen Sie die Augen wieder auf, und seien Sie wieder ganz im Hier und Jetzt. Darauf können Sie jetzt aufbauen. Beispielsweise bei einer Meditation.

Meditationstechniken

Es gibt verschiedene Formen von Meditationstechniken, denn die unterschiedlichen magischen, religiösen oder esoterischen Lehren haben jeweils ihre eigenen Beschreibungen und Vorstellungen davon, wie Meditation zu erfolgen hat. Doch wesentlich ist das, was sie unterstützen sollen, nämlich die entspannte Spannung, in der sich der Geist auf ein Thema konzentriert. »Machen Sie Ihren Geist leer!« ist eine Forderung, die den angehenden Magier zur Verzweiflung treiben kann. Denn wie sehr man es auch versucht, der Geist wird nicht leer. Das ist übrigens auch nicht seine Aufgabe. Wir sollten froh sein, dass wir ihn haben und dass er tätig ist. Aber diszipliniert werden muss er, denn er hat die Eigenart, fröhlich von einem Thema zum andern zu hüpfen, wenn man ihn lässt. Unzählige Sinneseindrücke kommentiert er, Erinnerungen fischt er irgendwoher herauf, dem inneren Kind muss er über den Mund fahren, und manchmal erhebt er auch warnend den Zeigefinger. Um ihn, den Geist, gezielt einzusetzen, muss man ihn eingrenzen, jedoch nicht leer machen.

Meditation ist entspannte Konzentration auf ein – und nur ein – Thema. Was bedeutet, dass die aufsteigenden Gedanken zu anderen Themen ignoriert werden müssen. Man lässt sie vorbeigehen, sich verflüchtigen wie eine Seifenblase und widmet sich wieder dem eigentlichen Thema. Das ist durch Übung durchaus erreichbar und keine ausschließliche Fähigkeit fernöstlicher Mystiker. Was passiert, wenn man über einen Begriff, ein Symbol, eine magische Kraft meditiert, ist etwas ganz Seltsames. Es ist völlig anders, als wenn man darüber nachdenkt. Beim Nachdenken nimmt unser analytisch geschulter Verstand die Dinge auseinander, sucht nach Kausalzusammenhängen und logischen Verknüpfungen. Daraus baut sich Wissen auf. Während der Meditation erfolgt jedoch Erkenntnis. Nicht nur ursächliche, kausale Zusammenhänge tun sich plötzlich auf, auch Analogieschlüsse, also Entsprechungen, leuchten mit einem Mal ein. Es kann daher sein, dass sich das Thema, über das man meditiert, sich in seiner Ganzheit erschließt. Gemeinhin nennen wir diese Erfahrung Erleuchtung, und die führt nicht zum Wissen, sondern zur Weisheit.

Trancetechniken

Die Trance ist sozusagen Meditation über bewegte Bilder, nicht über ein Thema. Im einfachsten Fall ist sie ein gesteuerter Tagtraum, aber die Trance kann noch viel mehr. Voraussetzung ist zunächst auch hier die Entspannung. Doch in sie baut man bereits den Einstieg in die andere Welt ein, die man zu betreten wünscht. Dazu ist die Technik des Visualisierens gefragt. Beispielsweise können Sie sich für jeden Atemzug, den Sie zur Entspannung tun, eine Treppenstufe vorstellen, die Sie hinuntergehen. Und wenn Sie unten angekommen sind, wird dort immer eine Öffnung sein, durch die Sie treten müssen, um in Ihr Zauberreich zu gelangen. Trance ist der Zustand des Gehirns kurz vor dem Einschlafen. Sie kennen das: Man ist nicht mehr ganz wach, aber die Umwelt nimmt man nur noch aus der Ferne wahr. Der Körper ist weich und spannungslos. Erste Traumbilder tauchen auf, und gleich darauf ist man in tiefen Schlummer gesunken. Das muss man bei der Trance allerdings vermeiden, und die einfachste Form besteht darin, sich nicht hinzulegen, sondern aufrecht zu sitzen.

In Trance verfällt man übrigens auch bei monotonen Geräuschen wie Trommeln, Rattern, Klopfen, bei monotonen Bildeindrücken wie etwa die vorbeiziehenden Markierungsstreifen auf der Autobahn, ja selbst monotone Beschäftigungen wie Fließbandarbeit können Trancezustände unwillkürlich auslösen, und dann ist Trance wirklich gefährlich. Wie alles, was man in diesem Bereich nicht wissentlich und willentlich tut. Aus der Trance kommt man willentlich übrigens auch immer wieder heraus. Beispielsweise, indem man die Treppe wieder hinaufsteigt und dabei rückwärts zählt. Auch Bewegung und das langsame Öffnen der Augen bringen Sie in die Wirklichkeit zurück.

Oder Sie verzichten darauf und benutzen die Trancetechnik als Einschlafhilfe und können damit ihren Träumen sogar ein Thema vorgeben.

Analogien, Symbole und Archetypen

Unter Analogien verstehen wir Sinnverwandtschaften zwischen Gegenständen, Zuständen, Gefühlen und Kräften. Wir kennen noch andere Begriffe für Analogien und Symbole, etwa Metaphern, Gleichnisse, Allegorien, Sinnbilder oder symbolische Vergleiche. Wir benutzen sie laufend. Etwas ist schwer wie Blei, heiß wie die Hölle, süß wie die Sünde oder glatt wie Seide – ist aber weder Blei, Hölle, Sünde noch Seide. Mit Farben machen wir derartige Spiele gern und sprechen von unschuldigem Weiß, sattem Grün, kühlem Blau und feurigem Rot, und genauso verwenden wir diese Farben auch, wenn wir etwas damit ausdrücken wollen. In der Magie werden diese Entsprechungen genauso eingesetzt, beispielsweise in Zeremonialgewändern, deren Farbe sich nach den Elementkräften richtet, die angerufen und geweckt werden sollen.

Die Analogien

Entsprechungen oder Analogien sind immer etwas, was die Bedeutung ausmacht, etwas, das gleich ist, aber nicht vollständig dasselbe. Sie lassen immer einen Spielraum für Interpretationen. Ein Analogieschluss ist nicht zwingend logisch, weil er nur gleiche Merkmale unterschiedlicher Dinge oder Ereignisse miteinander in Beziehung setzt. Er kann nichtsdestotrotz richtig sein. Für die vier Elemente haben sich im Laufe der Zeit unzählige Entsprechungen herausgebildet, die alle auf einen oder mehrere Aspekte ihrer Grundeigenschaften hinweisen. Feuer, Wasser, Erde und Luft sind komplexe Begriffe, die nicht einfach, sondern vielschichtig sind. Sie entziehen sich auch der Bewertung von Gut und Böse. Doch sie grenzen sich deutlich voneinander ab, und je nachdem, welche Eigenschaft man in einer magischen Handlung aktivieren will, wählt man eine passende Analogie – das kann ein Gegenstand sein, ein Duft, ein Geschmack, eine Farbe, eine Gottheit oder eine geistige Wesenheit, die dem entspricht, was man bewirken will. Wer sich mit den Korrespondenzen nicht auskennt, der wird allerdings verwundert den Kopf schütteln und etwas von Aberglauben murmeln.

Die Symbole

Die Magie arbeitet mit den subtilen Wirkungsweisen der Symbole und Archetypen. Das Unbenennbare, das mit Worten nicht zu Beschreibende, das in sich Widersprüchliche, Paradoxe kann nur in Bildern dargestellt werden, in Symbolen. »Bild« ist auch nicht immer der richtige Begriff, denn nicht jedes Symbol ist als Bild zu begreifen.
Auch Mythen, Mysterienspiele oder Musikwerke können Symbole sein. Immer ist ein Symbol vielschichtig, es hat auf unterschiedlichen Ebenen des Erfassens verschiedene Bedeutungen, doch diese werden durch einen bestimmten Sinn zusammengehalten. Je nachdem, wodurch und wie wir uns von einem Symbol angesprochen fühlen, wirkt es. Symbole sind auch über Zeiten und Räume beständig, sie haben Eingang in das kollektive Unbewusste der Menschen gefunden, diesen gemeinsamen Erfahrungs- und Erkenntnisschatz, den wir alle miteinander teilen. Und darum sind uns manche Symbole ohne große Erklärung sofort einleuchtend. Ruft man sie sich vor Augen, sprich, verbindet man sich mit dem kollektiven Unbewussten, kann man die Aussage und die Kraft, die darin verborgen ist, nutzen. Das ist die Basis der Magie. In ihr werden Symbole wissentlich und willentlich eingesetzt, um etwas zu bewirken. Aber denken Sie daran: Ein Symbol berührt immer, auch wenn wir es nicht merken.

Die Archetypen

Archetypen sind im weitesten Sinne auch Symbole, nämlich solche von menschlichen Eigenschaften. »Urbilder des Menschen« bedeutet das Wort, und das, was wir seit Jahrtausenden an unseren Mitmenschen wahrnehmen, verkörpern sie in unvermischter, reiner, oft überhöhter Form. Der Herrscher und die Hohepriesterin, der Narr und die törichte Jungfrau, der Krieger und die Amazone, der Latin Lover und die Powerfrau sind alte und neue Formen der Archetypen. Sie finden diese Gestalten in Märchen, Sagen, Mythen und Legenden. Heute arbeiten die Fantasyliteratur und ihre entsprechenden Verfilmungen mit ihnen, und je reiner die Form dargestellt wird, desto größer der Erfolg.

Die magische Sicht

Wenn Sie Magie mit den Kräften der vier Elemente und ihren Entsprechungen betreiben, werden Sie nicht umhinkommen, die Welt mit anderen Augen zu sehen. Sie werden Dinge und Situationen plötzlich anders bewerten, klarer erkennen, wie etwas wirkt, wie etwas zusammenspielt und wie man ändernd eingreifen kann. Das macht übrigens auch hellsichtig – für die eigenen Belange und die anderer.

Und darin liegt auch eine der großen Gefahren der Magie. Denn wer weiß, wie sich etwas entwickelt, ist oft geneigt, einzugreifen – nicht immer zum eigenen oder zum Nutzen anderer. Darum beachten Sie bitte Folgendes: Wissen ist Macht. Magisches Wissen ist – auch – eine gefährliche Macht.

Geistige Wesenheiten

Das, was der Mensch mit seinem Verstand nicht erklären kann, schiebt er gern höheren Mächten in die Schuhe. Der Glaube an die sie verkörpernden Geistwesen verlor sich auch nicht im christlichen Mittelalter, das geprägt war von seinem Glauben an Engel und Elfen, Dämonen und Heilige und die vielfältigen Erscheinungsformen der Mutter eines Gottes, Maria.

Die Götter

Zuerst waren es die unfassbaren Naturkräfte, deren scheinbar willkürliches Wirken in das Leben der Menschen eingriff, zum Guten wie zum Schlechten. In den Naturreligionen hatten die Götter und Geister eine starke Verbindung mit den Erscheinungen der Natur, waren unbeherrschter und gewaltiger. In der Antike hingegen wurden sie menschlicher, doch hielt sich auch hier noch lange der Einfluss der Elemente. Ganze Götterfamilien, Clans oder Sippen bevölkerten den Olymp, die Anderwelt, Asgard oder Nifelheim. Sie liebten und bekriegten sich, mischten sich unter die Menschen und zeugten Halbgötter und Helden, Ungeheuer und Dämonen.

Die Heiligen

Die monotheistischen Religionen haben in der abendländischen Kultur die heidnischen Religionen verdrängt. Vielgötterei wurde abgeschafft und bei Strafe verboten. »Ich bin der Herr, dein Gott, du sollst keine anderen Götter neben mir haben!«, verlangt der Eine, der archetypische Vater recht despotisch. »Sonst setzt es was!«, fügte die Kirche hinzu und zündete schon mal die Scheiterhaufen an. Aber durch die Hintertür kamen sie dann doch wieder herein, die Göttinnen und Götter. Nur stellten sie ihrem latinisierten Namen ein »Sankt« oder »Heiliger« voran. Nehmen Sie mal einen ausführlichen Heiligenführer zur Hand, in dem sie alle verzeichnet sind.

Die Engel

Was sich die Gelehrten des Mittelalters alles an Spitzfindigkeiten ausgedacht haben, um das Wesen der Engel zu schildern, ist schier unbeschreiblich. Ganze Hierarchien werden da aufgetürmt, Heerscharen bevölkern die unterschiedlichsten Sphären, Aufgaben und

Funktionen werden vergeben, Chöre gebildet und ungebärdige Engel verstoßen. Sie ist eine Wissenschaft für sich, die Engelkunde, und führt hier viel zu weit. Doch der Vollständigkeit halber muss erwähnt werden, dass es magische Stilrichtungen gibt, die vornehmlich mit Engeln arbeiten, mit Lichtwesen überirdischer Art, mit Schutzengeln und englischen Führern.

Die Elementarwesen

»Elben, Herr! Die würde ich ja so gerne sehen«, sagt der Hobbit Sam zu dem Zauberer Gandalf in Tolkiens so wundervoll magischem Roman »Der Herr der Ringe«. Wie Sam mir aus der Seele spricht! Aber so sehr ich auch in dämmerigen Auen, in tiefen, verwunschenen Wäldern nach ihnen suchte, nie sah ich auch nur einen Schimmer von ihnen. Bis ich dann entdeckte, dass sie an ganz anderer Stelle zu finden sind. Die Elementargeister sind noch immer da, Elfen tanzen auf nächtlichen Wiesen, Zwerge hämmern tief in heimlichen Höhlen, Feen schweben im Nebel zwischen den Säulenstämmen uralter Bäume, und Kobolde huschen Schabernack treibend durch die Häuser. Ich fand sie alle – in mir. Und plötzlich standen sie auf dem Papier und entwickelten ihr ganz eigenes Leben.

Die Kelten und Germanen haben ihre Elfen und Feen, Trolle und Gnome, Zwerge und Wasserjungfrauen auf das Innigste verehrt. Auf diesem mythologischen Stoff baut Tolkiens gewaltiges Werk auf und danach alles, was sich an Fantasyliteratur entwickelt hat. Sylphen, Nymphen, Dryaden, Salamander, Drachen, Feuervögel, Undinen und Nixen finden sich in den verschiedenen Kulturen.

Der Umgang mit den Geistwesen

In magischen Ritualen werden oft Geistwesen und Götter als Hilfskräfte angerufen, und in einigen magischen Schulen wird gelehrt, dass diese Wesen von außen auf uns einwirken. Das ist Glaubenssache. Man kann es auch anders betrachten, wodurch jedoch die Wirksamkeit nicht gemindert wird. Götter und Geistwesen stellen Aspekte des Menschen dar, solche, die wir an uns selbst kennen, solche, die wir nur an anderen zu erkennen in der Lage sind, und solche, die wir ungern erkennen möchten, die aber dennoch da sind und im Schatten unserer Persönlichkeit ihre Arbeit tun. Früher nannte man diese unliebsamen und ungeliebten Seiten auch Dämonen oder Teufel. Durch magische Evokation – Anrufung – kann man diese Kräfte bewusst und wissentlich wecken und für sich oder andere einsetzen. Dazu aber sollte man wissen, was man da aufweckt. Und wenn Sie mit den alten Göttern arbeiten wollen, den keltischen oder germanischen, griechischen oder römischen, dann sei Ihnen dringend angeraten, sich zuvor sehr gründlich mit ihrer Geschichte und ihren Eigenschaften auseinander zu setzen. Hekate hat nämlich nicht nur den Frauen das Zaubern beigebracht, sie hatte auch eine ganze Reihe unangenehmer Dämonen im Gefolge, und die wachen auf, wenn Sie sie rufen. Auch über Elementargeister sollte man das eine oder andere wissen, denn sie stellen die Kräfte der vier Elemente dar, und nicht immer sind es die liebenswürdigsten Ausprägungen, die damit aufgerufen werden. Jedem Engel steht auch ein Dämon zur Seite, und die Vertreter der reinweißen Magie, die meinen, nur mit Licht zu arbeiten, verschließen lediglich die Augen vor dem Schatten, das es wirft. Das Nichterkennen aber, die Ignoranz und das Verdrängen der Tatsache, dass alles zwei Seiten hat, verführen wahrlich zur schwarzen Magie. Wenn Sie also Hilfskräfte für Ihr magisches Handeln anrufen oder gar noch weitergehen und sie in sich hineinrufen, also invozieren, sollten Sie sich zuvor mit ihnen auseinander setzen.

Es gibt genügend Nachschlagewerke über Mythologie und Religionen, wunderbar spannend zu lesende Neufassungen der alten Sagen und der keltischen, germanischen und griechischen Götter- und Heldenepen.

Magische Hilfsmittel

Was nimmt man nun alles zur Hand, wenn man die Kräfte der Elemente möglichst eindringlich zu Hilfe rufen möchte? Ein magischer Akt muss eine Stimmung erzeugen, die den Geist aufgeschlossen macht für die Energien, die ihre Wirkung entfalten sollen. Ein Ritual können Sie sich vorstellen wie ein gut geplantes Fest, zu dem Sie eben nicht nur Ihre Menschenfreunde, sondern auch ihre geistigen Freunde einladen. Das Gelingen dieses Festes hängt von der sorgfältigen Vorbereitung ab, bei der Sie vor allem das Wohlbefinden Ihrer Gäste im Auge haben. Es wäre doch außerordentlich peinlich, überzeugte Vegetarier einzuladen und dann die große Bratenplatte aufzufahren. Höflich betretenes Schweigen wäre noch die mildeste Reaktion.

Sie laden bei Ihrem magischen Ritual die Elementkräfte in einer bestimmten Form ein, und ob Sie nun glauben, dass eine Göttin vom Olymp herabsteigt, um daran teilzunehmen, oder ein Elb aus den wilden Wäldern, oder ob Sie die Auffassung vertreten, dass Sie sozusagen einen Teil Ihrer selbst dabei hervorbitten, auf jeden Fall sollten Sie deren Bedürfnisse berücksichtigen. Sie haben sich seit Jahrtausenden auf bestimmte Dinge eingeschwungen, und diese Schwingungen machen sie geneigt, Ihnen beizustehen und für Sie die Dinge zu bewirken, die Sie sich wünschen.

Die möglichen Hilfsmittel ...

Laute sind Schwingungen, und so können Töne, Worte und Musik eine Resonanz mit dem Gerufenen herstellen.

Farben sind Lichtschwingungen, auch sie stimmen Sie und den Besucher aufeinander ein.

Düfte stimulieren Ihr Unbewusstes, ob als Duftöl oder Parfüm oder durch frische Blumen und Kräuter; vor allem aber als Räucherwerk, denn das gilt in allen Religionen als Botenstoff an die Götter.

In Kristallen schwingt Energie, in Kerzenlicht in anderer Form auch. Pflanzen haben in vielfacher Hinsicht helfende Funktion in den magischen Ritualen, zum Teil, weil sie selbst eine bestimmte Eigenschaft verkörpern, wie etwa die Rose als Symbol der Liebe, oder weil ihr Duft oder ihre Heilwirkung unterstützend eingesetzt werden kann. Auch als Nahrungsmittel können Pflanzen eine wesentliche

Aufgabe übernehmen – der Verzehr eines Apfels gehört in manchen Liebesritualen einfach dazu.

... und ihr magischer Gebrauch

Decken Sie den Tisch für Ihre Gäste – der Tisch, das ist der Altar, auf dem diese Hilfsmittel ausgebreitet werden. Ob das nun ein alter Baumstumpf im Wald, ein antikes Rosenholztischchen in Ihrem Wohnzimmer oder ein Klapptisch in Ihrem Garten ist, spielt keine Rolle. Wichtig sind die Dekoration und die Achtsamkeit, mit der die Handlung ausgeführt wird. Kleiden Sie sich für Ihre Gäste an, mit dem Schmuck und den Farben, die ihnen Ehre erweisen. Es müssen keine aufwändigen Ritualgewänder sein, eine Schleife im Haar, ein schmaler Schal, der um die Schultern gelegt wird, ein Kristallanhänger tun es auch. Bieten Sie Ihren Besuchern auch Nahrung an, symbolische Nahrung, die Sie selbst im Rahmen der Erdung später verzehren oder für die Tiere ausstreuen können.

Und dann vergessen Sie nicht, Behälter für Flüssigkeiten, feuerfeste Untersetzer und Schalen, Gefäße für Windlichter (vor allem, wenn Sie im Freien Magie betreiben; nicht nur, weil die Kerzen sonst andauernd ausgehen, sondern auch, um einen möglichen Waldbrand zu vermeiden), Räucherkohle, Ihr persönliches magisches Handwerkszeug, die Gegenstände, die Sie eventuell magisch aufladen oder weihen wollen und – ganz wichtig – einen Müllbeutel! Denn wo immer Sie Ihr Ritual durchführen, verlassen Sie den Platz bitte so, wie Sie ihn vorgefunden haben. Kein Papierschnipsel mit magischen Formeln, kein Kerzenstümpfchen, keine leere Plastikflasche darf liegen bleiben. Ich könnte jetzt versuchen, Ihnen klarzumachen, dass das die härteste Vergeltung des Universums nach sich zieht und Ihren Zauber unwirksam machen wird, ja förmlich ins Gegenteil verkehrt, wenn Sie das nicht tun, aber das ist es gar nicht. Es hat vielmehr etwas mit der Achtung der Natur zu tun, denn wenn Sie mit den vier Elementen arbeiten und ihre Hilfe anrufen, dann ist es selbstverständlich, dass Sie die Natur dabei nicht beschmutzen. Brot- und Kuchenkrümel, Beeren, Körner oder andere natürliche Nahrung dürfen Sie selbstverständlich denen hinterlassen, die sie später aufpicken.

Magische Orte

Es gibt auf der Erde Orte, an denen sich die magischen Kräfte besonders bemerkbar machen. Sie sind schon immer aufgesucht worden, denn unsere unverbildeten Vorfahren hatten ein feines Gespür dafür, wo der Kontakt mit dem Heiligen, der Übergang in die Anderwelt, die Zwiesprache mit den Naturgeistern möglich war. Wir können sie selbst heute noch finden, aber es ist nicht leicht, da unberührte Natur für uns kaum noch erreichbar ist. Aber wir können die alten Stätten aufsuchen, denn sie sind oft gekennzeichnet. Tempel, Steinsetzungen, Grabhügel oder Matronensteine sind dort errichtet worden, in den letzten 2000 Jahren auch Kreuze, Kapellen oder Heiligenstandbilder. Es sind bemerkenswerte Orte der Kraft, wo sich Magie besonders intensiv betreiben lässt.

3. Kapitel
Das Element Luft

Luft ist Leben! Der göttliche Atem erst, so sagen die Mythen, hauchte der Lehmgestalt dieses Leben ein. Mit dem ersten Atemzug beginnt es und verlöscht mit dem letzten.

Der Test hat Ihnen vielleicht gezeigt, welches der Elemente bei Ihnen überwiegt, möglicherweise haben Sie auch Ihr Geburtshoroskop zurate gezogen. Sind Sie ein ausgeprägter Lufttyp, oder haben Sie einen deutlichen Mangel an Luftcharakter? Dann sollten Sie sich mit diesem Element besonders auseinander setzen.

Zunächst einmal mit der ganz normalen Luft, die uns alle umgibt, die wir zum Leben brauchen, die wir beständig, kaum dass wir es merken, einatmen.

Schnaufen Sie also erst einmal tief durch! Anschließend beobachten wir das Element Luft einmal in seiner natürlichen Ausprägung. Aus diesen Betrachtungen leiten wir dann die Eigenschaften ab, die sich auf den menschlichen Charakter beziehen.

Und schließlich kommt die Magie ins Spiel, und Sie werden einige Anregungen finden, wie Sie ein Zuviel oder Zuwenig an Luft ausgleichen. Diverse Rituale erwarten Sie, die Ihnen helfen, das Element Luft zu aktivieren.

Die Natur der Luft

Eigentlich merkt man nur ihr Fehlen, entweder weil man verschnupft ist oder die umgebende Luft zu dünn wird oder so entsetzlich dick ist. Unsichtbar, beweglich, flüchtig, leicht durchdringt sie fast alles, aber sie ist nicht greifbar. Wenn sie in Bewegung gerät, fühlt man ihre Auswirkungen deutlich durch sanfte, kühlende Brisen, Husten auslösende Staubwirbel, auslösende heftigte Böen. Wirbelstürme, Tornados und Hurrikane richten verheerende Schäden an. Aber auch Fallwinde wie der Föhn können sensiblen Menschen stark zu schaffen machen. Kalt und schneidend kann die Luft sein oder ein Gluthauch, der alles verdorren lässt, was er streift. Ein Gas ist sie, und sie trägt feinste Teilchen über weite Strecken, z. B. Duftmoleküle, die der Nase angenehm sind, aber auch die unangenehmen. Ebenso bewegen sich die Töne und Wörter in ihr angenehme und unangenehme, die je nach Raum hell oder dumpf klingen.

Die Entsprechungen der Luft

Die Kräfte des Elements Luft werden mit dem gesprochenen Wort in Verbindung gebracht, und das Wort, die Sprache, ist die Voraussetzung für den schnellen, lebendigen Verstand, der Zusammenhänge durchdringt. Das Denken überhaupt, die Logik, die Analyse, aber auch Eloquenz, Fabulierkunst und Kontaktfreudigkeit sind Themen, die zum Element Luft gehören.

Durch die Luft werden die Nachrichten getragen, schnell wie der Wind bekommen wir Wind von dem, was sich irgendwo anders gerade tut. Ob Rufe oder Rauchzeichen, Trommeln oder Sirenen – hier ist Luft das Trägermedium. Im übertragenen Sinn ist sie das heute auch für alle anderen Nachrichtentechniken, für alle Informationsströme, die unser Leben so stark umspülen. Aus diesem Grund ist heutzutage auch das Geld eine Entsprechung der Luft. Früher waren es noch die (erdhaften) Münzen, jetzt ist das Kapital als Werte- und Warenstrom ein Luftgeist geworden, der sich im Abstrakten bewegt. Geldmagie ist Börsenmagie und gleichzeitig auch Luftmagie.

Dicke Luft

Nach einem kräftigen Regenguss, nach ihrem langen Weg über die Meere, wenn sie hoch zu den Bergen aufgeweht ist und über Schneefelder und Gletscher gezogen oder durch weite grüne Wälder gerauscht ist, dann ist die Luft rein, sauber.

Kaum kommt sie in die Zivilisation, ändert sich das meistens. Dicker Smog hängt an manchen Tagen über verkehrsreichen Gegenden mit ihren Industrieansiedlungen und betriebsamen Städten.

Übrigens nicht erst seit heute, auch unsere Vorfahren haben vor allem durch das exzessive Verbrennen von Holz und Kohle für lokale Verschmutzung gesorgt. Übertragen haben wir hier die sprichwörtliche dicke Luft, die dort herrscht, wo ein verbaler Zank ausgetragen wurde.

Neben den verschmutzenden Stoffen trägt die Luft immer auch Wasser mit sich herum. Verdunstet steigt es auf, bis es in der Höhe so kalt wird, dass sich die Moleküle wieder zusammenfinden und sich Tröpfchen bilden. Wir sehen sie dann als Wolkengebilde, zarte Federn, die im Blau schweben, rosig angehauchte Bäuschchen im Abendrot.

Gewaltige Wolkenburgen, drohend heranktiechende graue Nebelschwaden und schwarz aufziehende Gewitterwände sind die Schauspiele, die uns die Luft bietet. Doch sie haben wenig Substanz, diese Luftschlösser, sie werden hierhin und dorthin geweht, ändern Gestalt und Form. Und wenn sie an ein echtes Hindernis prallen, einen Berg beispielsweise, dann lösen sie sich auf, meist in Form von Regen.

Luftschlösser nennt man auch die Gedankengebilde ohne Substanz, dort im Wolkenkuckucksheim spinnt man sich undurchführbare Vorstellungen zurecht. Manches davon vernebelt auch ganz einfach den Verstand und schränkt die Sichtweise ein. Kurz und gut, die Luft ist wie die Menschen – unbeständig, unberechenbar, aber auch durchdringend und schneidend, klar und kühl, vor allem aber schnell.

Der Atem Gottes

Luft ist von männlichem Charakter, und Luft ist oben. Oben ist Gott, der himmlische Vater. Bei all unseren abendländischen Religionen ist das so. Auch andere Luftgottheiten pusten noch kräftig, beispielsweise die Winde.

Boreas ist jener kühle Herr, der bei den antiken Griechen aus dem Norden blies und hinter dessen Reich die hyperboräischen Inseln lagen, wo die Menschen in ewiger Glückseligkeit lebten. Zephyros nannten sie den milden Westwind, der dem Gott Eros seine geliebte Psyche herbeiwehte, und die Muschel, aus der Aphrodite stieg. Es heißt, dass der Westwind die Seelen der Sterbenden verwehte und sie zu den Inseln hinter dem Horizont geleitete. Notos, der Südwind, brachte den Griechen Stürme und Regen. Apeliotes sorgte für die heiteren, frischen Ostwinde vom Meer, während Euros von Südosten Schwüle und Gewitter herbeiwehte. Es hat sich jedoch eingebürgert, Euros als den alleinigen Herren der Ostwinde anzusehen. Die Winde sind wetterbestimmend, sie treten auf, wenn Druckgefälle oder große Temperaturunterschiede entstehen. Ob sanfter, fruchtbarer Regen niederfällt oder knochentrockene Heißluft die Pflanzen dörrt, ob beklemmende Flaute die Luft mit Schadstoffen anreichert oder ein frischer Wind die Atmosphäre putzt oder feierlich die Schneeflocken vom Himmel tanzen, für all das ist die Luft zuständig. Sie deshalb als besonders wohltätig und gut oder böswillig und schlecht zu bezeichnen, ist vollkommen unsinnig. Sie ist eben unberechenbar. Wie die Menschen, die einen hohen Luftanteil in ihrem Charakter haben.

Der Luftcharakter

In den folgenden Beschreibungen sollten Sie sich in der einen oder anderen Form wiederfinden, wenn Sie ein typischer Vertreter der Luft sind. Die menschlichen Charakterzüge, die der Luft und ihren Kräften und Eigenschaften entsprechen, bedeuten zusammengefasst: Vom Luftelement geprägt sind die präzisen Denker, die analytisch eine Situation durchdringen, kühl und logisch sezieren und schnell ihre Schlüsse daraus ziehen. Man kommt meist ungemein leicht mit ihnen ins Gespräch, sie haben unzählige Kontakte, sind immer auf dem Sprung, etwas Neues zu lernen, haben immer eine gute Idee zur Hand und bringen frische Luft in alle verfahrenen, verstockten Situationen. Ob sie allerdings lange bei der Sache bleiben – nun, das hängt davon ab, wann sich bei ihnen die erste Langeweile bemerkbar macht. Die Richtung weist aber immer vorwärts. Mit Worten, Zahlen und mit Geld wissen sie gewandt umzugehen, nicht immer zum Nutzen anderer, und mancher von ihnen wird schon mal als Luftikus bezeichnet. In den vier Lebensbereichen des Fühlens, Denkens, Wollens und Handelns stellt sich das etwa wie folgt dar.

Das Fühlen – die Wasserseite des Lufttyps

Der Luftmensch nimmt die Welt durch die Sinne wahr und lässt seinen Verstand dann das bearbeiten, was er aufgenommen hat. Auch Gefühle pflegt er zu analysieren, was durchaus hilfreich sein kann, wenn sie überwältigend sind. Darum können die Luftpersönlichkeiten auch schön kühl bleiben, wenn die Lage brenzlig wird oder wenn der Gefühlsüberschwang schon alle anderen in heftige Wallungen versetzt hat. Das ist eine überaus löbliche Eigenschaft, wenn fehlgeleitete Emotionen Panik oder Hysterie auszulösen drohen. Einem solchen Menschen sollte man seine Ängste anvertrauen, die auf Einbildung beruhen; er wird sie kurzerhand durchschütteln und eine rationale Erklärung finden, die Hand und Fuß hat. Echte, spontane Herzlichkeit hingegen lässt er manchmal vermissen. Es ist nicht so, dass ein Mensch mit starkem Luftanteil keine Gefühle hat, er hat sie sogar in Mengen und kann äußerst schnell von der einen Gemütslage zur anderen wechseln. Himmelhoch jauchzend, zu Tode betrübt mag er erscheinen, doch das Betrübtsein ist meist von kurzer Dauer. Grundsätzlich ist der luftige Mensch ein Optimist und schaut hoffnungsvoll in die Zukunft. Auch neigt er zur Verspieltheit, ist immer aufgeschlossen für neue Eindrücke und lebt für den Augenblick. Er ist durchaus feinfühlig und hat ein gutes Gespür für Trends und Chancen. Ein Übermaß an Luftqualitäten jedoch macht ihn zu einem sprunghaften Partner, der die Treue eventuell nicht ganz so hoch einschätzt, und er handelt sich auch schon mal die Bezeichnung »Windbeutel« ein. Die Coolness kann dann auch einmal verloren gehen, und der Hysteriker kommt zum Vorschein. Überdruss macht sich schnell bei ihm breit, vor allem, wenn der Nachschub an neuen Eindrücken ausbleibt. Ein gelangweilter Luftmensch wird dann leicht neurotisch und entwickelt nervöse Ticks.

Das Denken – die Luftseite des Lufttyps

Hier ist der Luftmensch in seinem Element – das Denken ist sein Lebenselixier. Es beschäftigt sich mit allem, was gerade ansteht, ist vielschichtig, umfassend, durchdringend. Die typischen Vertreter der Luft spitzen immer über den Tellerrand, aber sie haben auch keine Hemmungen, in Nachbars Garten etwas zu stibitzen. Listen, Tricks und fröhliche Aneignung fremder Ideen sind ihnen nicht unbekannt. Immerhin wird häufig etwas Neues, noch nie Gedachtes bei ihnen daraus. Allerdings hat das breit gefächerte Denken den Nachteil, dass es auch an der Oberfläche bleibt. Tiefgründige Erklärungen von Zusammenhängen auf der unteren und untersten Ebene pflegen den Luftmenschen zu langweilen. Seine Entscheidungen kommen rasch und sind eindeutig. »Quickanddirty« nennt man das im Businessslang, schnell und nicht ganz rein. Aber oft sind solche Entscheidungen notwendig, manchmal sogar lebensrettend. Mit Zahlen können Luftcharaktere gut umgehen. Die abstrakten Probleme der höheren Mathematik faszinieren sie. Auch die phantastischen Ströme des Kapitalverkehrs durchschauen sie, und manche wirken wahre Zauber mit ein paar Aktien. Daneben hat der vom Element Luft geprägte Mensch auch den großen Vorteil, dass er seine Gedanken in Worte fassen kann, und zwar so, dass andere ihm auch folgen können. Er begeistert mit Worten, aber er kann auch mit Worten manipulieren, wenn Cleverness gefragt ist. Ist sein Denken auf die Zukunft gerichtet, und das ist es oft, dann können

Visionen entstehen. Ob die allerdings jemals praktisch umgesetzt werden, steht auf einem anderen Blatt. Auf jeden Fall wirken sie auf andere erfrischend.

Ein Übermaß an Luftqualitäten kann andererseits dazu führen, dass der Betroffene buchstäblich abhebt. Hoch oben in seinem Elfenbeinturm, fern von der Realität, spinnt er seine Theorien zurecht, die anderen dann überwiegend grau erscheinen, oder er handelt sich den Ruf eines Besserwissers ein. Dass sein Denken auch als sehr elastisch gilt, ist es durchaus möglich, dass der Luftikus frei von Idealen wird und seine Tricksereien auf der falschen Seite des Lebens anwendet.

Das Wollen – die Feuerseite des Lufttyps

Wenn ein Luftcharakter etwas will, dann mit Begeisterung. Er schwingt sich zu größten Höhen auf und reißt seine (meist sehr zahlreiche) Gefolgschaft einfach mit. Sollte sein Schwung nachlassen, wird er hoffentlich von seinen Anhängern weitergetragen. Wenn nicht, sucht er sich ein neues Ziel. Sein zukunftsgerichtetes Wollen kann ihn vergesslich in der Gegenwart machen, führt aber auch dazu, dass er kaum nachtragend ist.

Streit vermeidet er nicht, an einem verbalen Schlagabtausch hat er sogar seine echte Freude. Für einen etwas schwerfälligeren Gegner können seine Attacken vernichtend sein. Andererseits – hat man ihn auf seiner Seite, um argumentativ etwas durchzusetzen, ist der Sieg schon fast gewiss. Seine Logik ist messerscharf, seine Darlegungen sind überzeugend. Will er etwas verkaufen, was er im Übrigen gerne tut, so kann er das Produkt oder die Leistung in den hinreißendsten Formulierungen anbieten. Sich selbst nimmt er dabei als Produkt nicht aus.

Richtig wütend wird der kühle Luftcharakter dann, wenn jemand sein logisches Denken oder sein Wissen anzweifelt. Seine schneidenden Worte, seine giftige Zunge können dann tiefe Wunden schlagen, da er die verletzlichen Stellen seines Gegners sehr scharfsichtig erkennt.

Wird sein Wollen von Regelwerken eingegrenzt, findet er immer die Lücke im Zaun. Gesetze sind doch nur Worte – und mit Worten kann er nun mal umgehen. Glauben tut der typische Luftvertreter nur das, was er erklären kann, doch da er Phantasie genug hat, kann er sich auch die unglaublichsten Welten erklären. Auf seinem Nachttisch werden Sie häufig einen Sciencefictionroman finden. Überwiegt die Kraft des Elements Luft zu sehr in einem Menschen, dann kann er recht ziellos, opportunistisch und wetterwendisch wirken. Geradezu unbarmherzig ist er, wenn er seinen Willen eiskalt und nur aufgrund der formalen Logik und des Verstandes durchsetzt.

Das Handeln – die Erdseite des Lufttyps

Flexibilität und Anpassungsfähigkeit sind die wesentlichen Bestandteile des Handelns, die den Luftmenschen ausmachen. Das qualifiziert ihn nicht für monotone Arbeiten oder Routinejobs. Da hat er in Windeseile fünf neue Ideen parat, wie man diese Arbeit automatisieren oder zumindest anderen, ausdauernderen Persönlichkeiten überlassen kann. Wenn etwas nicht auf Anhieb gelingt, dann versucht er das sofort mit einer anderen, neuen Methode und spielt damit herum, bis es klappt. Ein Luftmensch erledigt seine Aufgaben mit Kreativität, Aufgeschlossenheit und meist auch mit Geschwindigkeit. Erst einmal mit dem Kopf, bevor er sich die Hände schmutzig macht. Er ist neugierig, bereit zu lernen, offen und teilt sich anderen mit. Ein prima Betriebsklima kann er verbreiten. Unter Stress allerdings kann er zum ziemlichen Hektiker werden. Rationale Lösungen zieht er den pragmatischen vor. Wenn er mal das Denken lässt und Bewegung braucht, dann finden wir den sportlichen Himmelsstürmer bei allen Disziplinen, die Technik und Geschwindigkeit erfordern.

Das Element Luft im Übermaß kann auch unangenehme Seiten hervortreten lassen. Denn eine gewisse Leichtigkeit des Seins lässt einen solchen Menschen vieles auf die leichte Schulter nehmen. Und das ist oftmals verantwortungslos. Beschränkt sich das Arbeiten zu sehr auf den Kopf – und dabei auf den Mund –, wird er zum Schwätzer, der sich mit vorgetäuschter Geschäftigkeit vor jeder konkreten Aktion drückt. Das ist besonders lästig, wenn es um Arbeiten geht, die in einer Gruppe erledigt werden müssen.

Verdrängte Seiten des Lufttyps

Im Lauf der kindlichen Entwicklung kann es passieren, dass Eigenschaften unterdrückt werden. Kleine Nervensägen, die beständig alles und jedes hinterfragen müssen und alles besser wissen, bedeuten für Eltern eine echte Herausforderung. Überschreiten solche Kinder die Geduldsgrenze, bekommen ihre luftigen Eigenschaften einen herben Dämpfer. Die natürliche Neugierde wird vor allem von jenen Eltern eingeschränkt, die entweder keine Zeit oder nicht die Fähigkeit haben, den bodenlosen Wissensdurst ihrer Sprösslinge zu befriedigen. Unterforderte Kinder, die so den Eindruck gewinnen, etwas falsch zu machen, richten sich manchmal nach den Wünschen ihrer Eltern und drängen ihre Luftfähigkeiten in den Hintergrund. Aber verschwunden sind sie damit noch lange nicht und brechen sich eben auf andere Weise Bahn. Wenn Sie unterdurchschnittlich wenig Luftpunkte im Test gesammelt haben, dann sollten Sie sich selbst einmal kritisch fragen, ob eine solche Verdrängung bei Ihnen der Fall sein könnte. Sie merken es daran, dass Sie nie etwas bedingungslos glauben können, immer innerlich alles infrage stellen und nach außen häufig mit beißendem Sarkasmus oder Beleidigungen reagieren, die Ihnen, ohne dass Sie recht wissen warum, entwischen. »Habe ich das wirklich gesagt?«, fragt man sich dann manchmal, wenn andere einen darauf aufmerksam machen. Möglicherweise fühlen Sie sich auch ständig grauenvoll gelangweilt, wagen es aber nicht zu zeigen. Wenn Sie sich permanent über die langsameren Zeitgenossen ärgern, sei es im Auto oder im Büro, und wenn Sie häufig Kopfschmerzen haben, kann es sein, dass die Luftkräfte unterschwellig in Ihnen arbeiten. Lassen Sie die wirklich wertvollen Eigenschaften der Luft in Ihrem Leben zu, die analytischen Fähigkeiten, die Schnelligkeit und Vielseitigkeit Ihres Denkens und die luftige Heiterkeit, damit umzugehen. Wenn Ihnen das gelingt, ohne die unangenehmen Seiten, die Oberflächlichkeit, Geschwätzigkeit und Sprunghaftigkeit zu wecken, haben Sie Ihr Leben um ein wesentliches Element bereichert. Sie können dann anderen zu mehr Einsicht, größerem Verständnis und zu mehr Leichtigkeit verhelfen. Widmen Sie sich der Luftmagie!

Ausgleich der Elemente

Niemand ist ein reiner Lufttyp, völlig losgelöst über den Dingen schwebend, leichtherzig jede unbequeme Verantwortung abschüttelnd und sprunghaft von einer Theorie zur nächsten eilend. Die vier Elemente sind in bestimmten Anteilen in jedem Menschen vorhanden, weshalb diese Beschreibungen immer nur teilweise passen. Aber tendenziell geben sie die Richtung an.

Wenn Sie einen starken Luftanteil besitzen, dann können manche Eigenschaften sicher durch die beständigen, stabilisierenden Erdkräfte ausgeglichen werden, kann das hingebungsvolle Wasser zu rationale Sichtweise mildern und das willensstarke Feuer Ziel und Richtung weisen. Schauen Sie in den entsprechenden Kapiteln nach, welche Möglichkeiten Sie haben. Sind Sie aber ein tief verwurzelter Erdling, ein gefühlvoller Traumtänzer oder ein echter Feuerkopf, dann können Sie die Luftmagie einsetzen, um hier einen Ausgleich zu finden. Im Folgenden finden Sie die Symbole, die Sie dazu verwenden können, die Götter und Geister, die Sie rufen können, und die vielen Entsprechungen, die als Hilfsmittel dabei zum Einsatz kommen.

Meditationsaufgabe

Nehmen Sie sich die Zeit und meditieren Sie, d. h.: Denken Sie entspannt konzentriert über folgendes Bild nach:

Die magischen Bilder der Luft

Wir haben die Luft in ihrer natürlichen Form betrachtet und anschließend ihre Eigenschaften im menschlichen Charakter wiedergefunden. Aber auch in vielen anderen Gegenständen und Situationen finden wir die Analogien zur Luft, die dann hilfreich sind, wenn man sich mit der Magie dieses Elementes beschäftigen will. Die wesentlichen magischen Eigenschaften der Luft sind: Durchdringung, Grenzenlosigkeit und Leichtigkeit.

Das Schwert – der durchdringende Geist

Der schneidend kalte Wind durchdringt auch dicke Jacken, der schneidend scharfe Verstand zerlegt komplexe Probleme in handhabbare Teile, und das scharfe Messer zerteilt, was immer wir zu schneiden versuchen.

Magie hat Tradition, und als man sich noch mit Handwaffen ausrüstete, waren Schwert und Dolch die gefährlichsten und effizientesten Mittel, sich einen Angreifer vom Hals zu halten. Distanz schafft vor allem das Schwert, aber schneiden tut auch das gemeine Küchenmesser. Zur magischen Übung müssen Sie nicht zwingend ein Langschwert oder eine Machete schwingen, es geht um das symbolische Schneideinstrument, das Ihnen die Kraft des Elements Luft gegenständlich vor Augen führt. Und das tut ein Brieföffner genauso gut wie ein Skalpell oder ein Taschenmesser. Wichtig ist nur, dass ein persönlicher Bezug zu Ihnen besteht.

Die Arbeit mit dem Schwert

Was macht der Magier nun mit dem Schneidegerät? Er zieht einen Kreis um sich, er schneidet ein Stück aus der Wirklichkeit heraus und bildet damit eine Insel, die getrennt vom Tagesgeschehen ist. In diesem Raum fällt es leichter, die magischen Operationen durchzuführen, die Ihnen ansonsten vielleicht albern erscheinen würden.

Das Schwert und seine anderen scharfen Vertreter trennen aber nicht nur den Alltag von der Magie, sondern sie sind auch überaus hilfreich, wenn Sie etwas beenden wollen, sich also von etwas zu trennen wünschen – von schlechten Angewohnheiten, einem lausigen Liebhaber, ein paar Kilo Übergewicht, einem entnervenden Job oder belastenden Gefühlen. Mit dem Schwert können Sie außerdem Grenzen ziehen, also Distanz schaffen. Das ist seine Schutzfunktion, und so können Sie mit ihm beispielsweise vor Ihrer Wohnungs- oder Zimmertür eine Linie ziehen, um negative Kräfte auszugrenzen.

Die wichtigste Funktion des Schwertes aber ist, dass es uns an die Tatsache erinnert, dass wir einen scharfen Verstand haben. Wissen ist in der Magie genauso wichtig wie das Wagen, das Wollen und das Schweigen. Wer sich mit Magie befasst, agiert nicht nur aus dem Unbewussten und löst alle Probleme mit dumpf gemurmelten Zaubersprüchen, sondern analysiert und denkt nach. Im Gegensatz zu den Nichtmagiern (seit Harry Potter auch Muggel genannt) hat der Magier einen Zugang zu viel weiteren und umfassenderen Gedankenwelten, in denen er mehr Facetten der Wirklichkeit erkennen und tiefere Zusammenhänge berücksichtigen kann. Das schult den Verstand und den Umgang mit dem geistigen Schwert.

Die Sterne – Symbole der Grenzenlosigkeit der Luft

Wo blicken Sie hin, wenn Sie Luft sehen wollen? Natürlich nach oben, zum Himmel. Dort, wo sich die Wolken bauschen und die Vögel fliegen, dort, wo am nächtlichen Himmel die Sterne stehen. Luft ist nicht fassbar, doch sie füllt den Raum über uns auf, sie gibt dem Himmel die blaue Farbe. »Über den Wolken muss die Freiheit wohl grenzenlos sein«, heißt es in einem Chanson des Liedermachers Reinhard Mey, und das drückt es wohl genau aus. Der Wunsch, frei zu sein, die Erdenschwere abzuschütteln, die uns begrenzt und an der Materie festhält, fliegen zu können, aufzusteigen zu dieser unendlichen Ferne, ist eine uralte Sehnsucht des

Menschen. Die Tatsache, dass wir alle himmelwärts streben möchten, haben Religionsmanager sehr klug eingesetzt und das magische Bild vom Paradies nach oben verlegt.

Das Element Luft wird in seinem aufstrebenden Aspekt der Grenzenlosigkeit durch die Sterne symbolisiert, und ein kleines Sternchen sollten auch Sie besitzen, um Sie daran zu erinnern, dass selbst wenn die Wolken schwarz und düster über Ihnen hängen, der Himmel voller funkelnder Sterne ist. Es gibt neue Hoffnung zu wissen, dass ein kräftiger Windstoß genügt, um die Wolken zu vertreiben oder den Nebel zu lichten.

Über die Sterne ist in den alten Mythen viel gesagt worden. Die zum Himmel zurückgekehrten Ahnen können sie sein, Engel, Helden oder Götter, geistige Führer, aber auch irdische Wegweiser sind sie in Form von Sternbildern. Viele magische Orden tragen einen Stern als Abzeichen. Suchen auch Sie sich einen symbolischen Stern, aber greifen Sie nicht nach den Sternen. Magische Gegenstände haben die Eigenart, zum rechten Zeitpunkt von selbst aufzutauchen.

Eine Übung zum Erfassen der Grenzenlosigkeit

Gehen Sie in einer sternklaren Nacht an einen Ort, wo Sie ungestört sind und der den freien Blick über ein großes Stück Himmel erlaubt. Auf ein Dach oder einen Hügel oder ein weites Feld. Und dann nehmen Sie sich Zeit für einen langen Blick in die Sterne. Legen Sie sich dazu nieder, sonst tut Ihnen am nächsten Tag der Nacken weh. Öffnen Sie sich für den Anblick, der sich Ihnen mit bloßem Auge bietet. Wenn Sie es richtig machen, werden Sie sich in den Weiten verlieren und einen Eindruck wahrer Größe erhalten. Vielleicht von Göttlichkeit. Bewahren Sie diesen Eindruck in Ihrem Herzen, und verbinden Sie ihn mit dem Symbol Ihres Sterns. Und wenn eine Sternschnuppe fällt, können Sie sich selbstverständlich etwas wünschen. Aber schweigen Sie darüber.

Der Duft – Symbol der Leichtigkeit der Luft

Wie symbolisiert man Leichtigkeit? Durch das Schweben nach oben. Nicht nur der Rauch aus der Zigarette schwebt nach oben, obwohl das Rauchen ein typisches Luftritual ist. Auch mit Räucherwerk wird Kommunikation betrieben. Dass Pflanzen, Hölzer und Harze einen ganz besonderen Geruch entwickeln, wenn sie erhitzt werden, haben die Menschen sicher schon mit der Zähmung des Feuers entdeckt. Und weil man zu jenen Zeiten die Genüsse nicht nur untereinander teilte, sondern auch mit den Göttern, gehört seither das Räucherwerk zu den Ritualen, in denen man Kontakt zu den Geistwesen aufnehmen möchte.

Der Einsatz von Duftstoffen

In frischem Zustand, ohne die Einwirkung von Feuer, duften viele Pflanzen sehr intensiv. Es sind die ätherischen Öle in Blättern und Blüten, die meist als Lockstoff für die Insekten dienen. Schon bald hat man herausgefunden, wie man sie noch intensivieren kann, denn der Geruchssinn des Menschen ist gegenüber dem anderer Lebewesen recht rudimentär entwickelt. Durch Destillation oder Mazeration werden die Duftstoffe den Pflanzen entzogen und konzentriert. Parfüms und Duftöle haben wir damit zur Hand, reine Düfte oder auch Mischungen. Die handelsüblichen Parfüms sind immer Mischungen, fast immer enthalten sie auch synthetische Stoffe. Sie mögen dem persönlichen Wohlbefinden dienen, für wirklich magisches Wirken sind sie nicht zu empfehlen. Reine, unvermischte und vor allem natürliche Duftöle hingegen können Sie ohne Bedenken verwenden. Raumduft erzeugen Sie in der Duftlampe, in der Sie im Wasser einige Tropfen Öl langsam verdunsten lassen oder indem Sie eine wässrige Lösung in eine Sprühflasche geben und damit verteilen. Manche Öle sind auch zum Auftragen auf den Körper geeignet. Das ist eine sehr direkte und sinnliche Form der Magie. Auch die verwendeten Kerzen können Sie mit duftendem Öl einreiben.

Die Wirkung der Düfte

Duftstoffe wirken sehr intensiv auf das Unbewusste. Unser Duftgedächtnis ist sehr umfangreich. Es erinnert sich an Gerüche, die wir in bestimmten Situationen aufgenommen haben. Auch wenn wir diese äußerlichen Bedingungen schon völlig vergessen oder verdrängt haben, so können doch ein paar Duftmoleküle ganz plötzlich wieder die Gefühle wecken, die mit ihnen einst zusammen abgespeichert wurden. Das ist Ihnen sicher schon mal passiert, wenn nicht, gehen Sie mit »offener Nase« durch die Welt, und achten Sie darauf, was Sie spüren, wenn Ihnen bekannte Gerüche begegnen.

Der Luft zugewiesene Entsprechungen

Die vier Elemente als Urstoff des Lebens haben in allen anderen Vierteilungen der Welt ebenfalls ihre Entsprechungen. Wir haben die Zeit viergeteilt: den Tag in Morgen, Mittag, Abend und Nacht, den Monat in die Mondphasen zunehmender Mond, Vollmond, abnehmender Mond und Schwarzmond, das Jahr in Frühling, Sommer, Herbst und Winter. Im Leben folgen Kindheit, Jugend, Erwachsensein und Alter. Dem Raum um uns haben wir die vier Richtungen Osten, Süden, Westen und Norden gegeben.

Der Luft, die auch das Lichte und Kühle bedeutet, sind der Morgen, der zunehmende Mond, das Frühjahr, die Kindheit und der Osten zugeordnet. Diese Koordinaten haben auch ihre magische Bedeutung, die man für sich nutzbar machen kann, indem man sich in diesen Phasen auf die wirkenden Kräfte einschwingt. Am Morgen, vielleicht sogar bei Sonnenaufgang, kehren wir aus der dunklen Welt des Schlafes, der Träume zurück in die bewusste Welt des Tages. Das Licht der Sonne gibt uns die Sehfähigkeit wieder, die in der Nacht eingeschränkt ist, wir erkennen die Wirklichkeit um uns klar und deutlich. Nächtliche Ängste und Sorgen verflüchtigen sich oft am Morgen, neue Möglichkeiten tun sich auf, Lösungen bieten sich an, man kann Kontakte aufnehmen, hinausgehen, handeln. Magisches Wirken, das sich mit all dem befasst, was einen Neuanfang betrifft, sollte unbedingt in den Morgenstunden stattfinden, in der frischen, klaren Luft eines Sonnenaufgangs im Frühling. Das ist natürlich nicht immer möglich, denn weder geht gerade, wenn man es braucht, die Sonne auf, noch haben wir einen ewigen Frühling. Aber das innere Bild eines solchen Tagesbeginns können Sie gewiss heraufbeschwören. Der zunehmende Mond ist ebenfalls gut geeignet für jede Art von Neuanfang, denn mit ihm wachsen die Kräfte des Keimens und Werdens.

Im Jahreskreis entspricht das Element Luft dem Frühling und dem Frühjahrsäquinoktium am 21. März, wenn Tag und Nacht gleich lang sind. Es ist das Zeichen des Aufbruchs für die Natur. Die Pflanzen, die den Winter über im Dunkel geruht haben, streben nun aufwärts, durchbrechen die Erdkruste und zeigen ihre spitzen Blätter. Die Vögel kommen wieder, die Luft ist erfüllt mit ihrem Gezwitscher und Zänkereien, mit denen sie ihre luftigen Reviere abgrenzen, um ein Heim für den Nachwuchs zu schaffen. Winterschlafende Tiere erwachen, machen sich auf Futter- und Partnersuche, und auch die Menschen haben im Frühjahr mehr Lust auf zwischenmenschliche Beziehungen.

Im menschlichen Leben ist die Kindheit den Luftkräften zugeordnet, die Zeit, in der man alles wissen will, die Phase, in der die größte Lernleistung vollbracht wird: das Sprechen, der aufrechte Gang, das Erkennen von Raum und Zeit, von Abstrakta wie Schrift und Zahlen. Nie wieder im Leben wird man so viel Wissen in so kurzer Zeit aufnehmen. Es ist die Lebenszeit, die die Zukunft prägen wird, in der man Grenzen erkennt, Erinnerungen aufbaut, Fakten sammelt, aus denen sich dann schließlich ein Lebensplan entwickelt.

Als Himmelsrichtung ist den Luftkräften der Osten zugeordnet, dort, wo die Sonne aufgeht. In diese Richtung sollten Sie sich wenden, wenn Sie diese Kräfte anrufen. Aus dem Osten kommen in unserer Hemisphäre die kalten, trockenen Winde. Die schneidende Luft, die uns ein Osthoch beschert, hat etwas ungemein Erfrischendes an sich, und ganz besonders heiter wird ein solcher Tag, wenn die Sonne sie frühlingshaft erwärmt.

Übung: Der magische Kreis in der Luftversion

Die Luft schafft Distanz. Das tut auch das Schwert (oder welches Schneidegerät Sie auch immer wählen und weihen), und darum kann man es wunderbar dafür einsetzen, einen magischen Kreis zu ziehen. Ein wenig Visualisieren dürfen Sie dabei auch gleich üben.

Ein magisches Ritual wird immer im geschützten, vom Alltagsgeschehen abgegrenzten Bereich ausgeführt, damit nichts die Konzentration auf die eigentliche Arbeit stört. Wo immer Sie also Ihre Magie wirken, ziehen Sie einen genügend großen Kreis um sich herum, innerhalb dessen sich alle Teilnehmer bewegen können. Und so wird es gemacht:

- Nehmen Sie Ihr Schwert (Dolch, Messer, Schere ...) zur Hand, und halten Sie es ausgestreckt mit beiden Händen vor sich.
- Drehen Sie sich mit dem Gesicht nach Osten, und atmen Sie viermal tief ein.
- Stellen Sie sich vor, dass aus der Spitze des Schwertes ein heller Lichtstrahl hervorspringt, während Sie sich in Richtung Süden wenden (mit dem Uhrzeigersinn). Sie hinterlassen dabei eine leuchtende Spur.

- Verweilen Sie kurz auf der Position im Süden, atmen Sie wieder viermal tief ein.
- Wenden Sie sich Richtung Westen. Lassen Sie Ihr Schwert die leuchtende Spur ziehen.
- Verharren Sie, atmen Sie viermal tief ein.
- Drehen Sie sich nach Norden weiter, und ziehen Sie die Spur.
- Im Norden verweilen Sie kurz und atmen viermal ein.
- Den Kreis vollenden Sie, indem Sie sich wieder nach Osten drehen.

Sie haben einen magischen Kreis um sich gezogen, der zwar nicht sichtbar ist, aber sehr deutlich den geistigen Raum eingrenzt, in dem Sie sich jetzt bewegen. Er ist ein sehr feinstoffliches Gewebe aus Wissen und Willen, den Sie, solange das Ritual andauert, nicht verlassen sollten. Und noch etwas: Auch wenn es sehr wirkungsvoll der Kommunikation dient, aber ein eingeschaltetes Handy hat im magischen Kreis absolut nichts zu suchen.

Wenn das Ritual beendet ist, nehmen Sie wieder das Schwert zur Hand, und sagen Sie laut: »Ich hebe den magischen Kreis auf!« Dann ziehen Sie mit derselben Kreisbewegung die leuchtende Linie wieder zurück.

Götter und Geister der Luft

Die Götter, die das Element der Luft repräsentieren, toben sich natürlich im Wetter aus. Aber auch als Boten treten sie auf, und manche unter ihnen sind recht nachdenkliche Typen. Sehr häufig sind unter ihnen die Seelenführer zu finden, die die Seele des Verstorbenen sicher ins Totenreich geleiten. Bei den Elementargeistern finden wir die ätherischen Gestalten, die Feen und Elfen, die schwebend ihr Element beherrschen. Die Luft wird dem Männlichen zugeordnet, der »himmlische Vater« ist einer ihrer Vertreter. Doch es gibt auch Göttinnen mit sehr luftbetonten Eigenschaften.

Die klugen Göttinnen

Die kluge Minerva und die weise Athene, die stürmischen Walküren Aurora, Iris und die Musen Urania, Klio, Thalia und Kalliope gehören zu ihnen, ebenso die geflügelten Harpyien und Sirenen. Nicht zu vergessen die vielgestaltige christliche Göttin Maria in Gestalt der »magistra magistrorum«, der Lehrerin der Lehrer.

- Alma Mater – Die nährende Mutter Maria, die Patronin der sieben freien Künste, den Wissenschaften des Mittelalters, ist noch heute die Schutzherrin der Universitäten. In den Marienleben wird sie als gebildete, des Lesens und Schreibens kundige Frau geschildert und ist damit eine typische Vertreterin der Luft.
- Aurora/Eos – Die Göttin der Morgenröte, eine jugendliche Dame, die sehr sprunghaft ihre Liebhaber wechselt. Sie repräsentiert den geselligen und lebensfrohen Aspekt der Luft.
- Athene – Zeus' Kopfgeburt, die ewig jungfräuliche Göttin Pallas, war durchaus in der Lage, ein Schwert zu führen. Mit ihr untrennbar verbunden ist der Vogel der Weisheit – die Eule.
- Harpyen – Die raubvogelartigen Töchter der Elektra hießen Aello (Sturmschnell), Okypete (Schnellflügel) und Kelaino (Dunkelheit). Sie verkörpern die dunkle Seite der Luft.

⌖ Iris – Die Göttin des Regenbogens, eine geflügelte Jungfrau, die als Götterbotin fungierte und als Einzige nach Belieben in die Unterwelt reisen durfte. Eine äußerst bemerkenswerte Göttin.

⌖ Minerva – Eine römische Göttin mit einem weiten Arbeitsgebiet, das Handwerk und Handel, Medizin und Kunst umfasst. Sie gilt als die Intellektuelle unter den Göttinnen.

⌖ Musen – Von den neun göttlichen Künstlerinnen sind der Luft insbesondere verpflichtet: Urania, die Himmlische, sie betreibt die Sternenkunde; Klio, die Rühmende, schreibt Geschichte; Thalia, die Gesellige, ist die Förderin der fröhlichen Theaterkunst; und Kalliope, die Schönstimmige, schließlich hält Stift und Schreibtafel bereit, um epische Dichtung und philosophische Gedanken festzuhalten.

⌖ Sirenen – Diese musizierenden Mischwesen aus Vogel und Mensch hatten bei den Griechen die Aufgabe, die Seelen mit ihrem Flötenspiel und lieblichem Gesang ins Totenreich zu führen.

⌖ Walküren – Diese Windsbräute der nordischen Mythologie sind Seelenführerinnen, die durch die Lüfte stürmen, um die Gefallenen der Schlachtfelder nach Walhall zu bringen.

Die luftbetonten Götter

Die Auswahl an himmlischen Vätern mit Luftbezug bietet eine breite Palette, aber unter den richtig schönen Luftcharakteren ist Hermes/Merkur der schillerndste Vertreter. Auch Ogma, Loki und der einäugige Odin gehören dazu.

⌖ Hermes/Merkur – Der griechisch/römische Luftikus ist ein Windhund, wenn es um die Übermittlung von Botschaften geht, ein Windbeutel, wenn es sich um Geschäfte (auch die nicht ganz sauberen) handelt, ein Schlitzohr, der die Diebe beschützt, ein unablässiger Schwätzer, der nie um eine Ausrede verlegen ist. Er ist zudem der Erfinder der Musik sowie ein Führer der Reisenden und Wanderer – und schließlich auch der Seelen.

⌖ Loki – Der wetterwendische germanische Gott mit dem geölten Mundwerk tut sich besonders in Streitreden hervor und ist dabei nicht zimperlich. Seine negative Seite ist die Hinterlist, weshalb man mit ihm vorsichtig umgehen muss.

⌖ Odin – Der Göttervater der Germanen opferte ein Auge, um Wissen zu erwerben, und lernte so die Runen. Er hat einen äußerst stürmischen Charakter, den er auslebt, wenn er mit seinem achtbeinigen Ross durch die Lüfte fegt.

⌖ Ogma – Der keltische Gott führte das aus Strichen und Punkten bestehende Alphabet namens Ogam ein, das der geheimen Kommunikation unter den Wissenden diente. Er vertritt den Wissensaspekt des Luftelements.

Heilige und Engel

Seit 2000 Jahren sind die alten Götter im Schwinden, doch verschwunden sind sie nicht. Viele von ihnen haben das Heiligenhemd angezogen oder sprechen jetzt mit Engelszungen, zu uns. Die Heiligen sind Legionen, hier sollen nur exemplarisch die Nothelfer aufgeführt werden und der jeweilige Erzengel. Blasius und Katharina sind typische Luftheilige, und der Erzengel Raphael verkörpert die Luftkräfte.

⌖ Blasius – Er ist ein Wetterheiliger, der Halsleiden und Husten, typische Erkrankungen der Luftwege, kuriert, da er im Kerker einen Jungen mit einem Erstickungsanfall heilte. Der Blasiustag, der 3. Februar, ist bekannt für sein stürmisches Wetter, vor dessen Schäden der Heilige ebenfalls schützt.
⌖ Katharina – Wie Maria, die Alma Mater, ist Katharina für die Gelehrsamkeit zuständig und Patronin vieler Universitäten, Bibliotheken und der gebildeten Frauen. Sie wird dargestellt mit Rad und Schwert, typischen Luftzeichen. Ihr Tag ist der 25. November.
⌖ Raphael – Der Erzengel im orangefarbenen Gewand und dem Schwert in der Hand ist der Wächter des Ostens. Er wird in der Bibel im Buch Tobit erwähnt, und sein Name bedeutet »Arzt Gottes«. Er ist für die medizinische Versorgung zuständig.

Elementarwesen der Luft

Auf Paracelsus (1493–1541) ist zurückzuführen, wer von den Elementarwesen für was zuständig ist. Er hat allerdings die Elementargeister als unbeseelte Wesen bezeichnet, die nach der Gunst der Menschen streben, um eine Seele zu bekommen. Doch die einleuchtendere Erklärung ist, dass diese Wesen die Seele der Natur darstellen. Luftgeister leben überall dort, wo ordentlich Wind weht. Zu ihnen gehören vor allem Elfen und Feen.
⌖ Elfen und Feen – Ein weites Gebiet, das hier zu beschreiben leider zu weit führen würde. Um sie ranken sich unzählige Geschichten, und sie sind wahrlich die edelsten unter den Naturgeistern und auch die, die dem Menschen am meisten zugetan sind.
⌖ Sylphen – Nach Paracelsus geflügelte Geschöpfe der Luft, deren Name griechischen Ursprungs ist und Schmetterling bedeutet. Der König der Sylphen ist Paralda.

Übung: Begegnung mit einer Fee

Feen und Elfen finden sich zuhauf in Märchen, Sagen, Romanen und Filmen. Aber gibt es sie wirklich, oder gibt es sie nicht? Als die Wälder noch dicht waren, die Beleuchtung spärlich und das Land dünn besiedelt, verbrachten die Menschen ihre Zeit oft einsam in der Natur – wandernd, sammelnd, Tiere hütend. Bei jedem Wetter, zu jeder Jahreszeit und bei Tag und Nacht. Sie waren den Bäumen, Quellen, Felsen und Blumen viel näher als wir heute und wesentlich aufnahmebereiter für die feinen Zeichen des Lebens. Ob sich ihre Erlebnisse mit den Elementargeistern nur in ihrer Einbildung abgespielt oder wirklich stattgefunden haben, wissen wir nicht. Es ist aber auch völlig gleichgültig, denn wahr ist, was wir »wahr nehmen«. Es verlangt ein wenig Geduld, eine Fee oder Elfe zu treffen, denn nicht nur die Elfen sind scheu geworden, auch wir haben verlernt, auf sie zuzugehen. Aber man kann es wieder neu lernen.

Die Stimmung der Dämmerung

Die erste Stufe besteht darin, die Stimmung der Dämmerung bewusst wahrzunehmen. Die Tradition sagt, dass man Elfen am besten zu solchen Zeiten trifft. Das hat seinen tieferen Sinn, denn in der magischen Stunde des Zwielichts am Morgen oder Abend scheint es manchmal so, als ob die Natur den Atem anhält und die unsichtbaren Energien, die unser Leben durchfließen, konzentrierter auftreten. Genießen Sie, wann immer Sie können, diesen geheimnisvollen Moment mit Schweigen. Die zweite Stufe verlangt einen Spaziergang von Ihnen, um einen feenhaften Ort kennen zu lernen. Denn in Städten trifft man die Feen nicht mehr; in einem in strammen Reihen angepflanzten Nutzfichtenwald, der nur auf seine Abholzung wartet, auch nicht. Hier treffen Sie allenfalls ein paar neurotische Elfen, die Ihnen womöglich böse Streiche spielen. Sie finden sie nur in weitgehend naturbelassenen Gebieten, fern von breiten Straßen und hellen Lichtern.

Typische Feenplätze

Suchen Sie in Ihrer Umgebung (vielleicht auch im Urlaub) einen einsamen Hügel, einen Park mit alten Bäumen oder ein Gewässer, das noch naturbelassen ist. Möglicherweise gibt es sogar Geschichten von einem Platz, die davon erzählen, dass dort Elfen zu sehen seien. Oder achten Sie darauf, wo Fingerhut und Königskerzen in großer Menge wachsen, das sind typische Feenpflanzen. Begeben Sie sich zur Stunde des Sonnenaufgangs dorthin! Denken Sie aber daran, eine Decke mitzunehmen, denn es kann sein, dass Sie einige Zeit an diesem Ort verbringen werden. Wenn Sie sich niedergesetzt haben, atmen Sie 20-mal tief ein, und versuchen Sie, Ihren Blick unfokussiert zu halten, also nicht auf irgendeinen Gegenstand fixiert. In diesem Zustand zwischen Wachen und Träumen sind Ihre Sinne besonders offen für die Wesen aus jener anderen Welt. Wenn Sie entspannt und dennoch aufmerksam sind, kann sich Ihnen eine Fee oder Elfe zeigen. Wenn nicht in Person, so doch vielleicht in kleinen Gesten. Es mag Ihnen ein Federchen zu Füßen fallen, oder ein Vogel setzt sich auf Ihren Fuß und singt für Sie. Warten Sie ab, und seien Sie offen. Erzwingen Sie nichts, denken Sie nicht, werten Sie nicht, nehmen Sie einfach wahr. Wenn die Begegnung beendet ist, sagen Sie Dank und hinterlassen ein kleines Geschenk, z. B. Blumen, geflochtene Graskränzchen, besonders schöne Kieselsteine o. Ä.

Praktische Luftmagie

Die Geistwesen des Elements Luft haben Sie nun kennen gelernt. Sehen wir uns nun an, womit man sie einladen kann, sich hilfreich mit dem eigenen Leben zu verbünden. Oder anders formuliert: Womit spricht man die eigenen Luftenergien auf der unbewussten Ebene an? Hier werden die Analogien aus den vier Elementen vorgestellt, die den Lufttyp unterstützen. Das ist bei weitem kein vollständiges Verzeichnis, es gibt viel, viel mehr. Es steht Ihnen frei, diese Aufzählung nach eigenem Gefühl und eigener Erfahrung zu ergänzen.

Das Element Feuer – magische Farben

Die Typberatung hat uns eine Menge Einsichten über unseren Kleiderschrank gebracht, nicht aber über den Charakter. Mag sein, dass Sie sich für einen Frühlingstyp halten, dem die warmen Farben stehen. Wenn Sie aber die luftigen Eigenschaften fördern wollen, dann müssen Sie umdenken. Die Luft, in Analogie der Frühling, will die kühlen Sommerfarben. Gelb, Orange, Lichtgrau und blasses Blau sind Farben der Luft.

⌖ Blassblau – Im schönsten Fall ist der Himmel über uns blassblau, und genau das haben wir der Luft zu verdanken, die die Sonnenstrahlen entsprechend filtert. Dieses himmlische Blau ist oft die Farbe der Götter und der Heiligen oder, besser gesagt, ihrer Kleidung, und es hat den Luftaspekt der Weite, der Grenzenlosigkeit und Ewigkeit.

⌖ Gelb – Die klassische magische Farbe der Luft zeigt sich vor allem beim Sonnenaufgang, wenn der Himmel sich im Osten langsam erhellt. Gelb ist eine optimistische Farbe, die Licht verkörpert und die Erwartung eines heiteren Tages. Gelb ist auch die Zitrone, erfrischend, sauer und zusammenziehend – konzentrierend. Die negative Seite der Farbe zeigt sich, wenn man gelb vor Neid wird.

⌖ Lichtgrau – Alle Theorie ist grau, sagt man und meint »nüchtern« damit. Wolkenschleier, die das Sonnenlicht filtern und dämpfen, fördern das. So ein verhangener Tag ist nicht strahlend heiter, sondern zeigt die zurückhaltende, nachdenkliche Seite der Luft, die sich in komplexen Gedankengebäuden – oder Luftschlössern – ergeht.

⌖ Orange – Das mit Rot gemischte Gelb ist energiereicher, fröhlicher und fördert die Kommunikation. Es ist aber auch ein bisschen aufdringlich. Denken Sie nur an geschwätzige Wurfsendungen, die oft auf orangefarbenes Papier gedruckt werden.

Steine und Nahrung – das Element Erde

Stoffliche Hilfsmittel recht irdischer Natur sind Steine, vor allem natürlich die edlen Kristalle, aber auch alles, was gegessen und getrunken werden kann. Luftige Verbindung ist hier die Farbe und vor allem auch die Traditionen, die sich darum ranken.

Steine und Kristalle

Bei den Kristallen bestimmt die Farbe die Zugehörigkeit zum Element Luft. Vor allem gelbe Steine können Sie einsetzen, um den luftigen Charakter zu unterstützen und die Kräfte dieses Elements zu wecken.

⌖ Bernstein – Er ist kein Stein, sondern verfestigtes Harz, Elektron, das sich statisch auflädt, wenn man es reibt. Der goldgelbe bis blassgelbe Bernstein fördert den Kontakt und hilft bei beruflichen Entscheidungen.
⌖ Chalzedon – Ein hellblauer Stein, der in der Antike zu Gemmen verarbeitet wurde. Er unterstützt die Beredsamkeit.
⌖ Citrin – Zitronengelb und transparent, vertreibt der Citrin wie kein anderer die Trübsal. Er hilft auch, ganz in seinem Element Luft, Eindrücke und Wahrnehmungen zu verarbeiten und in Handlungen umzusetzen.
⌖ Chrysoberyll – Goldgelb und leuchtend ist dieser Stein, der unangenehme Gedanken und Albträume verscheucht und seinem Besitzer einen klaren Blick verschafft.
⌖ Tigerauge – Das geheimnisvolle Leuchten, das von den Augen der scharfsichtigen Katze ausgeht, die auch im Dunklen noch sehen kann, scheint in diesem gelbbraunen Stein eingefangen zu sein. Wie die Raubkatze hält er Distanz und verschafft Durchblick.
⌖ Topas – Es gibt ihn in Gelb als Goldtopas, aber auch in anderen luftigen Farben wie Silbrigweiß und Hellblau. Gelb vor allem aber bringt gute Laune, eine typische Luftqualität. Hellblau unterstützt er die Inspiration.

Nahrungsmittel

Luftenergie kann man auch in der Nahrung finden. Es gibt eine Reihe von Pflanzen, die die geistige Tätigkeit anregen und Geselligkeit und Kommunikation fördern. So kann der Abschluss eines Rituals, vor allem, wenn man es nicht allein durchführt, mit einem gemeinsamen Essen verbunden sein. Oder Sie erheben das Essen zum Ritual und rufen die Luftkräfte durch folgende Pflanzen hinzu:
⌖ Brombeeren – Sie gehören den Elfen. Bevor Sie sie pflücken, fragen Sie also höflich nach, ob es auch gestattet ist. Ansonsten reißen Ihnen die empörten Feen Löcher in die Kleidung und verteilen blutige Kratzer. Aber Sie können ein Schälchen Brombeeren mit Milch und Honig beispielsweise auf die Fensterbank stellen, um die Elfen zu sich einzuladen.
⌖ Honig – Goldgelber Honig, süß und zähfließend, fördert der Überlieferung nach die Beredsamkeit und verspricht Schönheit und Jugend.
⌖ Nüsse – Dumme Nüsse gibt es nicht, nur weise. Vor allem der Haselnuss sagten die Kelten nach, dass sie außerordentlich die Wissensaufnahme fördere. Aber auch Mandeln, Walnüsse und Pinienkerne haben diese Eigenschaft. Knabbern Sie also, um Ihre Lernfähigkeit anzuregen.
⌖ Zitronen – Frisch, sauer und gelb sind sie, also typisch Luft. Die zusammenziehende Säure fördert die Konzentration und macht außerdem lustig.
⌖ Fruchtsäfte – Vor allem solche aus Zitrusfrüchten passen gut zum Element Luft wegen ihrer Säure und Frische.
⌖ Minzliköre – Der leicht flüchtige Alkohol hat etwas Luftiges an sich, und in kleinen Mengen genossen, fördert er Geselligkeit, öffnet den Geist und macht bereit, sich neuen, ungewohnten Gedanken zu widmen. Hält man nicht Maß, kehrt sich die negative Seite der Luft hervor, und man verliert den Boden unter den Füßen.

Düfte und Töne – das Element Luft

Düfte verbreiten sich durch die Luft, und Töne ebenfalls. Sie sind die luftigsten Hilfsmittel der Magie. In diesem Kapitel möchte ich Düfte und Räucherwerke als der Luft besonders zugetane magische Ingredienzen besonders hervorheben.

Räucherwerke

Räucherwerk und Duftöle gibt es in vielfältigen Mischungen schon fertig zubereitet zu kaufen. Duftöle finden Sie fast in jedem Supermarkt. Doch denken Sie einmal über die magische Qualität synthetischer Mischungen nach, die »Dschungelzauber« oder »Lagunennacht« heißen. Die Botschaft an die Götter, die Geister und an Ihr Unbewusstes sollte eindeutig sein, und darum verlangt die Auswahl der Duftstoffe für eine wirkungsvolle Magie auch etwas mehr Einsatz von Ihnen, als nur das Portemonnaie zu zücken. Denn mit selbst geernteten Kräutern, Blättern oder Blüten machen Sie sich und den zum Ritual eingeladenen Energien eine größere Freude als mit fertigen Glücksmischungen. Manche Räuchermittel, vor allem die kostbaren und exotischen Harze, müssen Sie allerdings kaufen, sie finden sich nicht in unserer Natur.

Duftmischungen selbst herstellen

Experimentieren Sie einmal mit verschiedenen Räucherstoffen, etwa mit getrockneten Schalen von Früchten, Holzspänchen von Bäumen und Sträuchern, Baumnadeln und getrockneten Kräutern aus Ihrem Garten. Sie benötigen dazu eine feuerfeste Schale, etwas Sand darin, Räucherkohle, eine Zange oder Pinzette, um die Kohle beim Anzünden zu halten, und dann alles Mögliche, was auf dieser Kohle zu glühen beginnt. Ein wenig Vorsicht sollten Sie dabei jedoch walten lassen. Eine nicht brennbare Unterlage bietet sich an, wenn die Funken fliegen. Und die fliegen bei allen harzigen und ölhaltigen Zutaten wie Kiefernnadeln oder getrocknetem Rosmarin.

Nehmen Sie den Duft bewusst wahr, und versuchen Sie sich daran zu erinnern, welche Gefühle oder Stimmungen er wachruft. So können Sie nach und nach Ihr eigenes Arsenal an »Botenstoffen« zusammenstellen.

Den aufsteigenden Rauch können Sie mit einem Fächer verwedeln, wenn Sie mit dem Duft reinigen möchten. Oder Sie geben ihm eine Botschaft für die Götter mit. So werden in der Magie Wünsche übermittelt.

Düfte

Duft ist der Botenstoff an die Götter oder das Universum, wo jene Kräfte wirken, die, wenn sie richtig angesprochen werden, Wünsche zu erfüllen vermögen. Sie können als Rauch über der Glut aufsteigen, aber auch als Öl aus der Duftlampe oder einem Blumen- oder Kräutersträußchen.

⊕ Beifuß – Zur Gattung Artemisia gehörend, ist er der Jagdgöttin Artemis geweiht. Beifuß ist eine alte Heilpflanze; ihr verwandt ist Absinth oder Wermut, der psychoaktiv wirkt. Für ein erweitertes Bewusstsein und um geistige Anregung zu finden, sollten Sie nur mit dem getrockneten Kraut räuchern.

⊕ Benzoe – Ein Harz mit durchdringendem Geruch, das in vielen Räuchermischungen, aber auch in Parfüms enthalten ist. Es regt die geistige Tätigkeit an und reinigt den Raum von unangenehmen Schwingungen.

⌖ Bergamotte – Als Duftöl bittersüß nach Orangen duftend, fördert es die Kommunikation und die Geselligkeit. Getrocknete Orangenschalen können als Räuchermittel mit ähnlichem Effekt eingesetzt werden.

⌖ Eukalyptus – Zu empfehlen als Bonbon bei Atemwegserkrankungen. Die Blätter werden nicht nur von Koalabären geliebt, auch als Räucherwerk können sie verwendet werden. Sie wirken luftig anregend und belebend.

⌖ Kiefer – Ein Kiefernwald im Sonnenschein duftet hinreißend und befreit die Atemwege. Kiefer macht den Kopf frei und den Blick klar. Mit Kiefernnadeln (Vorsicht, Funkenflug!) oder Holzstückchen können Sie räuchern, das Öl in die Duftlampe geben.

⌖ Lavendel – Er ist mein Lieblingsduft, und zwar nicht als Räucherwerk, sondern auf sonnenbeschienenen Lavendelfeldern in klarer Luft. Der Duft macht den Geist frei und den Blick weit. Manchmal sogar hellsichtig. Auch kann der Rauch des Lavendels reinigen.

⌖ Minze – Die Blätter der Minze zeichnen sich durch einen frischen, kühlenden Duft aus, der der Pfefferminze ist sogar ein wenig scharf. Viele Minzen sind als Heilkräuter bekannt, als Räucherwerk oder Öl wirken sie reinigend und manchmal auch erotisierend.

⌖ Weihrauch – Olibanum, dieses ursprünglichste Harz, das schon immer der Räucherung diente, das reinigt und heilt und die Opfer der Menschen begleitet, wird von den Göttern geliebt. Wenn Sie nicht genau wissen, was ein besonders passender Duft für Ihren Zweck ist, dann ist Olibanum allemal richtig.

Töne

Geräusche können wir nur erzeugen, weil es die Luft gibt, die durch sie in Schwingung versetzt wird. Besonders schöne luftige Töne verursachen alle Blasinstrumente. Insbesondere Flöten erzeugen eine äußerst luftige Stimmung. Die großen Flöten, die Orgelpfeifen, verursachen eher einen Orkan, wenn sie mit voller Kraft gespielt werden. Große Chöre entfachen gewaltige Luftenergien, sehr passend sind aber auch Harfenklänge, Gongs und alle Windspiele. Schön ist es, wenn Sie selbst eines der Musikinstrumente beherrschen, um in magischen Ritualen die Stimmung herzustellen. Es ist sehr persönlich, aber nicht jeder hat eine Harfe zu Hause stehen, und daher tut es auch eine gute Aufnahme entsprechender Musik. Wenn Sie selbst singen wollen, dann versuchen Sie es mit den Lauten »Iiiih« und »Eeeeh«.

Das Element Wasser – Zauberpflanzen

Nicht nur als Duftstoffe, auch als magische Würze können Pflanzen eingesetzt werden. Manche sind ja ihrer Wirkung nach auch mehreren Elementen zugeordnet, eine Eindeutigkeit ist nicht immer gewährleistet. Im Folgenden stelle ich Ihnen einige Pflanzen vor, die überwiegend Luftcharakter haben und vor allem als Dekoration oder in Kräuterzaubern Einsatz finden. Blumen mit »luftiger« Farbe sind fast immer geeignet.

⌖ Besenginster – Gelb blühend und gern zum Besenbinden benutzt, ist er ein magisches Reinigungsmittel, mit dem man den Staub alter Vorstellungen und Vorurteile fortkehren kann.

- Eisenkraut – Die Verbenen wurden in der Antike als Räucherwerk verwendet, können aber auch als duftendes Kräutersäckchen unter dem Kopfkissen üble Träume verscheuchen und die Auffassungsgabe erhöhen.
- Glyzinie – Diese üppig blühende, hellblaue Hängepflanze beflügelt alle, die studieren oder sich spirituellen Dingen widmen wollen.
- Klee – Vor allem vierblättrig bringt er Glück und Wohlstand. Aber um Glücksklee zu finden, muss man schon ziemlich scharfsichtig sein, was diese Pflanze unterstützt.
- Kümmel – Es ist Geschmackssache, ob man Kümmel mag, aber er fördert den Verstand und die Disziplin.
- Löwenzahn – Er blüht leuchtend gelb, und seine federleichten Samen schweben des Sommers durch die Luft. Hellsichtigkeit, sagt man ihm nach, unterstütze er, aber auch Erfolg bei Geldgeschäften.
- Majoran/Oregano – Was wäre eine Tomatensauce ohne dieses Kraut? Wie ein ungewürzter Erfolgszauber. Ein Zweiglein davon unterstützt geschäftliche Wünsche.
- Muskat – Die Nuss, frisch gerieben, ist ein überaus appetitanregendes Gewürz. In größeren Mengen kann sie Halluzinationen hervorrufen. Aber sie weitet den Geist und führt zu erfolgreichen Geschäften.
- Primel – Sie findet sich im Frühjahr in jedem Vorgarten. Wild wächst die Primel natürlich auch, wenn auch nicht so übertrieben bunt und groß. Als Schlüsselblume finden Sie sie auf wilden Wiesen, wo Sie sie zwar pflücken, nicht aber ausgraben dürfen, denn sie steht unter Naturschutz. Sie wird auch Himmelsschlüssel oder Feenblume genannt.

Übung: Kräuter sammeln

Wenn Sie – zu welchen Zwecken auch immer – in der Natur Kräuter sammeln wollen, so gibt es einige grundlegende Regeln, die Sie einhalten sollten. Dazu gehört als Erstes: Pflücken Sie nur das, was sie wirklich kennen und brauchen. Das ist ein ganz unmagischer Ratschlag, denn wenn sie z. B. ein paar Eibennadeln in die Suppe werfen, kann das übelste Auswirkungen haben. Und was die Menge anbelangt, so denken Sie daran, dass es noch andere Lebewesen gibt, die von den Gewächsen leben möchten. Also bitte keinen Kahlschlag veranstalten.

Pflanzen, die stark duften, haben ihre größte Wirkung, wenn die ätherischen Öle in den Blüten und Blättern die höchste Konzentration haben. Und das ist tagsüber, nicht in der Morgen- oder Abenddämmerung. Das haben die Elfen schon so eingerichtet, damit sie nicht ständig von den Kräuterweiblein gestört werden. Leicht blödsinnig finden sie auch die magische Forderung, Kräuter im Morgentau zu schneiden. Man hat dann nämlich viel mehr Probleme, sie zu trocknen, und die Gefahr besteht, dass die feuchten Blätter verfaulen. Sollten Sie jedoch hinter Wurzeln, Knollen oder Zwiebeln her sein, dann nicht zu der Zeit, in der die Kräuter blühen, denn da ist die meiste Kraft nach oben geschossen.

Das magische Handwerkszeug der Luft findet beim Kräutersammeln seinen praktischen Einsatz. Es ist für die Pflanzen nämlich erheblich angenehmer, mit dem schnellen, scharfen Schnitt eines Messers vom Stängel getrennt zu werden als durch heftiges Rupfen und Zerren.

Wenn Sie Kräuter für magische Zwecke sammeln, dann sollten Sie das mit der notwendigen Achtung tun. Also nicht beiläufig etwas am Wegesrand pflücken, sondern in dem Bewusstsein, wozu es Ihnen dienen soll. Es ist auch überaus passend, die Pflanze um Erlaubnis zu bitten, einige Teile von ihr entfernen zu dürfen, und sich zu bedanken, wenn man sie genommen hat. Sympathiemagie nennt man das, nicht wegen des sympathischen Verhaltens, sondern weil man sich der Verbindung zwischen Pflanze und eigenem Wollen im Klaren ist und eine Verbindung zwischen beidem herstellen möchte.

Orte der Kraft

Die Kraft des Elements Luft verspüren wir am deutlichsten dort, wo die Luft in Bewegung ist – an windigen Orten nämlich. Und wo pfeift sie am schönsten? Natürlich hoch oben auf dem Berg. Aber auch an der Meeresküste, vor allem an felsigen Steilküsten, ist ihre Macht zu spüren. Da die Luft aber auch in Verbindung mit Wissenschaft und fortschrittlicher Technik, Kommunikation und Geselligkeit steht, können Sie auch auf einem Fernsehturm oder einem anderen sehr hohen Gebäude Kontakt mit ihr aufnehmen.

Hügel und Berge – magische Stätten

Schon immer haben die Menschen angenommen, dass auf den – häufig unerreichbaren – Gipfeln der Berge die Götter wohnen. Dort, wo die Luft klar und kalt weht, hinter Wolken verborgen, musste ihre Heimstatt sein. Dort ist der Kontakt mit ihnen besonders leicht herzustellen, glaubte man, und errichtete auf windigen Höhen Tempel und Steinsetzungen.

Dann verlor sich der Glaube an die Götter, und die Hybris erhob ihr anmaßendes Haupt. Der Mensch entwickelte den Ehrgeiz, die Berge zu bezwingen. Zunächst war das noch ein echter Kampf, Mann gegen Berg, und die Götter forderten ihre Opfer unter den Bezwingern. Manche Berge gar galten als unbezwingbar, doch mit Hilfe von Hightech sind auch sie inzwischen erobert worden. Das Einzige, was noch an die Verbindung zu den Göttern erinnert, ist das sieghaft aufgepflanzte Gipfelkreuz – nicht als ein Zeichen der Verehrung, sondern des eigenen Erfolgs.

Versuchen Sie, mit etwas weniger Selbstherrlichkeit mit dem Element Luft Kontakt aufzunehmen, wenn Sie einen Berg besteigen. Bergwandern ist eine gesunde und sinnvolle Sache, und die Eindrücke, die man von der Höhe mitnimmt, können hilfreich sein, wenn man die elementaren Kräfte wecken will. Hoch oben über der Alltäglichkeit hat man Distanz zu den Kleinlichkeiten der Welt. Der Blick geht in die Weite, man erkennt an klaren Tagen das Ganzheitliche der Landschaft, die vor einem liegt. Dann wird es leichter, sich den großen Gedanken zu öffnen. Dort, wo nur noch der Wind rauscht und Vögel die Begleiter sind, wo man dem Himmelsgewölbe näher ist, kann einen eine große Heiterkeit und ein ungeheures Glücksgefühl wie aus heiterem Himmel überkommen. Und nicht umsonst wird die Erleuchtung auch Gipfelerlebnis genannt.

Es müssen übrigens nicht unbedingt Dreitausender sein, die diese Erlebnisse hervorrufen. Schauen Sie sich in Ihrer Umgebung (oder im Urlaub) einmal um, ob Sie nicht einen einsamen Hügel finden, und besteigen Sie ihn an einem klaren Tag. Verweilen Sie dort, und nehmen Sie die Stimmung auf. Wenn Sie möchten, können Sie dort auch das Gespräch mit den Göttern führen. Aber wichtig ist, dass Sie den Eindruck von Weite mit sich zurücknehmen. Wann immer Sie sich beengt fühlen, können Sie diese Erinnerung wieder wachrufen.

Die Felsküste – ein Ort der Magie

Vor allem dort, wo der Wind eine lange Strecke über das Meer zurückgelegt hat, sich satt getrunken hat an salziger Gischt und die Wasser zu schäumenden Wellengebirgen aufgetürmt hat, wo die Wolkenfetzen über den Himmel gepeitscht werden, da spürt man das Element Luft. Dort heulen die Windsbräute und verschiedene Wettergeister, die in früheren Zeiten den Seeleuten auf ihren Segelschiffen ernsthafte Schwierigkeiten verursacht, sie aber auch mit elementarer Kraft vorangetrieben haben. Nicht die milden Mittelmeerküsten oder die sanften Ostseebäder mit ihren belebten, überlaufenen Stränden sind es, die Ihnen dieses Erlebnis vermitteln werden. Dazu sollten Sie beispielsweise die Nordsee besuchen, wenn die Äquinoktiumstürme, die Winde, die häufig zur Zeit der Tagundnachtgleiche auftreten, brausen. Oder auch die Atlantikküste, wo der Westwind ungebremst über Hunderte von Kilometern über den Ozean rauscht. Hier lernen Sie, was es bedeutet, dem reinigenden Aspekt der Luft ausgesetzt zu sein. Zusammen mit dem Salz der Gischt hat das sogar doppelte Wirkung. Sie werden spüren, wie gut es tut, ordentlich ausgelüftet, durchgepustet und entstaubt zu werden. Wenn Sie sportlich sind, gibt es vielfältige Möglichkeiten, die Windkraft in Geschwindigkeit umzusetzen. Segler, Windsurfer oder Kiteboarder machen sich die Luft zunutze. Wollen Sie es nicht ganz so anstrengend, dann lassen Sie einen Drachen fliegen, und spielen Sie mit Ihrem Freund, dem Wind. Bewahren Sie diese Frische und Freude an der Beweglichkeit und Geschwindigkeit in Ihrem Gedächtnis.

Magie der Dächer

In größeren Städten gibt es überall Häuser, die andere überragen. Wer in den oberen Etagen seinen Arbeitsplatz hat, der sollte hin und wieder einen bewussten Blick nach draußen tun. Aber der Blick aus dem Fenster ist nicht das, was einem der Eindruck im Freien vermitteln kann. Also suchen Sie die Dachterrasse oder die Aussichtsplattform auf. Auch Aussichtstürme können Sie besuchen. Einen ganz eigenen Reiz hat es übrigens, Kirchtürme zu besteigen. Wenn Sie in einer flachen Gegend zu Hause sind, reicht da schon der Besuch der Dorfkirche, um einen umfassenden Blick über das Land zu erhaschen. Es mag sein, dass Sie beim Aufstieg auf einen Turm oder eine Aussichtsterrasse feststellen, dass Sie nicht schwindelfrei sind. In einem solchen Fall hilft der Blick nach oben, nicht nach unten.

Übung: Frischen Wind entfachen

Mit der frischen Luft kommen Sie auch auf einem ganz anderen Feld in Kontakt – dem Frühjahrsputz. Sie sollten ihn nicht nur im Frühling machen, obwohl das symbolisch die richtige Zeit ist, sondern immer dann, wenn es mit alten Vorstellungen aufzuräumen gilt oder sich irgendwo Energieschmutz abgelagert hat und natürlich vor Beginn einer jeden magischen Tätigkeit. Symbolisches Reinigen kann genauso wirkungsvoll sein wie eine Stunde Putzen. Und eine Stunde Putzen fördert auch immer das befriedigende Gefühl, irgendwo Ordnung geschaffen zu haben.

Es gibt verschiedene Methoden der magischen Reinigung. Eine der ältesten ist das Ausräuchern eines Raumes. Sie kennen den Ausdruck, wenn unangenehme Subjekte zu verjagen sind: »Die Bude müsste man ausräuchern!«, heißt es dann. Magisch üble Subjekte gibt es auch: hässliche, kleine Angstdämonen, moderige Geister aus der Vergangenheit, zänkische Teufelchen, selbstmitleidige Trübseelen, bleiche Jammerlappen und ähnliches Gelichter, das sich einnistet, wenn in Beziehungen oder im einzelnen Menschen die Elemente ins Ungleichgewicht geraten sind.

Der magische Hausputz

Nehmen Sie den Besen zur Hand – den magischen, gebunden aus ein paar passenden Kräutern oder Besenginster. Suchen Sie sich ein feuerfestes Gefäß, das Sie in einer Hand tragen können. In Devotionalienhandlungen bekommen Sie sicher ein Räucherfass, aber das mag teuer sein. Eine Tonschale mit Sand tut es auch. Wählen Sie ein Räucherwerk, das Sie besonders stark mit dem Gefühl von Sauberkeit und Frische verbinden. Für mich beispielsweise ist Lavendel das ultimative Putzmittel. Es stört übrigens nicht, wenn es einem anderen Element als der Luft zugeordnet ist. Auf das Gefühl kommt es an! Und dann geht's los. Zuerst räumen Sie den Raum gründlich auf, den sie magisch reinigen wollen. Nein, nein, nicht einfach in die Schublade stopfen, sondern richtig aufräumen und entrümpeln! Dann ordentlich lüften. Anschließend werden alle Fenster und Türen geschlossen, bis auf einen kleinen Spalt irgendwo. Sie wollen ja den unangenehmen Mitbewohnern die Möglichkeit zum Entschwinden geben.

Entzünden Sie nun die Räucherkohle. Wenn sie durchgeglüht ist, legen Sie das Räucherwerk auf. Beobachten Sie den aufsteigenden Rauch, und atmen Sie ein paar Mal tief ein. Entspannen Sie sich dabei. Dann rufen Sie die Kraft der Luft (oder eines ihrer reinigenden Geistwesen) um Hilfe und halten Besen und Räucherschale in den Händen. Gehen Sie von Ecke zu Ecke, und wedeln Sie dort mit dem Besen den Rauch hin, wo Sie die dumpfen Energien vermuten. Treiben Sie sie so zum Spalt am Fenster hinaus.

Wenn Sie den Eindruck haben, dass der Raum nun gereinigt ist, dann bedanken Sie sich bei der Kraft, die Ihnen geholfen hat, und verabschieden Sie sie. Lassen Sie die Kohle ausbrennen, oder ersticken Sie sie mit Sand. Lüften Sie noch einmal durch.

Kontaktaufnahme mit den Luftkräften

Sie haben inzwischen vielleicht schon einige Eindrücke zum Element Luft gesammelt. Jetzt sollten Sie einmal einen ganz persönlichen, sehr magischen Kontakt mit diesen Kräften aufnehmen. Wie alle magische Arbeit ist dazu zumindest bei den ersten paar Malen ein Ritual erforderlich. Als Ziel steht diesmal nicht die Wunscherfüllung im Vordergrund, sondern das Kennenlernen und Erfahren. Obwohl es durchaus möglich ist, dass anschließend schon Veränderungen eintreten.

Ort, Zeit und Hilfsmittel

Bereiten Sie sich vor, und planen Sie das Ritual. Entscheiden Sie, dieses Ritual allein oder in einer Gruppe durchzuführen.

Ort Dort, wo Sie ungestört sind und Luftkontakt haben. Wenn Sie einen Balkon haben, ist das fein, aber auch ein geöffnetes Fenster reicht aus. Richtung Osten wäre phantastisch. Wenn das nicht geht, eben eine andere Himmelsrichtung.

Zeit Möglichst viele der folgenden Kriterien sollten zusammentreffen: kurz vor der Morgendämmerung im Frühling, bei der Frühlingstagundnachtgleiche und bei zunehmendem Mond.

Hilfsmittel Etwas symbolische Luft muss dabei sein – Federchen, ein Fächer, Löwenzahnsamen oder Distelwolle, ein gefalteter Papierdrachen, etwas Fallschirmseide usw. Mit Kerzen sorgt man für eine stimmungsvolle Beleuchtung. Nehmen Sie gelbe Kerzen in Windlichtern. Ein Messer oder Ihr persönliches magisches Schwert. Einen symbolischen Besen und ein gelbes Kleidungsstück, und wenn es nur ein Band ist, das Sie in die Haare binden. Auf jeden Fall muss Räucherwerk oder eine Duftlampe dabei sein, von der ein luftiger Duft aufsteigt. Auch ein Musikstück, zarte Flöten- oder Harfenklänge etwa, keine Wagnerchöre oder Orgelmusik, das könnte beim ersten Mal etwas zu stürmisch wirken.

Rituelle Vorbereitung

Das immer Wiederkehrende bei Beginn des Rituals ist: Reinigen – Erden – Magischer Kreis. Als Reinigung reicht die morgendliche Dusche, einigermaßen bewusst durchgeführt, aus. Kleiden Sie sich an, und konzentrieren Sie sich dabei schon auf das Kommende. Andere Eindrücke sollten Sie nicht ablenken. Öffnen Sie das Fenster. Stellen Sie Kerzen bereit; die Räucherschale oder Duftlampe steht in Richtung Osten.

Reinigen Sie den Ort, an dem Sie das Ritual durchführen wollen, indem Sie mit dem Kräuterbesen die Ecken symbolisch ausfegen. Beginnen Sie im Osten, und drehen Sie sich dann im Uhrzeigersinn, wobei Sie die Kraft der Luft bitten, die Umgebung rein von störenden Einflüssen zu wehen.

Erden und zentrieren Sie sich danach, wie auf Seite 131ff. beschrieben, zünden Sie die Kerzen und das Räucherwerk an, und arrangieren Sie Ihre sonstigen Hilfsmittel. Um diesen Platz ziehen Sie nun für sich und gegebenenfalls alle anderen den magischen Kreis mit dem Schwert. Setzen Sie sich mit dem Gesicht Richtung Osten nieder. Es folgt der eigentliche Ritualinhalt – die Erfahrung der Luftkräfte.

Die Trancereise zur Luft

Sie werden eine Trancereise unternehmen, einen Phantasiespaziergang zum Element Luft. Schließen Sie dazu die Augen, und atmen Sie tief und bewusst die frische Morgenluft ein, die durch Ihr Fenster strömt. Stellen Sie sich eine Leiter vor, die Sie hinauf zu den Wolken führt. Zehn Sprossen müssen Sie hochsteigen, bei jedem Atemzug eine. Schauen Sie nicht nach unten, blicken Sie hoch zu den Wolken. Dort oben erwartet Sie ein Eingang, durch den Sie gehen. Keine Angst, Sie fallen nicht. Sie sind in diesem Zustand leichter als Luft.

Mustern Sie zunächst nur Ihre allernächste Umgebung, das, was direkt vor Ihnen ist. Wenn Sie nichts sehen, lauschen Sie, riechen Sie oder tasten Sie in Gedanken. Nicht jeder bevorzugt das Sinnesorgan Auge beim ersten Kontakt. Es stellt sich gewöhnlich nach einer kurzen Weile ein inneres Bild ein. Sie erkennen, wie der Untergrund beschaffen ist, auf dem Sie stehen, was sich rechts und links befindet und wie es vor Ihnen weitergeht. Fassen Sie für sich oder einen möglichen Begleiter in Worte, was Sie wahrnehmen, aber bewerten Sie es nicht.

Haben Sie Ihre Umgebung einigermaßen in sich aufgenommen, äußern Sie den Wunsch, umherwandern zu dürfen. Es wird sich wahrscheinlich ein Weg öffnen. Und dann wandern Sie. Das Schöne an dieser Art von Reisen ist, dass Sie nicht auf die irdischen Fortbewegungsarten beschränkt sind. Also, wenn Sie wollen, fliegen Sie! Betrachten Sie Ihre Luftwelt, spielen Sie Federball mit den Wolken, wirbeln Sie mit den Winden umher, und schütteln Sie mit Frau Holle die Betten aus. Nur legen Sie sich nicht auf die verlockend weichen Wolkenbetten nieder, sonst schlafen Sie ein und haben hinterher alles vergessen, was sie gesehen haben.

Wenn Sie genug von der luftigen Höhe haben, bewegen Sie sich den gleichen Weg, den Sie gekommen sind, wieder zurück. Das Tor, durch das Sie eingetreten sind, findet sich wieder an seinem Ende. Bevor Sie hindurchgehen, verabschieden Sie sich von Ihrer inneren Luftwelt. Auf der anderen Seite erwartet Sie Ihr Wachbewusstsein, das Sie durch langsames (!) Rückwärtszählen von zehn bis eins erreichen. Strecken Sie sich, und atmen Sie einmal tief durch. Dann öffnen Sie langsam die Augen.

Ritualabschluss

Wenn die Reise in die Welt des Elements Luft nicht auf Anhieb geklappt hat, dann seien Sie nicht enttäuscht. Das kann passieren, wenn man zu hohe Erwartungen daran knüpft. Man kann es nicht erzwingen, man kann nur üben, sich ausreichend zu entspannen. Und das braucht seine Zeit. Die Luft ist da, sie umgibt Sie, Sie atmen sie ein, sie ist in Ihnen. Sie ist groß und weit und birgt vielfältige Möglichkeiten. Eine von ihnen werden Sie auch erfahren, und dann werden auch Sie zum Federchen, das in der warmen Strömung tanzt, oder ein Rauchwölkchen, das aufwirbelt, ein Blatt im Wind oder ein Adler über den Berggipfeln. Wiederholen Sie einfach hin und wieder dieses Ritual.

Nach seiner Beendigung erden Sie sich. Haben sich negative Energien aufgebaut, beispielsweise Enttäuschung darüber, dass es nicht geklappt hat, dann reinigen Sie den Ort nochmals, und heben Sie dann den magischen Kreis auf. Anschließend sollten Sie über das nachdenken, was Sie erfahren haben. Es ist sehr hilfreich, wenn Sie es sich notieren.

Luftrituale

Rezepte verführen zum gedankenlosen Nachkochen. Wer sklavisch alle Zutaten in Menge und Gewicht verwendet, mag sich hinterher wundern, dass ihm das Gericht nicht schmeckt. Dabei hätte er einfach auf den vorgeschriebenen Kümmel verzichten müssen. So ist das auch bei der Magie: Ersetzen Sie das, was Ihnen nicht einleuchtet oder war Ihnen unangenehm ist, durch etwas anderes. Genügend Alternativen finden Sie hier. Für die wichtigsten Themenkreise, die im Zusammenhang mit dem Element Luft stehen, können Sie nun einige Vorschläge zum magischen Arbeiten nachlesen. Doch beachten Sie, dass Sie, wenn Sie ein starker Luftcharakter sind, bei diesen Themen vermutlich kaum Defizite haben. Führen Sie sich zu viel Luftenergie zu, kann das ins Negative umschlagen. Dagegen könnte den Erd-, Wasser- und Feuermenschen die beschwingte Magie der Luft einen Ausgleich zu den allzu festen, tiefen oder ehrgeizigen Seiten ihrer Persönlichkeit bringen.

Ritualeinleitung

Noch einmal zur Wiederholung: Folgende Schritte sind bei Beginn eines jeden Rituals gleich und stellen die Ritualeinleitung dar:

- Reinigen Sie sich selbst, legen Sie, wenn gewünscht, ein entsprechendes Kleidungsstück an. Lassen Sie sich ab jetzt durch nichts mehr ablenken, sondern widmen Sie Ihre Gedanken dem, was Sie durchführen wollen.
- Erden Sie sich. Alle, die sich beteiligen wollen, tun das auch.
- Reinigen Sie den Raum durch das symbolische Ausfegen der Ecken mit der Bitte an die Luftkräfte, den Raum von negativen Einflüssen zu befreien.
- Entzünden Sie die Kerzen, die Duftlampe oder das Räucherwerk.
- Ziehen Sie den magischen Kreis mit dem Schwert.
- Nehmen Sie mit dem Gesicht Richtung Osten Platz, und entspannen Sie sich.

Ritual zum Thema Lernen und Wissen

Die Luft steht für die Schärfe des Verstandes, und den braucht man immer dann, wenn man sich neues Wissen aneignet. Manche Menschen, vor allem die neugierigen Luftcharaktere, machen das ihr Leben lang gern. Andere verbinden mit Lernen eine eher mühselige Plackerei. Doch unsere Zeit ist schnelllebig, und wir müssen, um in ihr zu überleben, ständig lernen. Übrigens hält Lernen jung und das Gehirn elastisch. Das Element Luft kann Ihnen helfen, den Kopf frei zu machen für neues Wissen. Es stärkt die Fähigkeit, Zusammenhänge und Grundprinzipien zu erkennen, und macht damit das Lernen zum erfreulichen Erlebnis.

Ort, Zeit und Hilfsmittel

Ort Ihr persönliches magisches Arbeitszimmer oder Ihr Schreibtisch zu Hause. Im Büro mag ein solches Ritual milde Verwunderung auslösen.

Zeit Morgens und/oder mittwochs, am besten an einem Mittwochmorgen.

Hilfsmittel Ihr Schwert, gelbe und/oder graue Kerzen, ein gelbes Kleidungsstück, als Duft auf jeden Fall Kiefer für den klaren Kopf. Ein gelber Stein oder Edelstein, beispielsweise das Tigerauge. Wenn die Zeit passt, ein paar Glyzinien, gewiss aber einige Nüsse und Nusskekse zum späteren Erden.

Geistige Helfer Wenn Sie wollen, können Sie die heilige Katharina, Maria als Alma Mater oder den keltischen Ogma mit einbinden, ansonsten reicht die das Wissen und Verstehen unterstützende Kraft der Luft.

Ritualablauf

- Ritualeinleitung
- Rufen Sie die den Verstand schärfende Kraft der Luft an, in Ihren magischen Kreis zu treten. Äußern Sie diese Bitte mit selbst gewählten Worten. Wenn Sie nur einfache Sätze sagen, ist das nicht weiter tragisch, es kommt auf die Ehrlichkeit und Inbrunst an, mit der Sie die Anrufung durchführen. Wenn Sie zuvor einen Hymnus gedichtet haben, werden die Luftgeister gewiss auch gerne zuhören.
- Wenn Sie spüren, dass die Kraft der Luft (oder ihr Vertreter) um Sie ist, bitten Sie sie darum, dass sie Ihnen hilft zu verstehen, was Sie lernen sollen, und zu behalten, was sie wissen sollen. Visualisieren Sie, wie ein klärender Wind durch Ihren Kopf weht und Sie aufnahmebereit für alles notwendige Wissen macht.
- Weihen Sie eine Nuss als Erinnerungsamulett, indem Sie sie in Ihre linke Hand nehmen und die Kräfte der Luft bitten, in sie hineinzufließen.
- Beschließen Sie das Ritual durch Danksagung, Verabschiedung, Erdung (z. B. durch das Essen der Nusskekse) und Aufheben des magischen Kreises.
- Die Nuss können Sie anschließend als Erinnerungsamulett bei sich tragen oder auf den Schreibtisch legen.
- Dann machen Sie einen Spaziergang in frischer Luft, bevor Sie sich wieder über Ihre Bücher beugen. Lernen müssen Sie allerdings immer noch selbst, aber es wird deutlich leichter gehen, und Sie werden sich dabei auf das Wesentliche konzentrieren.

Ritual zu Visionen und Plänen

Es gibt Phasen im Leben, da scheint man in einer Sackgasse gelandet zu sein. In einer ohne Wendemöglichkeit. Hier muss man kreativ werden und sich etwas einfallen lassen, wie man wieder herauskommt. Unkonventionelle Lösungen sind gefragt. Die Luft, die alles durchdringt, die über den Dingen schwebt, eröffnet Möglichkeiten, aus den scheinbar unlösbaren Verstrickungen zu entkommen.

Ort, Zeit und Hilfsmittel

Ort Ihr persönliches magisches Arbeitszimmer oder irgendwo oben, wo Sie einen erhöhten Blick über die Welt haben.

Zeit Morgens, sonntags, am besten am Sonntagmorgen.

Hilfsmittel Ihr Schwert, hellblaue Kerzen, ein hellblaues Kleidungsstück. Als Duft Artemisia oder Lavendel. Ein hellblauer Topas als Stein oder eine hellblaue Glasperle. Muskatnuss erweitert symbolisch den Geist (der übermäßige Genuss von Muskatnuss ist gesundheitsschädlich). Eine Mousse au Chocolat mit frisch geriebener Muskatnuss.

Geistige Helfer Die Götterbotin Iris, die viel von der Welt gesehen hat, und selbstverständlich Hermes, der immer einen Ausweg weiß, dürfen beim Ritual dabei sein, doch es reicht auch die visionäre Kraft des Elements Luft.

Ritualablauf

- Ritualeinleitung
- Rufen Sie in Ihren eigenen Worten die grenzenlose Kraft der Luft an, die Sie in diesem Ritual erfüllen soll.
- Rufen Sie sich die Erinnerung an einen Ort von luftiger Weite ins Gedächtnis, und versetzen Sie sich in die Stimmung, die dort herrscht. Wenn Sie sich von den frischen Winden umgeben fühlen, stellen Sie sich vor, weit über den Dingen zu schweben. Bitten Sie das Element Luft, Ihnen aus dieser Distanz die vielen Möglichkeiten zu zeigen, die es gibt, um die verfahrene Situation zu ändern. Lassen Sie Ihren Geist schweben, und nehmen Sie alles dankbar an, was in Ihnen aufsteigt. Werten Sie noch nicht. Versuchen Sie aber zu behalten, welche Vorschläge in Ihnen auftauchen, auch wenn sie zunächst noch so absurd erscheinen.
- Wenn die Vision Sie verlässt, beschließen Sie das Ritual durch Danksagung, Verabschiedung, Erdung (z. B. Essen der Mousse au Chocolat) und Aufheben des magischen Kreises.
- Werten Sie jetzt aus, was Sie erfahren haben. Und denken Sie daran: Es gibt immer eine Lösung, so eigenartig und unvorstellbar sie zunächst auch sein mag. Es kann sein, dass sie Ihnen nicht gefällt, aber es gibt sie.

Ritual zum geschäftlichen Erfolg

Geschäftlicher Erfolg manifestiert sich für uns meist in positiven Zahlen auf dem Konto. Zu diesem Erfolg gehören in hohem Maße Luftqualitäten – Verhandlungsgeschick, flexibler Umgang mit Problemen, Wissen, Entschlusskraft, schnelles Reagieren, visionäre Ziele. Wenn es Ihnen daran im Augenblick etwas fehlt, versuchen Sie, mit dem Meister der Händler in Kontakt zu kommen, dem quecksilbrigen Merkur/Hermes.

Ort, Zeit und Hilfsmittel

Ort Ihr persönliches magisches Arbeitszimmer.

Zeit Morgens und/oder mittwochs, auf jeden Fall bei zunehmendem Mond.

Hilfsmittel Ihr Schwert, gelbe Kerzen, als einladender Duft Olibanum (Weihrauch), weil ihn die Götter lieben. Als Dekoration kann ein Bernstein dabei sein, vor allem aber Klee, wenn möglich ein vierblättriger, ein Zweiglein Majoran und Löwenzahn, wenn er gerade blüht.

Geistige Helfer Das Element Luft und ihr Vertreter Merkur/Hermes.

Ritualablauf

- Ritualeinleitung
- Rufen Sie die Kraft der Luft in Ihren magischen Kreis.
- Entspannen Sie sich, bis Sie sich von wohlwollender Luft umgeben fühlen. Bitten Sie dann Hermes, vor Ihrem inneren Auge zu erscheinen. Führen Sie das innere Gespräch mit ihm, wie auf Seite 107 beschrieben. Sie werden in ihm einen Ratgeber zu allen Fragen finden, die luftige Qualität im Geschäftsleben haben. Werten Sie zunächst noch nicht, sondern hören Sie zu.
- Wenn das Gespräch beendet ist, bedanken und verabschieden Sie sich. Erden Sie sich wie zu Beginn des Rituals, und heben Sie den magischen Kreis auf.
- Rekapitulieren Sie das Gespräch, und bewerten Sie, was Sie erfahren haben. Vorsicht, Merkur ist ein Schlitzohr. Nicht alle seine Ratschläge sind mit geschäftlicher Ethik zu vereinbaren.
- Merkur/Hermes diente Ihnen als innerer Gesprächspartner. Er ist ein Teil von Ihnen, der Ihre versteckten Lufteigenschaften darstellt, die Ihnen im alltäglichen Leben nicht bewusst sind. Er ist ein Archetyp. Wenn Ihnen dieser Gott zu fremd erscheint, zu fern, dann nehmen Sie eine Person, die Ihnen näher liegt. Jemanden, dessen geschäftlichen Erfolg Sie bewundern, der Sie beeindruckt.

Ritual zu den Bereichen Kontakt und Geselligkeit

Menschen mit einem geringen Luftanteil in ihrem Charakter können manchmal ein wenig kontaktscheu sein. Außer sie haben überwiegend feurige Eigenschaften. Aber gerade eigenbrötlerische Erdlinge oder in die Tiefen abgetauchte Wassermenschen brauchen manchmal einen kleinen Windstoß, um wieder gesellig zu werden.

Ort, Zeit und Hilfsmittel

Ort Ihr persönliches magisches Arbeitszimmer oder der Raum, in dem Sie gern Gäste sehen würden.

Zeit Morgens und/oder mittwochs.

Hilfsmittel Ihr Schwert, orangefarbene Kerzen und Kleidungsstücke. Als Duft ist Bergamottöl oder getrocknete Orangenschale passend. Bernstein macht gesellig, und auch ein Schlückchen Minzlikör oder Honig fördert die süße Rede.

Geistige Helfer Die Muse Thalia und Aurora sind Vertreterinnen des kontaktfreudigen Aspektes der Luft, aber das Element selbst reicht auch schon aus, um erfolgreich Kontakte knüpfen zu können.

Ritualablauf

⊕ Ritualeinleitung

⊕ Rufen Sie die gesellige Kraft der Luft mit selbst gewählten Worten, und bitten Sie die luftigen Energien, in Ihren Kreis zu treten.

⊕ Wurde Ihre Anrufung gehört, dann bitten Sie darum, dass es Ihnen in nächster Zeit leicht fällt, auf andere zuzugehen oder dass Ihnen einladende Worte leicht von den Lippen kommen. Visualisieren Sie, wie Sie mit heiterer Leichtigkeit Freunde gewinnen.

⊕ Nehmen Sie den Bernstein in Ihre linke Hand, und reiben Sie ihn sanft mit einem Tuch oder an der Kleidung. Dann bitten Sie die Kräfte der Luft, in ihn hineinzufließen. Als Amulett dient er der Kontaktfähigkeit.

⊕ Beschließen Sie das Ritual durch Danksagung, Verabschiedung, Erdung (z. B. durch ein Schlückchen Minzlikör oder einen Löffel Honig) und Aufheben des magischen Kreises.

⊕ Den Bernstein können Sie bei sich tragen oder ans Telefon legen. Nutzen Sie die neu gewonnene Luftenergie, um jemandem strahlend zuzulächeln oder ein Kompliment zu machen.

Ritual zur Heiterkeit

Wolken verscheuchen, das kann die Luft! Auch die dunklen Wolken der Niedergeschlagenheit, der Betrübnis, der Perspektivlosigkeit. Luft klärt auf, Luft erheitert, Luft erfrischt und putzt die Spinnweben aus Ihrem Kopf.

Ort, Zeit und Hilfsmittel

Ort In Ihrem persönlichen magischen Arbeitszimmer am offenen Fenster.

Zeit Beliebig, immer dann, wenn es nötig ist.

Hilfsmittel Ihr Schwert, gelbe Windlichter, gelbe Kleidung, als Duft den belebenden Eukalyptus oder Minzöle. Luftig heitere Musik hebt die Stimmung, ein Citrin fördert die Heiterkeit, ebenso gelbe Glaskugeln. Dekorieren Sie im Frühling mit Himmelsschlüsseln oder gelben Primeln, im Sommer mit Löwenzahn. Zitronensaft mit Honig, warm oder kalt, bringt Frische.

Geistige Helfer Es gibt nichts, was froher stimmt als ein Regenbogen. Iris oder Loki sollten Sie dazubitten.

Ritualablauf

⊕ Ritualeinleitung

⊕ Rufen Sie die lebenslustige Kraft der Luft an, und bitten Sie sie, durch Ihr Fenster in den magischen Kreis zu wehen.

⊕ Schließen Sie die Augen, und entspannen Sie sich. Stellen Sie sich einen Regenbogen vor – leuchtend in allen Farben des Spektrums. Steigen Sie ihn mit jedem Atemzug ein wenig weiter empor. Fühlen Sie, wie die Luft mit Ihren Haaren spielt, Ihre Tränen trocknet und die Düsternis aus Ihrem Herzen vertreibt. Oben auf dem Regenbogen setzen Sie sich nieder. Bitten Sie Ihren Helfer aus der geistigen Welt, sich zu Ihnen zu gesellen, und klagen Sie ihm all Ihr Leid. Wenn Sie sich lange genug unterhalten haben, rutschen Sie den Regenbogen hinunter. Winken Sie Ihrem Helfer noch einmal zu, und öffnen Sie die Augen.

⊕ Erden Sie sich durch Tanzen, und trinken Sie den gesüßten Zitronensaft. Heben Sie den magischen Kreis auf.

⊕ Atmen Sie noch einmal tief durch. Machen Sie einen Spaziergang, egal, wie das Wetter ist.

4. Kapitel
Das Element Feuer

Die Sonne, der gewaltige Feuerball, der die Mitte des Kreises bildet, auf dem unsere Erde tanzt, übergießt uns mit ihrem himmlischen Feuer. Sie hat Leben auf unserem Planeten ermöglicht.

Hat Ihnen der Test gezeigt, dass Sie ein Feuerkopf sind? Was meint Ihr Geburtshoroskop dazu? Beides zusammen verrät Ihnen, wie Sie mit Ihrer Feuerseite umgehen: ob sie gut entwickelt ist, ob sie überbetont ist oder ob Sie an den feurigen Eigenschaften noch etwas arbeiten müssen. Setzen Sie sich mit dem Feuer, dieser leuchtenden, sichtbaren und heißen, knisternden und Funken sprühenden Energie auseinander. Ganz konkret mit dem brennenden Feuer. Zünden Sie eine Kerze an, damit es Sie bei den nächsten Seiten begleitet, deren Lektüre Sie selbstredend brennend interessieren sollte. Wenn Ihnen der Vorschlag nicht gefällt, verbrennen Sie dieses Buch.

Die Natur des Feuers

Luft kann man, wenn auch nicht gerade auf der Küchenwaage, so doch wiegen und messen; sie besteht aus Molekülen, ist letztlich also ein Stoff. Wasser ist noch viel griffiger, und Erde schließlich erscheint ganz rustikal materiell. Das Feuer ist anders. Feuer kann man nicht fassen, Feuer ist Oxidation, also ein Vorgang, aber ein elementarer. Es ist auch nicht so allgegenwärtig sichtbar wie die drei anderen Elemente, es erscheint wie der Blitz aus heiterem Himmel. Kein Lebewesen außer dem Menschen kann es kontrollieren, und auch der hat lange dazu gebraucht, und so richtig unter Kontrolle ist es immer noch nicht. Feuer ist eigenwillig. Wir nutzen es, um uns zu wärmen, Licht in die Dunkelheit zu bringen, Nahrung zuzubereiten, uns über weite Strecken fortzubewegen. Energie ist gebändigt in elektrischen Leitungen, Tanks, Batterien und Brennstäben. Aber hin und wieder tritt ihr gewalttätiger Aspekt in Explosionen und Feuersbrünsten hervor.

Entsprechungen des Feuers

Im übertragenen Sinne haben wir es hier mit der explosiven Seite des feurigen Menschen zu tun, der vor Energie zu bersten scheint, der sich oft in lauten Worten durchzusetzen weiß und schon mal mit der Faust auf den Tisch donnert oder krachend die Türen zuschmettert. Den Choleriker, der von der gelben Galle getriebene Mensch, dem diese Galle manchmal hochkocht, haben Sie dann vor sich.

Feuer brennt aber auch friedlich. Warmgolden leuchtet ein Lagerfeuer in der Nacht, lädt zu geselliger Runde, zu Wärme und Traulichkeit ein. Ein Kaminfeuer ist so ziemlich das Gemütlichste, was einen Raum ausmachen kann, und Gespräche im Sessel davor sind zumeist von Toleranz und menschlicher Wärme bestimmt. Höchst stimmungsvoll ist ein Essen bei Kerzenschein, dem lebendigen Licht, der magischen Beleuchtung. Beim Heimkehren in der Ferne schon das hell erleuchtete Fenster des Hauses zu sehen, ist ein wunderbares Gefühl.

Sehnsucht nach dem Licht treibt uns, denn die Dunkelheit macht dem Menschen Angst. In den Glaubensvorstellungen spielt das göttliche Licht daher auch eine entscheidende Rolle und die strahlenden Gestalten, die am Ende des Weges auf uns warten. Doch zuvor verzehrt das Feuer – Feuer kann nicht ohne Substanz überleben, es braucht Nahrung. Ganze Wälder frisst es auf, wenn es einmal losgelassen wird. Doch nicht nur leicht entflammbares Holz verbrennt es zu Asche. Wenn die Temperaturen hoch genug sind, ist nichts mehr vor ihm sicher. Was übrig bleibt, ist nicht mehr das, was es einmal war. Metalle und Gestein sind geschmolzen, organische Substanz hat sich verflüchtigt, bleibt vielleicht noch als mineralhaltige Asche zurück, und Flüssigkeit ist verdunstet. Feuer transformiert alles, es wandelt. Wer durchs Feuer gegangen ist, ist verwandelt.

Durch das Feuer geläutert

Weil es diese Wandlungskraft hat, kann es auch das Schlechte verwandeln, es kann das Unsaubere herauslösen, das Edle erhalten. Läuterung haben die Alchimisten diesen Vorgang genannt und bezogen ihn – oberflächlich – auf das Gold. Von Schlacken befreit, gereinigt, bleibt die reine Substanz. Etwas weiter gedacht hat die Kirche und die Menschheit von den unliebsamen Freigeistern gereinigt, indem sie sie verbrannte. Zudem hat die Kirche das Horrorszenario aufgebaut, dass ein jeder nach dem Tod in das Purgatorium, das Fegefeuer, kommt, wo die Seele geläutert wird. Doch Feuer reinigt wirklich, und wir nutzen diese Kraft tagtäglich in den Müllverbrennungsanlagen. In den alten Religionen und in der Magie sind es die Reinigungs- und auch die Opferfeuer, die sich dieser Eigenschaft des Elements bedienen.

Das Urfeuer, die Sonne, hat uns unser Leben geschenkt. Die Verbrennungsprozesse in den Lebewesen selbst, der Stoffwechsel und die Fotosynthese, erhalten unser Leben.

Feuer mag gefährlich und nie gänzlich unter Kontrolle zu halten sein, aber es ist notwendig, belebend, eine Herausforderung. Es ist ein eigenwilliges Element, eine inspirierende, erleuchtende, lebendige Kraft, die lustvoll glüht, brennend verzehrt, rigoros verwandelt, was sich ihm nähert. Genau das geschieht einem, wenn man einem Feuermenschen zu nahe kommt.

Die kulturelle Bedeutung des Feuers

Frauen zähmten das Feuer und hüteten es zum Wohle der Gemeinschaft. Die Herrin des Herdfeuers, die Clanmutter oder die Priesterin, wachte darüber, dass die heilige Flamme nicht erlosch, stellte sicher, dass die Botschaften und Opfer an die Götter, die durch das Feuer übermittelt wurden, auch in der rechten Form vollzogen wurden. Außerdem bekochte sie die Sippe. Damit hatten die Feuerhüterinnen aus den matrilinearen Gesellschaften unserer Kultur eine echte Führungsrolle inne. Ihre Erbinnen waren die Vestalinnen, die in Rom das Tempelfeuer hüteten. Dann kam lange nichts mehr, und es blieb bei dem mühseligen Geschäft des Bekochens. Die Mittlerrolle zwischen Gott und den Menschen wurde den Frauen verboten. Das Priesteramt rissen die Männer an sich und erstickten dabei gleichzeitig auch noch das Feuer des Leibes, die Lust. Die Priester leben – zumindest den Vorschriften nach – keusch und zölibatär. Das Feuer aber findet seinen Weg, im Zweifelsfall in glühendem Fanatismus.

Feuergötter gibt es nicht. Auch die Götter scheinen dieses Element ebenso zähmen zu müssen wie die Menschen. Zwar hat mancher Göttervater ein Bündel Blitze zur Hand, die er großzügig einschlagen lässt, wenn mal wieder ein Donnerwetter fällig ist. Aber ansonsten schüren die göttlichen Schmiede das Feuer fein säuberlich in ihren Essen – den Vulkanen.

Übel genommen hat man es dann Prometheus, dass er den Göttern das Feuer stahl, es den Menschen brachte und ihnen dessen Gebrauch erklärte. Denn damit erhielten sie Macht.

Die charakterlichen Entsprechungen zum Feuer sind die Lebensenergie und der Wille. Auch hier ist Bändigung notwendig, selbst wenn sie manchmal nicht gelingt. Flammender Zorn, feurige Leidenschaft und glühender Ehrgeiz sind nur einige wenige Beschreibungen unserer Feuereigenschaften. Aber wir brauchen das Feuer in unserem Leben, unser Wille erst macht es überhaupt möglich.

Der Feuercharakter

Wenn Sie beim vorhergehenden Test eine überwiegende Punktzahl im Bereich des Feuers erzielt haben, dann werden Sie sich in den nachfolgenden Charakterbeschreibungen sicher größtenteils wiederfinden. Sicherlich nicht hundertprozentig, denn Sie haben ja auch andere Elemente entwickelt.

Von feurigem Charakter nennt man jemanden, der gern kraftvoll etwas vorantreibt, dessen Willensstärke förmlich spürbar ist, an den man sich automatisch wendet, wenn eine Entscheidung oder Führung notwendig ist. Ehrgeizig sind sie fast immer, idealistisch auch oft, ihre Ziele sind immer etwas höher gesteckt als die anderer Leute. Sie haben etwas Strahlendes, Lebensfrohes an sich, aber auch etwas Kämpferisches. Kleinlichkeiten sind ihnen ein Gräuel.

Es ist nicht ganz leicht, mit einem Feuermenschen auszukommen, denn ein Fünkchen Egoismus trägt ein jeder in sich und zündet diesen Funken auch dann und wann. Wie sich das in den vier Lebensbereichen des Fühlens, Denkens, Wollens und Handelns darstellt, zeigt der folgende Text.

Das Fühlen – die Wasserseite des Feuertyps

Gewaltige Gefühle und großes, dramatisches Gefühlstheater kann der Feuermensch heraufbeschwören. Er glaubt fest an seine Gefühle, und oft pflegt er sie auch nicht zu überdenken. Hier spricht man dann von einer triebgesteuerten Person. Solange das nicht im Übermaß auftritt, kann das für einen Partner faszinierend sein. Er findet im Feuermenschen jemanden, dessen ganze hinreißende Liebe und entflammte Leidenschaft sich nur auf ihn konzentrieren. Grauenhaft wird das allerdings, wenn plötzlich der Othello herausgekehrt wird und das Eifersuchtsdrama seinen Lauf nimmt.

Der feurige Charaktertyp kann nicht kühl bleiben, er engagiert sich immer. Das führt dazu, dass man sich von ihm wichtig genommen fühlt, weshalb ein großer Freundeskreis einen solchen Menschen umgibt. Er ist das Lagerfeuer, um das man sich versammelt, die Herdstätte, auf der im Kessel die nahrhafte heiße Suppe kocht. Hier werden die Geschichten von Helden und Göttern erzählt und mitreißend, aufrührend, dramatisch gestaltet. Und die Hauptrolle spielt immer der Feuermensch selbst. Packt eine solche Persönlichkeit ein starkes Gefühl, so hindert meist nichts und niemand sie daran, ihm sofort Taten folgen zu lassen. Es gibt keine Verzögerungsphase zwischen Fühlen und Handeln. Der Feuermensch stürmt gleich los, er packt sofort an, springt über Hindernisse, manchmal mit kriegerischem Gebrüll. Er beruft sofort eine Sitzung ein, will Handlungsstrategien sehen und verfolgt sie dann mit unerbittlichem Tatendrang. Dabei schafft er es auch noch, eine zahlreiche Gefolgschaft zu entflammen. Begeisterung ist überhaupt ein typischer Charakterzug des Feuermenschen. Sie sind schnell begeistert, aber sie strahlen diese Begeisterung auch auf andere aus. Charismatisch nennt man sie. Es liegt eine Gefahr in dieser Eigenschaft, denn sie kann zu extremer Selbstüberschätzung führen, die andere mit ins Verderben reißt.

Das Denken – die Luftseite des Feuertyps

Denken kann auch ein feuriger Charakter: im großen Rahmen, strategisch, auf ein hohes Ziel hin orientiert. Nicht theoretisierend, sondern auf den zündenden Funken seiner Intuition hin. Kreativ und schöpferisch sind seine Gedanken, ein Feuerwerk von Ideen und Visionen. Unabhängig ist sein Denken auch im höchsten Maße. Grenzen, Begrenzungen, Hindernisse – das sind allenfalls Brennmaterialien, an denen er seinen Geist entzündet. Zurück bleibt ein transformiertes und damit gelöstes Problem oder ein verbogener Zaun, über den er skrupellos hinweggezogen ist. Logik muss nicht zwingend in seine Denkprozesse mit eingebunden sein, das macht seine Vorschläge so kreativ. Seine Entscheidungen kommen schnell, direkt aus dem Bauch, von Intuition mehr getrieben als von gesundem Menschenverstand. Aber seine

Intuition ist gut. Zahlenwerke und Statistiken kann er mit einer zügigen Handbewegung vom Tisch wischen. Sie bedeuten ihm nichts, es sei denn, sie untermauern zufällig seine Entscheidung. Wichtiger ist ihm, dass andere seinen Entschluss mittragen, und dazu findet er dann schon die richtigen Worte und Bilder. Das Denken eines Feuermenschen ist vorwärts gerichtet, auf die Zukunft, auf eine bessere Welt, auf höhere Gewinne, auf größeren Erfolg. Risikoszenarien zu entwickeln, Bedenken aufzuzählen, feinsinnige Berechnungen anzustellen, das liegt ihm nicht, wohl aber Chancen wahrzunehmen und selbstbewusst zu nutzen. Dass er dabei schon mal verbrannte Erde hinterlässt, bekümmert ihn wenig. Ist allerdings sein Streben auf ein ethisch hohes Ziel ausgerichtet, so prägt wahrer Edelmut sein Denken. Idealismus bestimmt dann seine Visionen. Und da er gedachte Lösungen lieber heute als morgen umsetzt, ist er als Einsatzleiter bei Katastrophen oder als Krisenmanager unschlagbar.

Brennt das Feuer aber übermäßig in einem Menschen, kann sich eine egoistische Skrupellosigkeit breit machen, die darin begründet ist, dass die eigenen Vorstellungen und Gedanken als absolut empfunden und nicht mehr hinterfragt werden. Auch Oberflächlichkeit kann dann sein Denken ausmachen, die er unter einem brillanten Sprühfeuer versteckt, das zwar einen beachtlichen Showeffekt hat, aber wenig hilfreich ist, wenn eine echte Lösung gebraucht wird. Und üben Sie dann etwa Kritik an seiner Leistung, dann können Sie froh sein, wenn sein Blick Ihnen nur die Augenbrauen absengt.

Das Wollen – die Feuerseite des Feuertyps

Man fühlt es förmlich vibrieren, wenn ein Feuercharakter sich etwas in den Sinn gesetzt hat. Das ist vergleichbar mit einer Rakete kurz vor dem Start. Die Triebwerke donnern schon, der Countdown läuft, und dann hebt er ab, der Feuermensch. Zielgenau, gradlinig und ungehindert durch irgendwelche Widerstände setzt er sich durch. Feuer ist Durchsetzungskraft, Wille pur, natürlich nur in seiner reinsten Form. Die meisten Menschen haben ja zum Glück noch andere Elementbeimischungen, denn mit einem echten Feuerkopf ist das Zusammenleben schier unmöglich. Ein gewisses Maß an Willensstärke ist allerdings sehr hilfreich im Leben, die ewig Zögerlichen müssen mit weitaus mehr Problemen kämpfen. In einer Auseinandersetzung mit einem Feuermenschen geht es laut her, vielleicht sogar gewalttätig. Unbedingt vermeiden wird er einen Streit nicht. Sein unmittelbares Abreagieren von Spannungen macht es ihm unmöglich, gelassen abzuwarten, den Konflikt auszusitzen oder auf ein andermal zu verschieben. Deswegen hat er auch keine Magengeschwüre. Dafür ist er viel zu impulsiv. Hat er sich erst einmal abreagiert, ist er in der Regel nicht nachtragend. Hitzköpfig könnte man ihn nennen oder kämpferisch im besten Sinne. Manchmal gibt es auch für den willensstärksten Draufgänger Grenzen, denn wir haben uns aus gutem Grund Regeln des Zusammenlebens gegeben. Gewöhnlich akzeptiert der Feuermensch auch die wichtigsten, aber wehe, er findet eine, die ihm auf seinem Weg nach vorne unsinnig erscheint.

Wegdiskutieren wird er sie nicht. Eine Lücke suchen, durch die er schlüpfen kann – niemals. Eher wird ein Grundsatzurteil erwirkt, das die gesamte Kleinlichkeit des Regelwerks schließlich aushebelt und die Menschheit wieder aufatmen lässt. Oder er brennt die Grenze nieder. In Glaubensfragen ist der typische Feuervertreter tolerant und großzügig, solange sich keiner in seine Glaubensvorstellungen einmischt. Und die sind auf das Höchste, das Lichteste gerichtet, das Wahre, Schöne, Gute. In ihrer finstersten Ausprägung auch auf das Gegenteil. Aber immer in der höchsten Steigerungsform und nie ganz nüchtern.

Nimmt die Kraft des Elements Feuer überhand im Menschen, wird er zum rücksichtslosen Draufgänger. Wut und Tobsucht können sich zur Raserei steigern und den Feuermenschen sozial unverträglich machen. Geradezu herrschsüchtig kann so ein Feuercharakter werden, jemand, der diejenigen versklavt und unterdrückt, die sich in seinen Weg stellen.

Das Handeln – die Erdseite des Feuertyps

Der feurige Mensch handelt spontan, schnell und ohne zu zögern. Manchmal ohne nachzudenken. Und das äußert sich in einem Fall als Mut, im anderen als Übermut. Aus Feuer werden Helden geboren. Die archetypischen Krieger der Mythen und Sagen sind durchweg Feuercharaktere.

Feuertypen zum Perlenauffädeln anzustellen, kann nur schwelenden Unmut oder plötzliche Detonationen hervorrufen, Routinearbeit liegt ihnen nicht. Aber die Fahne aufheben und vorwegziehen, das tun sie mit Leichtigkeit. In Führungspositionen findet man sie häufig. Sie sind hervorragend darin, andere dazu zu motivieren, die Perlen aufzufädeln.

Ein typischer Feuervertreter, der sich mit einer neuen Technik auseinander setzt, geht davon aus, dass sie auf Anhieb so funktioniert, wie er es will. Wenn nicht, fliegt das Ding in die Ecke. Oder er findet jemanden, der die Bedienungsanleitung gelesen hat und ihm den wesentlichen roten Knopf zeigt.

Einem solchen Tatmenschen muss man Freiraum lassen und zu verstehen geben, dass er die Dinge so erledigen darf, wie er es will. Dann kommen gute bis hervorragende Leistungen zustande. Freiwillig macht er durchaus Schmutzarbeit, hilft mit, wo er kann, teilt sich mit und bringt Schwung in die Sache. Er ist der Motor, der das Geschehen am Laufen hält. Aber er braucht seinen Brennstoff, und das ist vornehmlich die Bewunderung durch andere. Hat er es mit Problemen zu tun, sind die Lösungen nicht immer rational nachvollziehbar, durchaus aber praktikabel und machbar. Er packt zu und repariert, was entzweigegangen ist, und das hält auch, solange er dabei ist. Er hat einen unbändigen Bewegungsdrang, und auf dem Siegertreppchen aller Wettkampfsportarten ist er häufig anzutreffen.

Ist das Element Feuer im Übermaß vertreten, wird es brenzlig. Die Ungeduld eines solchen Menschen ist nervenaufreibend. Sein Aktivismus löst bei anderen oft heftigen Stress aus. Auch seine übersteigerte Vorstellung von sich selbst kann bei seinen Handlungen zu risikoreichen und waghalsigen Aktionen führen, die mit katastrophalen Folgen scheitern können, vor allem, wenn er andere mit hineinzieht.

Verdrängte Seiten des Feuertyps

Kleine Hitzköpfe haben es entsetzlich schwer. Ihr unablässiger Bewegungsdrang, ihre Abenteuerlust, ihre übersprudelnde Lebendigkeit, die laut und fordernd sein kann, bringt gesetzte Eltern, die irgendwann mal ihre Ruhe haben wollen, zur Weißglut. Und darum wird versucht, so manches jugendliche Feuer zu ersticken. Dass das nicht unbedingt immer von Erfolg gekrönt ist, liegt in der Natur des Feuercharakters. Aber die Eigenschaften, die damit verbunden sind, erhalten bei entsprechender Dauer einen negativen Wert und werden später um des lieben Friedens willen zurückgedrängt. Verdrängtes Feuer schwelt, und wer sich dessen nicht bewusst ist, der hat einen echten Brandstifter zu Hause. Anfälle von Jähzorn, verheerende Wutausbrüche, unkontrollierte Gewalttätigkeit, Hysterie und Panik treten dann auf und können sich bis zur Selbstvernichtung steigern. Sollte Ihnen das manchmal passieren, selbst wenn Sie solche Reaktionen mit Macht zu unterdrücken gelernt haben, dann sollten Sie sich in aller Ruhe mit Ihren Feuerqualitäten auseinander setzen. Vor allem, wenn Sie auffällig wenig Punkte im Feuerbereich vergeben haben. Die Kräfte des Feuers sind lebensnotwendig, sie müssen einbezogen werden. Versuchen Sie die motivierenden, warmherzigen, großzügigen und schöpferischen Eigenschaften zu wecken, ohne dabei die negativen Seiten – die Rücksichtslosigkeit, den Egoismus und die überzogene Aggression – zu schüren.

Wenn Sie das für sich selbst geschafft haben, werden Sie sich selbst ganzheitlicher empfinden und können diese feurigen Antriebskräfte zum Nutzen anderer einsetzen. Das ist Feuermagie.

Ausgleich der Elemente

Zum Glück sind reine Feuertypen nur in den Mythen und Fiktionen vertreten, denn sie üben auf die gesetzteren Elementvertreter eine ungeheure Faszination aus. Eine kräftige Beimengung des Elements Feuer macht die sonnigen, warmherzigen, impulsiven und meist ausgesprochen aufrichtigen Menschen aus, denen die Herzen nur so zuzufliegen scheinen. Oder es sind solche, die beständig Strohfeuer entzünden, Hitzewallungen bekommen und deren zornblitzende Blicke Brandspuren hinterlassen. Wenn Sie einen starken Feueranteil besitzen, dann sind es vor allem die dämpfenden und beruhigenden Eigenschaften des Elements Erde, die das allzu heftige Auflodern mildern. Luft und Feuer sind sich in manchen Gebieten sehr ähnlich, vor allem in ihrer Beweglichkeit und Schnelligkeit. Hier muss man abwägen, ob nicht der Wind das Feuer nur noch mehr entfacht. Wasser hingegen kann Wunder wirken, gerade weil es so gegensätzlich ist. Schauen Sie in den entsprechenden Kapiteln nach, welche Möglichkeiten Sie haben.

Sollten Sie sich aber als ein geduldiger Erdenwurm, eine hingebungsvolle Wassernymphe oder eine kühle Windsbraut fühlen, dann kann Ihnen die Feuerenergie den nötigen Antrieb, Begeisterung und Willenskraft vermitteln.

Meditation über den Blitz

Nehmen Sie sich einfach mal die Zeit und meditieren Sie über folgendes Bild:

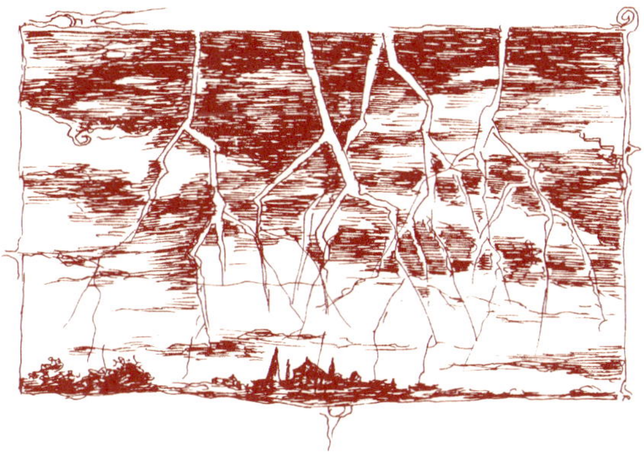

Die magischen Bilder des Feuers

Bisher haben wir das Feuer in seiner natürlichen Form beobachtet und gezeigt, wie sich Menschen verhalten, die ein starkes inneres Feuer in sich tragen. Sehen wir uns nun die abgeleiteten Bilder und Begriffe an, die sich zu dem Element Feuer analog verhalten. Denn in ihnen finden wir Unterstützung bei den magischen Feuer-Werken. Die wesentlichen Eigenschaften dieses Elementes sind Willenskraft, Wärme und Licht.

Der Stab – die Kraft des Willens

Der showgewohnte Zauberkünstler hat natürlich einen Zauberstab. Damit wedelt er dramatisch herum, und schon hoppelt das Kaninchen aus dem Hut. Show und Dramatik liebt auch der Feuermensch, und darum ist der Stab sein prinzipielles Arbeitsgerät. Wer heute einen Vortrag hält und dazu Bilder an die Wand projiziert oder Formeln auf die Tafel schreibt, der nimmt auch einen Stab in die Hand und deutet auf die Stellen, die in seinen Ausführungen von Bedeutung sind. Das ist der Sinn des Stabes – er lenkt die Aufmerksamkeit. Und Aufmerksamkeit ist Energie. Auch in der Magie dient der Stab dazu, den Willen des Magiers zu leiten. Allerdings ohne die bühnenwirksamen Blitze und Funken. Knüpft man an den Stab ein Banner, hat man eine Fahne, und der folgt man gewöhnlich. Auch darin zeigt sich die Aufgabe des Stabes. Er führt an. Wie beim Schwert gibt es eine martialische Entsprechung des Stabes, und das ist die Lanze. Sie ist ein höchst unhandliches Gerät, denn immerhin ist so ein Ding länger als zwei Meter und hat eine recht gefährliche Spitze. Bequemer ist da schon ein Besenstiel. Aber in beengten Räumen und bei einer Neigung zu großen Gesten findet seine Verwendung auch ein schnelles Ende. Dann gibt es natürlich noch die aufwändig verarbeiteten Zauberstäbe aus dem Magieshop, die mit Kristallen und Symbolen übersät sind. Aber es gibt keine Leistungsgarantie auf diese Stäbe, und darum ziehe ich persönlich einen selbst gefundenen Stab vor.

Meiner stammt von dem Weidenbaum in unserem Garten. Er lag eines Morgens vor meinen Füßen. Er ist knapp armlang und an der Spitze leicht gegabelt. Dort kann man bei Bedarf einen Kristall befestigen.

Der magische Einsatz des Stabs

Was tut man nun mit dem Stab? Er leitet den Willen, die Energie. Und ohne Wollen ist in der Magie nichts zu machen, auch mit den ausgefeiltesten Rezepten und den gewaltigsten Ritualen nicht. Zuerst muss man herausfinden, was man wirklich will, dann kann man den Wunsch formulieren. Und dann wird auch meist etwas daraus. Der Stab ist der Mittler zwischen dem Menschen und den höheren Mächten, dem Universum, den Göttern oder kosmischen Energien – wie immer Sie es nennen möchten. Darum verwenden Sie ihn, wenn Sie Ihre Anrufung durchführen. Sie heben ihn, damit die Energie durch ihn in Sie hineinfließt. Sie zeigen mit ihm auf das Symbol, das Ihrem Wunsch entspricht, damit diese Energie dort weitergegeben wird. Sie werden bemerken, dass es eine ganze Menge Mut kostet, den Stab einzusetzen.

Eine Arabeske zum Thema Stab findet man übrigens auch in der Sexualmagie. Es ist nicht sehr weit hergeholt, das männliche Glied damit in Verbindung zu bringen, denn das Feuer ist die ursprünglichste Zeugungskraft. Doch nie ist diese Kraft allein wirksam, sie braucht den empfangenden Kelch, das Wasser und damit – notwendigerweise – die Frauen.

Wärme und Sonne – Symbole des Feuers

Wenn die Sonne sich einige Zeit nicht blicken lässt, sich hinter dicken Wolken verbirgt, die Tage kurz und die Nächte lang und kalt sind, werden viele Menschen müde, deprimiert und antriebslos. Es fehlt an Lebensfreude, die an einem sonnigen Frühjahrstag plötzlich überschäumend wieder einsetzen kann. Die Sonne ist in unserer Sprache weiblich. Als Symbol für das Feuer, die Zeugungskraft, ist sie männlich. Vom wolkenlosen Himmel strahlt sie herab, sie wärmt und erhellt die Welt. Die Wirklichkeit wird durch sie sichtbar. Die in der Erde verborgenen Samen beginnen zu keimen und zu wachsen. Die Pflanzen blühen auf unter ihrer Herrschaft und setzen Frucht an. Sonnenwärme bringt Süße und Saft in die reifenden Früchte, sie schenkt Überfluss und Fülle in warmen Sommern. Bleibt die Sonne verborgen, dann sind die Sommer kühl, die Ernte ist dürftig, die Früchte bleiben sauer und klein, und der Mensch muss um seine Nahrung bangen. Oder mehr dafür bezahlen.

Doch wie immer ist es eine Frage des Maßes. Die Sonne, die zu lange auf die Erde niederscheint, ohne dass sich das kleinste Wölkchen mildernd zwischen sie und ihre Glut schiebt, trocknet die Erde aus. Die Pflanzen verdorren, und die Ernte verbrennt. Die Wüste ist ein lebensfeindlicher Ort, an dem nur sehr angepasste Lebewesen existieren können.

Der Rhythmus der Sonne

Die Sonne überstrahlt die Sterne und den Mond. Ihr Auf- und Niedergehen bestimmt unseren Lebensrhythmus jeden Tag, aber auch den Lauf der Jahreszeiten. Die vier wesentlichen Zeitpunkte des Sonnenlaufs markieren in der hiesigen Hemisphäre die wichtigen Einschnitte im Jahr. Magische Termine für unsere Vorfahren, die ohne Kalender lebten. Denn das schwindende Licht im Winterhalbjahr gab zu Befürchtungen Anlass. Wird die Sonne wiederkommen und die eisige Kälte und Dunkelheit verscheuchen? »Ja, ja«, tröstete der Schamane oder die Priesterin, »sie kommt wieder, wenn wir sie darum bitten.« Und siehe, nach der kürzesten Nacht (dem 21. Dezember in unseren Kalendern), wurden die Tage wieder länger. In den Mythen heißt es dann, das göttliche Kind sei in jener Nacht geboren. Später wurde es Christkind genannt. Wintersonnenwende, Frühlings- und Herbstäquinoktium und Sommersonnenwende sind die wirklich großen Feuerfeste des Jahres, und sie haben noch immer magische Kraft. Man muss sich nur einmal hineinfühlen. Das große Himmelslicht fand schon immer Verehrung, und selbstverständlich wurde es mit Göttern in Verbindung gebracht. Letztlich symbolisiert die Sonne das ewige große Licht, zu dem wir streben. Dort oben am Himmel steht es schon und erleuchtet unser Leben.

Das sanfte Licht der Kerzen

Wir drücken auf den Lichtschalter, und es wird hell im Raum. Wir müssen keine Gedanken mehr darauf verschwenden, ob noch Öl im Lämpchen ist, ob die Zunderbüchse noch gefüllt ist und wie lange die Kerze noch brennt. Aber diesen Luxus gönnt sich die Menschheit erst seit erstaunlich kurzer Zeit. Jahrtausende vor uns haben alle die Dunkelheit mit kleinen Flämmchen erhellt. Selbst Kerzen sind ein recht modernes Leuchtmittel. Sie wurden aus Talg (Unschlitt) hergestellt oder die ganz teuren für die Reichen und die Kirche aus goldgelbem, süß duftendem Bienenwachs. Kerzenlicht – wir müssen eine uralte Erinnerung daran haben – ist für jeden etwas Besonderes. An Festen werden Kerzen angezündet, und das erste Kerzenritual, an das Sie sich vermutlich erinnern, ist das Auspusten der Geburtstagskerzen. Und dabei darf man sich ja auch etwas wünschen.

Stimmungsvolle Kerzenmagie

Wenn Sie mit Kerzen zaubern wollen, sollten Sie Folgendes beachten: Wichtig ist, dass Sie zu den Kerzen einen persönlichen Kontakt herstellen. Es müssen Ihre Kerzen sein. Darum wählen Sie sie mit Bedacht aus. Suchen Sie vor allem nach durchgefärbten Kerzen, also solchen, die nicht nur eine farbige Wachshülle haben, sondern ganz aus farbigem Wachs bestehen. Oder, wenn Sie es noch persönlicher haben wollen, fertigen Sie sie selbst.

Bevor Sie die Kerzen einsetzen, können Sie sie mit dem für das Ritual passenden Duftöl einreiben. Einige wenige Tropfen reichen aus. Beginnen Sie in der Mitte der Kerze, und streichen Sie das Öl mit sanft kreisenden Bewegungen nach oben. Dann vollziehen Sie diese Ölung auch an der unteren Hälfte der Kerze. Tupfen Sie anschließend mit dem noch öligen Finger auf Ihr drittes Auge, die Stelle auf der Stirn kurz über der Nasenwurzel. Sagen Sie oder denken Sie während des Bestreichens mit Öl: »Ich weihe hiermit diese Kerze, möge sie ihren Zweck erfüllen mit der Kraft des Feuers und des Lichtes.« Setzen Sie die Kerze in einen Kerzenständer, und zünden Sie sie mit einem Streichholz oder einer anderen Kerze an. Nicht mit dem Feuerzeug. Es muss übrigens eine »jungfräuliche« Kerze sein, also nicht etwa ein übrig gebliebener Stummel, der schon beim Essen gebrannt und alle möglichen Energien aufgenommen hat.

Meditieren Sie vor der Kerze über Ihren Wunsch oder das, was Sie zu erfahren trachten. Geben Sie dem Feuer Ihre Gedanken mit.

Wenn Sie glauben, dass alles getan, gesagt oder gedacht wurde, was notwendig war, bedanken Sie sich bei dem lebendigen Feuer, und löschen Sie es durch Eintauchen des Dochtes in das Wachs.

Es gibt noch viele weitere Möglichkeiten, einer Kerze Bedeutung zu geben. Finden Sie selbst heraus, was Sie für sich wichtig finden. Anzahl der Kerzen, Art der Aufstellung, Form, Farbe, Art der Einreibung, vielleicht auch Einritzen bestimmter Symbole oder Worte, Schmuck und Beigaben oder rituelles Entzünden sind einige der Möglichkeiten.

Dem Feuer zugeordnete Entsprechungen

Nach dem Beginn, dem Morgen, dem Sonnenaufgang folgt als zweite Tageszeit der Mittag. Und damit ist klar: Dem Feuer entsprechen der Vollmond, der Sommer, die Jugend und der Süden.

Zur Mittagszeit steht die Sonne auf ihrem höchsten Stand, im Zenit. Der Schatten ist dann am kürzesten, die Einstrahlung des Lichtes am direktesten. Die Gefahr, einen Sonnenbrand zu bekommen, ist damit vor allem im Sommer recht hoch. Die Helligkeit des Tages ist in Zeiten ohne künstliche Beleuchtung notwendig gewesen für alle Tätigkeiten, bei denen man auf das präzise Sehvermögen angewiesen war. Noch heute sind wir vornehmlich tagsüber berufstätig, Nachtschichten bringen den Organismus durcheinander.

Magische Arbeiten sind allerdings mitten am Tag schwierig, auch wenn diese Tageszeit alles unterstützt, was mit Energie, Dynamik und Vorankommen in Verbindung steht. Tagsüber stehen wir mit beiden Beinen im Leben, müssen auf die Umwelt reagieren, Eindrücke verarbeiten, tätig werden. Wir müssen uns durchsetzen, Energie aufbringen, unser Leben zu gestalten, Probleme lösen und manchmal auch kämpfen. Es fehlt jedoch meist die geistige Einstimmung auf die Mysterien, die Entspannung und das Sich-nach-innen-Kehren, das notwendig ist, um den Willen zu konzentrieren und zu leiten. Ganz abgesehen davon ist man selten ungestört um diese Zeit. Doch der lichte Tag bringt Klarheit in dunkle Angelegenheiten, zeigt neue Wege auf und bietet neue Möglichkeiten. Wir müssen nur darauf reagieren, die Chancen ergreifen, die sich ergeben, und die Entscheidungen treffen, die verlangt werden. Tun wir das nicht, bleibt jeder Zauber wirkungslos. Nichtsdestotrotz sollten Sie sich der Atmosphäre an einem sonnigen Sommertag um die Mittagszeit einmal wirklich bewusst werden. Ein Sonntag bietet sich dafür an.

Der Vollmond ist von ganz besonderer Kraft. Die Sonne bestrahlt ihn, in seiner ganzen Rundung steht er über uns, und indirekt erhellt damit die Sonne die Nacht. Unter seiner Herrschaft sollten sich die Dinge vollenden und heil werden.

Im Jahreskreis entspricht das Element Feuer dem Sommer und natürlich der Sommersonnenwende am 21. Juni, wenn der Tag lang, die Nacht aber die kürzeste im Jahr ist. Vor allem in den skandinavischen Ländern werden noch die Sonnwendfeuer angezündet. Und hin und wieder lebt bei uns der alte Brauch der Johannisfeuer auf, die am 24. Juni zu Ehren Johannes des Täufers aufflammen. Diesem christlichen Heiligen hat man das alte heidnische Fest untergeschoben, das mit Gesang, Tanz und Wein am Vorabend des 24. Juni begann und die kurze Nacht hindurch dauerte.

Der Sommer ist die Zeit der Reife, der ersten Ernte, und schon ein wenig Rückzug, Vorbereitung auf den Herbst.

Im menschlichen Leben ist das Jugendalter vom Feuer bestimmt. Die Pubertät ist eine typische Phase, in der die Willenskräfte erprobt werden und so mancher flammende Streit ausbricht. Es ist die Zeit, in der der junge Mensch sich durch Ideale angesprochen fühlt und sich hohe Ziele steckt, in der Leidenschaft noch ungezügelt entbrennt und ungebärdige Kraft ihr Ventil sucht – ein wahres Feueralter des Lebens, in dem so mancher Hitzkopf sein Mütchen kühlen muss. Wenn es nicht die rechte Anleitung und die passenden Möglichkeiten für Menschen in diesem Alter gibt, dann suchen sie sich selbst welche. Nicht immer die besten.

Als Himmelsrichtung ist den Feuerkräften der Süden zugeordnet, der Stand der Sonne um die Mittagszeit. Wenn Sie die Feuerkräfte anrufen, dann sollten Sie sich in diese Richtung wenden.

Übung: Der magische Kreis in der Feuerversion

Das Feuer ist gebündelte Energie, es ist kaum möglich, eine Feuerwand zu durchdringen, ohne kräftig angesengt zu werden. Brunhilde umgab sich zu ihrem Schutz recht wirkungsvoll mit der Waberlohe. So gewaltig aber müssen Sie den Feuerkreis nicht gestalten. Vier Kerzen reichen aus, um einen starken Schutzkreis zu ziehen. Aber wenn Sie es richtig theatralisch haben wollen, wie ein echter Feuercharakter es eben liebt, dann sind ein paar Dutzend Teelichte eine gute Möglichkeit, einen brennenden Kreis zu ziehen. Aber bitte seien Sie außerordentlich vorsichtig, damit Sie nicht plötzlich wirklich in einer Waberlohe sitzen und das Haus um sie herum abbrennt. Achten Sie immer darauf, dass kein brennbares Material in die Nähe der Kerzen kommt, dass sie nicht umkippen und dass kein Luftzug etwas hineinweht, das brennen kann, z. B. Ihre Kleidung oder Ihre Haare. Machen Sie daher vor allem den Kreis groß genug. Und in den Feuerkreis dürfen auch kleine Kinder und Haustiere nicht eindringen, sie bleiben in sicherer Entfernung davon.

Durchführung des Feuerkreises

Und so wird es gemacht:

- Nehmen Sie vier Kerzen, weiße Altarkerzen, wenn möglich, oder farblich zu den Himmelsrichtungen passende. Diese Kerzen dürfen zu einem magischen Zweck immer wieder verwendet werden, aber zu keinem anderen.
- Nehmen Sie eine einfache weiße Kerze zur Hand, die Sie mit einem Streichholz angezündet haben.

⌖ Wenden Sie sich mit dem Gesicht nach Osten, und atmen Sie viermal tief ein. Dann zünden Sie mit der Kerze und dem Stab in Ihrer Hand, der das Feuer symbolisiert, die Kerze des Ostens an.
⌖ Wenn Sie weitere Kerzen im Kreis aufgestellt haben, zünden Sie sie jetzt nacheinander in Richtung Süden an.
⌖ Verweilen Sie kurz auf der Position im Süden. Dann atmen Sie wieder viermal tief ein und entzünden zuletzt die Kerze im Süden.
⌖ Wenden Sie sich Richtung Westen, und zünden Sie gegebenenfalls die dazwischen aufgestellten Lichter an.
⌖ Verharren Sie dort, atmen Sie viermal tief ein. Dann zünden Sie die Kerze des Westens an.
⌖ Drehen Sie sich weiter nach Norden. Dort zünden Sie schließlich die kleineren Kerzen an.
⌖ Im Norden verweilen Sie kurz, atmen viermal ein und entzünden dann die Kerze an dieser Position.
⌖ Vollenden Sie den Kreis, indem Sie sich wieder nach Osten drehen.

Sie haben einen flammenden magischen Kreis um sich gezogen, den Sie bis zum Ende des Rituals nicht verlassen sollten und den auch niemand von außen betreten darf. Ist die magische Arbeit beendet, sagen Sie laut: »Ich hebe den magischen Kreis auf!«

Nehmen Sie einen Kerzenlöscher, und löschen Sie eine Kerzenflamme nach der anderen in derselben Kreisbewegung. Nicht ausblasen, auch wenn Sie das vorher am Geburtstagskuchen geübt haben.

Götter und Geister des Feuers

Das Element Feuer repräsentieren vor allem die Sonnengötter. Aber auch Blitzeschleuderer und Schmiede, Krieger und Kämpfer sind hier in ihrem Element. Eine Abart unter den Geistwesen kennen wir von der christlichen Kirche, Geschöpfe, die andere Kulturen nicht kennen, nämlich die Teufel, die das Höllenfeuer schüren. Man muss sie nicht sonderlich beachten, sie wurden geschaffen, um das Geschäft mit der Angst ordentlich voranzutreiben. Leider mit entsetzlichem Erfolg. Ein verbindendes Merkmal der Geistwesen des Feuers scheint zu sein, dass sie auf irgendeine Art behindert sind oder sich mit Drachen herumschlagen. Die Göttinnen aber liegen in diesem Fall recht abgeschlagen im Feld.

Die kämpferischen Göttinnen

Das Feuer hat man den Göttinnen weggenommen, ein paar heldenhafte haben überlebt, knapp und in sehr gezähmter Form. Es blieben uns Hestia/Vesta mit ihren Vestalinnen und ihr Gegenstück, die keltische Brigid mit ihren Priesterinnen. Und Maria, die Himmelskönigin, der Schrecken der Feinde.
⌖ Maria vom Siege – Maria war die Patronin einer ganzen Reihe von Ritterorden. Auf diese Weise hat sie in mancher Schlacht mitgemischt und Glaubensfeinde mit starker Hand bekämpft. Damit hat sie eine kämpferische und feurige Ader gezeigt.
⌖ Hestia/Vesta – Die griechische Göttin des Herdfeuers gehörte einst in jeden Haushalt.

Sie gab der Familie Zusammenhalt und die Wärme des gezähmten, nutzbringenden Feuers. Römische Darstellungen der Vesta zeigen sie tief verschleiert. Ihre Schwestern waren die jungfräulichen Vestalinnen, die das Tempelfeuer hüteten.

⌖ Brigid – Die Keltin beherrscht das Schmiedehandwerk, kann also mit dem Feuer recht gut umgehen und die Dinge transformieren. Sie brachte den Kriegern den Schwertkampf bei und hatte damit auch einen kämpferischen Zug. Eine Heilerin war sie zudem. Ihr dienten 19 Priesterinnen in Kildare, die ein nie verlöschendes Feuer hüteten. Brigid bedeutet »die Strahlende« oder »Leuchtender Pfeil«.

Die feurigen Götter

Im Götterhimmel treiben sich einige Feuerköpfe herum. Der kriegerische Mars und Helios, der Strahlende, Jupiter/Zeus, der schon mal den Blitz zur Hand nimmt, Hephaistos und Wieland, zwei fähige Schmiede. Apollon, Balder und Lug sind die strahlenden Götter.

⌖ Apollon – Der Gott des Lichts hat den Beinamen Phoebus. Er ist der Sohn des Zeus, ein Drachentöter und unerschrockener Kämpfer, aber auch Herr der Weissagung und Heilung. Ihm ist der Lorbeerbaum heilig.

⌖ Balder – Der Leuchtende, ein ungewöhnlich zahmer germanischer Gott, der schön, mild, beredt und klug ist, ein Gott des Lichtes und der Reinheit. Er wurde von Loki hinterrücks ermordet, kommt aber wieder, wenn diese Welt zu Ende gegangen ist und eine Welt voll Harmonie entsteht. Sagt die Seherin der Edda.

⌖ Helios – Der griechische Sonnengott sieht alles. Von einem Strahlenkranz umgeben lenkt er den Sonnenwagen über das Himmelsgewölbe. Er schenkt Wärme und Licht.

⌖ Hephaistos – Der arbeitsame göttliche Schmied hinkt wie viele Schmiede, denn der Umgang mit dem Feuer ist auch für Götter nicht ungefährlich. Aber er ist ausgesprochen kunstreich: Von unsichtbaren Netzen über zartes Geschmeide bis zu Donnerkeilen kann er alles aus Metall herstellen. Er ist ein großer Transformator unter den Göttern.

⌖ Jupiter/Zeus – Er ist ein höchst lustbetonter und ungeheuer potenter Göttervater, der großzügig, tolerant, weise, gerecht und barmherzig ist, solange man ihn nicht über Gebühr in Anspruch nimmt und reizt. Mit seinen spontanen Wutausbrüchen hat er sich den Namen Blitzeschleuderer verdient.

⌖ Lug – Der hinkende keltische Gott und Kriegsherr ist ebenfalls als kunstreich bekannt. Er zeichnet sich als Schmied genauso aus wie als Harfner, Heiler und Magier.

⌖ Mars – Hier haben wir den Kriegsgott schlechthin, er liebt den Krieg um des Krieges willen, und seine Farbe ist Blutrot – wie die des nach ihm benannten Planeten. Einige kriegerische Völker verehrten ihn sehr, manche heute noch. Er ist ein Spender großer Kraft. Ihn im Kampf oder Wettkampf an der Seite zu haben, feuert an.

⌖ Wieland – Ein elbischer Schmied, der gelähmt ist, aber dennoch außergewöhnliche Arbeiten aus Metall herzustellen vermag. So hat er sich beispielsweise Flügel geschmiedet, mit denen er seiner Gefangenschaft entkommen konnte.

Heilige und Engel des Feuerelements

Auch feurige Heilige gibt es, doch den heiligen Florian wollen wir lieber nicht bemühen. Es gibt ja noch Georg, der den Drachen bezwang, und Margarete, die ebenfalls mit einem Drachen zu ringen hatte. Als Erzengel ist dem Süden Michael im sonnengelben Gewand und der Lanze in der Hand zugeordnet.

⌖ Georg – Der Heilige ist, wie nicht anders zu erwarten, der Patron der Schmiede, der Soldaten und hilft in Kämpfen aller Art. Die Kreuzritter verbreiteten seinen Ruhm. Er wird vornehmlich mit Lanze und Drachen dargestellt, und sein Tag ist der 23. April.

⌖ Margarete – Die Märtyrerin wurde mit Fackeln gebrannt und dann in den Kerker geworfen. Dort erschien ihr des Nachts ein Drache, den sie kraft ihres Willens verscheuchte. Sie ist für Fruchtbarkeit und Geburten zuständig, und ihr Tag ist der 20. Juli.

⌖ Michael – Dieser Erzengel ist äußerst kriegerisch, er verfügt nicht nur über eine Lanze, mit der er einen Drachen erlegt hat, er besitzt auch ein Flammenschwert und ist der Herr der himmlischen Heerscharen. Ihn sollte man in Gefahrensituationen um Hilfe bitten.

Elementarwesen des Feuers

Paracelsus hat sie Salamander genannt, und mancher arme Feuersalamander ist seither verleumdet oder unsinnigerweise in die Flammen geworfen worden. Die Feuergeister haben nichts mit diesen hübschen kleinen Echsen zu tun, die sich im Sommer so gern auf den Steinen sonnen. Feuergeister leben in den Flammen, sie brauchen Hitze. Manche aber verbrennen auch darin und erheben sich anschließend wieder aus der Asche.

⌖ Salamander – Flackernde Geschöpfe des Feuers, deren Name von »salambe«, (griechisch: Feuerstelle) abgeleitet ist. Salamander leben im Feuer und vom Feuer, ohne darin zu verbrennen. Sie verjüngen sich darin und ernähren sich von seiner Energie. Sie können es daher auch zum Verlöschen bringen. Ihr König heißt Djin.

⌖ Drache – Sie pflegen in der abendländischen Sagenwelt Feuer zu speien, bekamen mit zunehmender Christianisierung einen immer schlechteren Ruf und dienten schließlich nur noch tapferen Helden als Jagdbeute. Doch einst waren sie aufmerksame Hüter der Schätze in der Tiefe, dem Unbewussten. Ein Gebiet, in das einzudringen mehr Mut erfordert, als einem armen Drachen das Lebensfeuer auszupusten.

⌖ Feuervogel – Phönix wird er genannt und kam ursprünglich aus Ägypten. Seine Wohnstatt ist die Sonne, und hin und wieder verbrennt er sich selbst, um aus der Asche wieder aufzuerstehen – Sinnbild des sich erneuernden Lebens und der Wandlung.

Übung: Sich ein Bildnis machen

Wer Magie betreibt, muss sich ein Bildnis machen, denn mit dem Bild, dem Symbol, wird die Verbindung zu den magisch wirksamen Kräften hergestellt, die sich jeder rationalen und logischen Beschreibung und Erklärung entziehen. Das Bild selbst kann entweder aus dem eigenen Fundus an Erinnerungen und Erfahrungen aufgerufen werden oder greift auf das alte, allen zugängliche Wissen zurück. Wir geben unserer Sehnsucht häufig ein Bild, sei es der Traumstrand, an dem wir unseren Urlaub verbringen wollen, oder der Mensch, dem wir nahe sein wollen, manchmal auch dem Menschen, der wir sein wollen. Dieses Bild leitet und führt, wenn bewusst und willentlich eingesetzt, auch zum Ziel. Wenn das Bildnismachen nur als Spielerei, als Träumerei ohne Absicht betrieben wird, dann werden wir dem Bild immer nachjagen und es nie erreichen. Der Wille und das Wissen (Feuer und Luft) müssen dabei sein, um mit der Imagination zum Ziel zu kommen.

Archetypische Bilder formen

Götter sind zuvorkommend, wenn man sie richtig behandelt. Und irgendeine göttliche (archetypische) Gestalt hat sicher so viel mit Ihren persönlichen Vorstellungen gemeinsam, dass Sie sich ein Bild von ihr machen können. Wenn Sie also der »Strahlende Held« oder die »Weise Mutter«, der »Große Heiler« oder die »Kühne Jungfrau« sein wollen, dann machen Sie sich mit Hilfe der Phantasie ein Bild. Phantasie entzündet sich an Sinneseindrücken, bei den meisten Menschen durch das Sehen. Suchen Sie also nach Abbildern, die dem entsprechen, was Sie sich vorstellen. Das können die Bilder der alten Götter sein, die sie in Museen und in Geschichtswerken finden. Oder es ist einer der menschlichen Archetypen in den Großen Arkana oder den Hofkarten des Tarots. Darum gehört zum magischen Handwerkszeug auch immer ein Tarotdeck, und zwar eines, das Sie wirklich ganz tief im Innersten anspricht. Es gibt inzwischen phantastische, künstlerisch gestaltete Karten.

Aber gleichgültig, wo Sie suchen, Sie werden kein hundertprozentig passendes Bild finden. Aber das ist auch weder notwendig noch gewollt. Es soll nur der Zündfunke für die eigene Schöpfung sein. Ergänzen Sie das Bild durch Ihre Vorstellungen, geben Sie der Gestalt Farbe, Stimme und Bewegung. Wenn Ihnen das gelungen ist, dann verbinden Sie es bewusst mit den Gefühlen, die es in Ihnen auslöst. Achten Sie darauf, dass es überwiegend positive Gefühle sind.

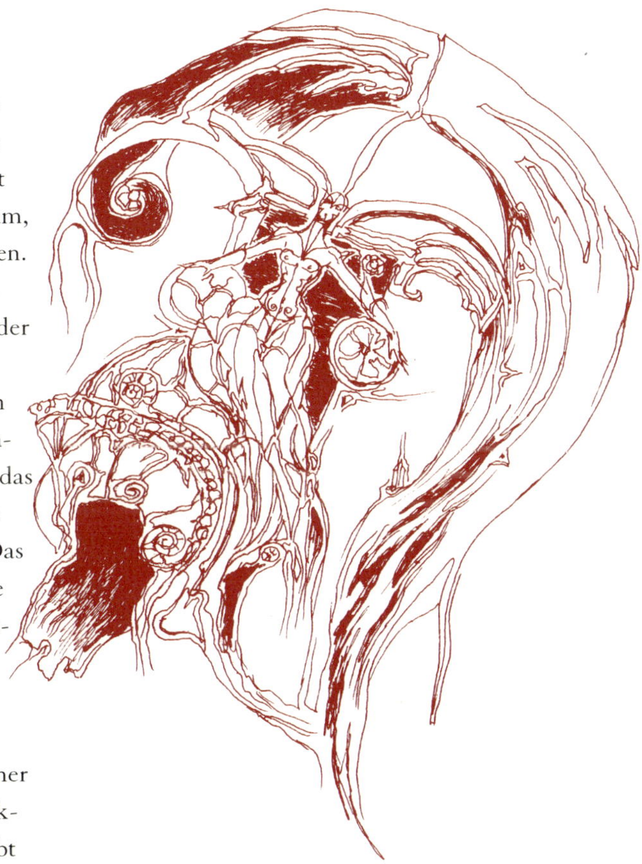

Gefahren der Bilderverehrung

Und noch ein Hinweis zu dieser nicht ganz ungefährlichen Übung: Die Versuchung liegt nahe, auch einen Medienstar als Vorbild zu wählen. Vor allem der junge Mensch macht das gern. Es ist ja so einfach: Der Held ist schon vollständig da, handelt, spricht, singt, tanzt, erlebt Abenteuer und wird in jeder Lebenslage von der Presse abgebildet. Und dann werden Mensch und archetypische Kraft miteinander verwechselt. Der Begriff »Fan« kommt von Fanatismus. Auch hier wirken die magischen Kräfte, aber weder wissentlich noch willentlich. Hier versagt die Kontrolle. Die Handlungen werden irrational und können zu namenlosem Leid führen. Beachten Sie dies bitte. Ein bisschen Verrücktsein gehört zwar zum Leben – jedoch nur solange irgendeiner die Kontrolle behält und versteht, was sich da abspielt.

Praktische Feuermagie

Hilfsmittel, die mit dem Feuer in Verbindung stehen, haben eines gemeinsam – sie sind heiß. Entweder als warme Farben oder scharfe Gewürze, strenge Gerüche oder anheizende Rhythmen.

Magische Farben – das Element Feuer

Gäbe es die Sonne nicht, gäbe es kein Leben. Würde die Sonne nicht ihre Strahlung just in dem Wellenlängenbereich abgeben, wie sie es tut, hätten wir keine Augen entwickelt, folglich würden wir keine Farben kennen. Denn Farben sind nichts anderes als Licht bestimmter Wellenlänge. Farben sind die Hilfsmittel des Feuers, deshalb sollen sie in diesem Kapitel besonders gewürdigt werden.

Farben gehören zum Feuer

Mit Farben schwingt man sich auf die magischen Kräfte ein, und darum sind sie so ungemein wichtig. Setzen Sie sie ein in Form von Dekorationen, in der Kleidung und vor allem bei den Kerzen. Jede Farbe zieht bestimmte Eigenschaften an bzw. dämpft oder vertreibt sie. So unterstützt **Blau** die Entspannung, die Kühle, die Heilung und die Treue, mindert aber Aggression und heftige Leidenschaft. **Grün** fördert das Wachstum, den Wohlstand und die Entspannung. Es hilft gegen Stagnation, Rückschritt und Geiz. **Braun** ist solide, es erlaubt, pragmatische Ansätze zu finden und Fuß zu fassen. Es mildert Übermut und Vorschnelligkeit. **Gelb** bringt Heiterkeit und Frische und stärkt die Konzentrationsfähigkeit, es vertreibt Trübsinn und Lernschwierigkeiten. **Orange** unterstützt alle Formen der Geselligkeit und die Kommunikation untereinander, überwindet andererseits Einsamkeit, innere Kälte und Mutlosigkeit. **Rot** setzt Dynamik, Leidenschaft und Liebe frei, verscheucht gründlich Antriebslosigkeit und Müdigkeit. **Rosa** hilft, Romantik und Sensibilität zu entfalten, und kann gegen Lieblosigkeit und Erstarrung eingesetzt werden. **Violett** fördert die Spiritualität und unterstützt Meditationsübungen, es dämpft Engstirnigkeit und Fanatismus. **Grau** ist völlig neutral und ermöglicht es, nüchtern zu urteilen. Es macht kompromissbereit und verbannt Unausgewogenheit. **Silber** ist kühl und klar und verhilft zu Hellsichtigkeit und Weisheit, vertreibt hingegen die Dummheit und Ignoranz. **Gold**, prachtvoll und kostbar, fördert die Lebenslust und wirkt Kleinkariertheit und Engherzigkeit entgegen. **Weiß** ist universell einsetzbar, es spricht die Reinheit an, die Schlichtheit, den neuen Anfang. Aber es ist kalt, und darum kann es die Leidenschaft kühlen. **Schwarz**, richtig eingesetzt, unterstützt die Würde und die Konzentration. Doch es grenzt auch sehr stark ab und wird daher zur Bannung ungewünschter Kräfte eingesetzt – oder zur Verführung.

Die Farben des Feuers

Vielleicht haben Sie sich sagen lassen, dass Sie ein Sommertyp sind und kühle, pastellige Farben tragen sollen. Die Magie sieht das anders. Die Farben des Feuers – analog zum Sommer – sind Feuerrot, Gold und Violett.

⌖ Gold – Das gewaltige, alles überstrahlende Feuer leuchtet golden. Gold steht für innere und äußere Macht, aller weltliche Erfolg trägt die Farbe des Goldes, ob die goldene Kreditkarte oder goldene Kronen. Goldene Verpackungen suggerieren einen wertvollen Inhalt, klimpernder Goldschmuck verweist auf Potenz. Aber wahres Gold ist geläutertes Gold. Es ist durch das Feuer gegangen und innen wie außen gleich bleibend wertvoll.

⌖ Rot – Glühendes Rot, Blutrot, leidenschaftliches Rot, gefährliches Rot! Die dynamischste aller Farben wird in der Magie dem Feuer zugeordnet, keine Analogie wie diese ist so verständlich, so direkt einsichtig. Rot ist die offensichtliche, nach außen getragene Macht. Rot ist auffordernd, hitzig, alarmierend und immer ein wenig kämpferisch.

⌖ Violett – Das mit Blau gemischte Rot schwingt auf einer tieferen Ebene, doch mächtig ist diese Farbe allemal. Purpur ist die Farbe der Macht, einer geistigen, inneren Macht. Violett, die Farbe der Veilchen, ist noch bescheidener und nach innen gerichtet, doch um nichts geringer. Im Gegenteil, diese Farbe verhüllt das Wissen um die letzten Geheimnisse. Die Farbe der Magie eben.

Steine und Nahrung – das Element Erde

Feurig, das ist rot und scharf, wie z. B. red hot Chilipepper. Nicht nur in Steinen und Kristallen, sondern auch in den Nahrungsmitteln. Hier einige Beispiele für feurige Hilfsmittel aus dem Element Erde.

Steine

Rote Kristalle unterstützen die Kräfte des Feuers, aber es gibt auch ein paar Ausnahmen. Wenn Sie nicht ausgesprochene Kristallheilung durchführen wollen, sondern Steine als Schmuck verwenden, muss es nicht Rubin sein, dann tun es auch rote Glaskugeln.

⌖ Amethyst – Der violette Stein ist voller Würde, Hohe Geistliche tragen ihn im Bischofsring und lassen ihn von den Gläubigen küssen. Auf jeden Fall unterstützt er die Vergeistigung, die nach innen gerichtete Macht.

⌖ Diamant – Er ist ein kostbarer Stein von ungewöhnlicher Strahlkraft, wenn er zum Brillanten geschliffen wird. Sollten Sie einen Brillanten besitzen, dann hilft er Ihnen, zu Weisheit und Erleuchtung zu gelangen. Er schenkt geistige Klarheit und Schutz vor unangenehmen Einflüssen.

⌖ Feueropal – Ein schwarzer Stein, doch in ihm flammt bei richtiger Beleuchtung ein Blitz auf. Dieses geheimnisvolle Leuchten hat ihm den Ruf eingebracht, ein Unglücksstein zu sein. Lassen Sie sich davon leiten, wie Sie ihn empfinden. Er ist Macht und Wahrheit.

⌖ Granat – Der dunkelrote Karfunkelstein mit dem tiefen, inneren Feuer erhellt die Seele, er hilft, neu anzufangen und aufzubauen, was zerstört war. Granat ist ein Stein der Hoffnung und weckt das innere Feuer.

⌖ Jaspis – Er ist nicht ganz rot, auch gelb und grün kann er geädert sein. Er hat eine Tradition als Liebesstein und begleitet eine glückliche Schwangerschaft. Auch einen kriegerischen Aspekt besitzt er. Im Mittelalter trugen ihn die Kämpfer am Schwertknauf.

⌖ Karneol – Lebensfreude und Aktivität schenkt dieser rote, auch orangefarbene Stein, daher fördert er auch den Gemeinschaftssinn und die Hilfsbereitschaft.

⌖ Rubin – Leidenschaft, Lust, Sex und vielleicht auch Liebe, das unterstützt der leuchtend rote, strahlende Rubin.

Nahrungsmittel

Die Energie des Feuers finden Sie vor allem in den feurigen Nahrungsmitteln. Schärfe darf da sein und auch der brennende Alkohol, aber nur tröpfchenweise, symbolisch sozusagen.

⌖ Branntwein – Der Wein, der durch das Feuer gegangen ist, ist hochprozentig und nicht unbedingt gesundheitsfördernd. Außer wenn er äußerlich angewendet wird – da desinfiziert er und brennt in der Wunde. In kleinen Mengen darf man ihn durchaus zu sich nehmen. Oder ihn – in einem Feuerritual – zum Flambieren verwenden. Er regt an und öffnet den Geist.

⌖ Glühwein – Roter, feuriger Wein, mit Zimt (Leidenschaft) und Nelken (Kraft) gewürzt, unterstützt jedes Ritual, das auf diese Aspekte des Feuers abzielt, auf das Wärmste.

⌖ Kaffee – Heiß und belebend, weckt er die Energie. Kaum einer, der das erste Ritual des Tages ohne Kaffeegenuss durchführt: Zum Frühstück gehört er fast immer dazu, und in den Arbeitspausen muntert er auf und fördert die Geselligkeit.

⌖ Oliven – Sie brauchen Sonne, um zu reifen, sie ergeben höchst energiereiches Öl und sind seit Menschengedenken ein begehrtes und gesundes Nahrungsmittel. Oliven unterstützen die Spiritualität, schenken Gesundheit, Frieden und Freude am Sex.

⌖ Paprika – Paprika oder Peperoncini, wenn Sie es ganz besonders feurig haben wollen, bringen Dynamik, Gesundheit und Schwung ins Leben.

⌖ Rote Früchte – Herzkirschen und Erdbeeren und auch rote Äpfel – raten Sie mal, was diese Früchte anziehen? Leidenschaftliche Liebe natürlich!

⌖ Zwiebeln – Scharfe Zwiebeln, die so brennen, dass sie einem beim Schneiden die Tränen in die Augen treiben, sind nicht nur eine wunderbare Würze, sondern auch ein Schutz gegen ungebetene Eindringlinge. Sie fördern die Potenz. Ob Sie sie allerdings im Ritual roh verzehren oder lieber in Form eines Zwiebelkuchens oder einer Zwiebelsuppe, bleibt Ihrem Geschmack überlassen.

Düfte und Töne – das Element Luft

Durch das Feuer entwickelt das Räucherwerk seinen Duft, doch auch Öle und Parfüms können feurige Akzente setzen und Kräfte wecken.

Düfte

⌖ Asa foetida – Den Teufel mit dem Teufelsdreck austreiben: Wenn Sie ein äußerst machtvolles Bannungsritual durchführen wollen, dann gehört dieser scharfe Geruch dazu. Das getrocknete Kraut dient als Räucherwerk, aber machen Sie es nicht zu heftig, wenn Sie noch weiterhin in angenehmer Beziehung zu Ihren Nachbarn leben wollen.

⌖ Drachenblutblatt – Das Harz des Drachenblutbaums wird den Weihrauchmischungen zugesetzt, die Energie spenden sollen, aber auch Schutz gewähren.

⌖ Gartennelke – Die getrockneten Blütenblätter der Gartennelke helfen, als Räucherwerk eingesetzt, die Kräfte zu steigern. Aber auch frische Gartennelken, vor allem rote, duften und können zum gleichen Zweck als Sträußchen am Ritual teilnehmen.

⌖ Lorbeerblatt – Die sieghaften Helden trugen in der Antike Kränze aus Lorbeer auf den glänzenden Locken. Erfolg, Ehre und Ruhm zieht der Lorbeer an. Verwenden Sie die getrockneten Blätter als Räucherwerk.

⌖ Mastix – Ein wohlriechendes Harz, das in vielen Räuchermischungen eingesetzt wird, aber auch allein verbrannt werden kann. Es kann die Macht und die Kraft, gegebenenfalls auch die Potenz fördern.

⌖ Moschus – Das Sekret der Moschustiere ist ein unverzichtbarer Bestandteil in der Parfümherstellung. Es ist ein männlicher, erotisierender Duft. Sie werden sicher einen sinnvollen Einsatz für einen Tropfen Parfüm finden, der eine Moschuskomponente enthält – nicht nur in magischen Ritualen.

⌖ Thymian – Dieses stark und würzig duftende Kraut wird gewöhnlich der Luft zugeordnet, doch ich habe andere Erfahrungen damit gemacht. Thymian gibt Kraft. In Augenblicken, in denen man sich leer und ausgebrannt fühlt, hilft das Zerreiben einiger Thymianblättchen sofort. Auch als Räucherwerk ist das getrocknete Kraut einsetzbar.

⌖ Zedernholz – Nicht nur als Räucherwerk verwendet man dieses Holz, es duftet auch unverbrannt. Das Harz wurde früher zum Einbalsamieren der Toten verwendet, die die letzte Wandlung vollzogen hatten. Heilung, Schutz und Transformation symbolisiert das Zedernholz.

⌖ Zimt – Die Rinde des Zimtbaumes, Cinnamon, duftet ebenfalls, ohne dass man sie verbrennt. Doch man kann auch Zimtstückchen dem Räucherwerk beigeben. Besser aber noch dem Glühwein, wenn er als Ritualgetränk dient, oder den Zimtsternen. Er fördert die Leidenschaft.

Töne

Feuer prasselt und knistert anheimelnd, solange es trockenes Holz verzehrt. Feuchtes Holz entlockt ihm ein Zischen, harziges kleine Explosionen, aber ein außer Kontrolle geratener Feuersturm brüllt, faucht, donnert, kracht. Es sind die heroischen Instrumente, die dem Feuer entsprechen: die Fanfare, die schmetternde Trompete, die Hörner, die zum Aufbruch rufen. Marschmusik entzündet das Feuer in den Massen und lässt sie willenlos mitmarschieren. Aber auch die stahlbespannten Saiten der E-Gitarre, die von härtesten Rock bis zum leise knisternden Blues eingesetzt werden kann, hat eindeutig Feuerqualität. Für den eigenen Gesang würde ich Ihnen das »Aaaah« vorschlagen, den Laut großer Verzückung. Trompeten und Fanfaren im Ritual einzusetzen ist nur bei großen, dramatischen Inszenierungen sinnvoll, in Ihrem Schlafzimmer sollten Sie davon, mit Rücksicht auf Ihre Mitmenschen, Abstand nehmen. Gegen leise Gitarrenmusik ist jedoch nichts einzuwenden.

Das Element Wasser – Zauberpflanzen

Natürlich gehören fast alle roten Blumen, aber auch die gelben Sommerblüten zu den Feuerpflanzen. Stark duftende und intensiv schmeckende Kräuter finden ebenfalls Einsatz als Entsprechung für dieses Element.

⌖ Basilikum – Es gehört zu den roten Tomaten als Würze und wird auch Königskraut oder Königsbalsam genannt, und in der Hand eines Königs Aragorn heilt es jede Wunde. Es zieht Wohlstand und Glück an.

⌖ Brennnessel – Setzen Sie sich in die Nesseln, und Sie wissen, was der saloppe Ausspruch »Feuer unter dem Hintern machen« bedeutet. Die Ameisensäure in den Blättern fördert die Durchblutung der Haut und macht sie warm bis heiß. Brennnessel gibt Antrieb, aber auch Gesundheit.

⌖ Gänseblümchen – Es hat mich lange Zeit gewundert, warum ausgerechnet das bescheidene Gänseblümchen dem Göttervater Jupiter und damit dem Feuer in seinen großzügigsten Aspekten zugeordnet ist. Bis ich meinen eigenen Garten hatte und einen Rasen voller Gänseblümchen. Welch eine verschwenderische Fülle kleiner Sternchen!

⌖ Johanniskraut – Ein Heil- und Zauberkraut, das vor Schaden und Verlust schützt, die Nerven stärkt und Depressionen vertreibt. Es blüht um die Zeit des Johannistags und ist diesem Heiligen geweiht. Dem Feuerelement entspricht es als Kräutlein, das die Heiterkeit bringt.

⌖ Löwenmäulchen – Im Englischen übrigens Snapdragon, schnappender Drache, genannt, erinnert es an das Feuertier Löwe und beschützt vor unerwünschten Einflüssen.

⌖ Pfeffer – Vor allem die Samen des Pfeffers verwenden wir als Gewürz, das Schärfe in die Speisen bringt. Pfeffer war lange Jahre ein äußerst teures Produkt, und ein Pfeffersack ist ein Mensch, der seinen Reichtum mit dem Gewürzhandel gemacht hat. Pfeffer symbolisiert Reichtum und Schutz.

⌖ Sonnenblume – Die Blüte, die ihren Kopf immer nach der Sonne dreht – Tournesol auf Französisch –, sieht selbst aus wie eine kleine Sonne. Damit ist sie ein äußerst passendes Symbol für die Kräfte der Sonne.

Übung: Einen Kräuterzauber wirken

Kräuter sind natürliche Helfer, und ich kann es nun mal nicht verleugnen, ich habe einen Hang zum Küchenhexentum. Der gestandene Zeremonialmagier wird auf solche schlichten Hilfsmittel naserümpfend herabsehen und sie mit seinem edelsteingeschmückten Stab desinteressiert zur Seite schieben, um sich den kosmischen Kräften zu widmen. Ich sehe das anders. Kräuter und Pflanzen können uns sehr nahe sein. Sie stehen in Töpfen auf der Fensterbank, vermehren sich auf Gartenbeeten und sind, wenn man einen Blick dafür entwickelt, auf jeder Wiese, an jedem Wegesrand zu finden. Auf diese Weise haben wir einen sehr persönlichen Bezug zu ihnen. Selbst gezogen, selbst gesucht, selbst getrocknet sind sie uns nah, vertraut ist uns ihr Duft und ihr Geschmack. Sie sind freundliche Helfer und vielseitig nicht nur in der Küche, sondern auch in der Magie einsetzbar. Als Schmuck, als Räucherwerk, zu duftendem Öl verarbeitet unterstützen sie den Kontakt zu den magischen Kräften, laden die Götter und die Elfen ein, sich wohlwollend zu nähern.

Wie man mit Kräutern zaubert

Beim Kräuterzauber übernehmen die Kräuter die Trägerfunktion der magischen Handlung. Wenn Sie etwas bewirken wollen, so suchen Sie sich also eine der Pflanzen, die Ihren Wunsch am besten symbolisiert: Johanniskraut, wenn Sie Heiterkeit wünschen, Gänseblümchen, wenn es um Großzügigkeit geht usw. Nehmen Sie ein Stückchen Stoff in der Größe eines Taschentuchs, dessen Farbe Ihrem Anliegen entspricht. Haben Sie keinen Stoff zur Hand, so tut es übrigens auch eine farbig passende Papierserviette.

In einem Ritual, in dem Sie Ihren Wunsch formulieren, übertragen Sie diesen auf ein Zweiglein oder einige Blüten. Das kann mit dem Stab geschehen (darauf zeigen und die Kraft leiten) oder durch Ihren gebündelten Willen, der wie ein leuchtender Strahl darauf fällt. Anschließend hüllen Sie die Pflanzenteile in das Tuch oder die Serviette und binden ein Beutelchen daraus. Auch das Bindematerial sollte farblich abgestimmt sein. Seiden- oder Wollfäden, Bast, dünner Metalldraht sind geeignete Materialien, Nylonschnüre nicht. Das so aufgeladene Kräuteramulett können Sie bei sich tragen oder dort deponieren, wo sich der Wunsch erfüllen soll. So lange, bis das Wunder sich vollzogen hat. Wenn das geschehen ist, bedanken Sie sich bei dem Kraut und vernichten es mitsamt dem Beutel mit Achtsamkeit und Respekt.

Orte der Kraft

Wir haben in unserer Zivilisation viele Plätze geschaffen, die dem Feuer geweiht sind. Beispielsweise alle Industrieanlagen, in denen unter Hitzeeinwirkung Produkte hergestellt werden oder Energie erzeugt wird. Aber nicht jeder Hochofen, jede Raffinerie, jedes Atomkraftwerk und jede Müllverbrennungsanlage ist ein Ort der Kraft. Vielleicht werden sie es für spätere Generationen sein, wenn sie als ausgebrannte Ruinen einer seltsamen Kultur den Archäologen Rätsel aufgeben. Natürliches Feuer zeigt sich in Vulkanen, auch in erloschenen, und davon haben wir in unserem Land genug. Die sonnendurchglühte Wüste ist ebenfalls ein Feuerland, ebenso alte Weihestätten, an denen Feuer zu Ehren der Götter brannten.

Vulkane – magische Feuerplätze

Das natürliche Feuer tritt durch die Schlote der Vulkane in unsere Welt, in glühender Lava quillt es hervor, lässt Asche regnen, heiße Gase und schwefelige Dämpfe entweichen und kochendes Wasser aus Erdspalten aufschießen. Damit haben die Vulkane dazu beigetragen, ein lebhaftes Bild der Hölle zu entwerfen. Doch schon vorher waren diese Stellen, wo sich das glühende Erdinnere zeigt, Orte des göttlichen Schmiedefeuers – des Feuers der Transformation, der Wandlung. Denn unter seiner Einwirkung verwandelt sich das Gestein, werden Erzadern geschaffen, und selbst der Diamant, schlichte Kohle einst, wird unter dieser Hitze und Druck zum härtesten, strahlendsten Kristall geformt.

Wenn Sie auf Ihren Reisen in die Nähe der großen, manchmal noch aktiven Vulkane wie Vesuv, Ätna oder Pico del Teide kommen, sollten Sie es sich nicht entgehen lassen, sich ihnen so weit wie möglich zu nähern. Aber auch unsere einheimischen erloschenen »Feueröfen« sind noch immer eindrucksvoll. Das erstarrte Gestein, die Krater, manche wassergefüllt, andere trocken und vegetationslos, geben mit ein wenig Einfühlungsvermögen ein gutes Bild, wie die gewaltigen Feuerkräfte gewirkt haben. Nehmen Sie sich Zeit. Setzen Sie sich an einen Kraterrand, halten Sie einen Stein in der Hand, und versuchen Sie, die transformierenden Kräfte an diesem Ort zu erspüren. Behalten Sie die Eindrücke, die Sie dort gesammelt haben, in Ihrem Herzen. Sie werden Ihnen helfen, sich das Bild des Feuers zurückzurufen, wenn Sie es benötigen.

Weihestätten als magische Plätze

Der bekannteste Einsatz des rituellen Feuers ist das Opferfeuer. Es wurde in allen Religionen angezündet, und erschreckende Vorstellungen haben sich darum gerankt. Mit dem den Menschen eigenen Hang zum Sensationellen und Grauenerregenden wurde von blutigen Menschenopfern gemunkelt, die an den alten Brandopferaltären dargebracht wurden. Ja, man fand auch Menschenknochen, aber eher selten. Scherben, Münzen, kultische Gegenstände und Tier- und Pflanzenreste opferte man. Nicht immer gleich die Nachbarn. Das kam dann später. Vor allem Kelten und Germanen haben ihre Spuren bei uns hinterlassen. Halten Sie auf Wanderkarten Ausschau nach solchen Stätten. Manche Namen deuten darauf hin, aber im Zuge der Christianisierung sind sie oft buchstäblich verteufelt worden. Ein guter Führer ist das »Kultplatzbuch« (siehe Literatur Seite 160), worin nicht nur die alten Bräuche beschrieben, sondern auch die versteckten, unscheinbaren Kultplätze genannt werden. Aber bitte brechen Sie jetzt nicht in einen »Kultplatztourismus« aus und beginnen mit organisierten Rundfahrten zu den alten heiligen Plätzen. Pilgern Sie lieber allein dorthin, mit Andacht, Wissbegierde und offenen Sinnen. Denn nur so können Sie die Schwingungen erahnen, die die alten Feuerbräuche dort hinterlassen haben.

Und vergessen Sie nicht: Feuer ist reinigend und transformierend, es ist aber auch gewalttätig. Es gibt Stätten des Horrors und des Grauens, wo die Scheiterhaufen der Kirche loderten und Tausende von Unschuldigen, meist Frauen, brutal ermordet und verbrannt wurden. Auch solche Stätten kann man aufsuchen und die Gedanken derer erspüren, die dort, nur weil sie fragend und wissend durch das Leben gingen, geopfert wurden.

Freudenfeuer und Lagerfeuer

Osterfeuer, Maifeuer, Johannisfeuer, Mittsommerfeuer, Martinsfeuer, mancherorts Julfeuer – immer werden große Holzstapel aufgeschichtet und in jenen magischen Nächten entzündet. Es ist und bleibt von ungebrochener Faszination, einem solchen Feuer zuzusehen. Manchmal wird darum getanzt, gesungen und sich in seinem Schein geliebt. Wenn Sie so ein Feuer entzünden wollen, beachten Sie bitte die Feuerschutzbedingungen, und holen Sie die entsprechenden Genehmigungen ein. Das ist nur ganz normale Rücksichtnahme, die man bei allem, auch bei der Magie, einhalten sollte. Rücksicht sollten Sie auch immer gegenüber unseren kleinen Verwandten, den Tieren, walten lassen. Denn viele Tiere suchen in einem aufgestapelten Holzhaufen Unterschlupf. Bevor sie ihn entzünden, sollten Sie ihn noch einmal umschichten, damit Mäuse und Spinnen Gelegenheit zur Flucht haben. Lagerfeuer sind nicht so aufwändig, verlangen aber auch höchste Achtsamkeit. Vor allem müssen sie ordentlich gelöscht werden. Das lebende, wärmende Feuer muss man erlebt haben und die seltsame Stimmung der Gemeinschaft in sich aufnehmen, die an einer solchen Feuerstätte entsteht. Den Geschichten lauschen, die plötzlich erzählt werden, die Lieder mitsingen, die mit einem Male angestimmt werden, die wunderlich veränderten Gesichter im Feuerschein kennen lernen und in ihnen lesen. Manches Brauchtum rankt sich um das Feuer, magische, symbolische Akte. Das geht vom Verbrennen bestimmter Opfergaben bis zum Springen durch das Feuer, Hand in Hand mit dem Liebsten. Feuerlaufen sollten Sie jedoch ausschließlich unter professioneller Anleitung. Auf jeden Fall vermittelt der Aufenthalt an einem Feuer im Freien eine Fülle von Eindrücken, die Sie für sich und Ihre Feuermagie als kostbare Erinnerung aufbewahren sollten.

Übung: Auf Pilgerreise gehen

Pilgern ist ein Ritual in Bewegung und hat eine lange Tradition. Der Pelegrinus ist ein Fremder im Land, der von weit her gewandert kommt, ein Suchender, der einen Ort anstrebt, von dem er Heilung in weitestem Sinne erwartet. Später wurde dieser Begriff für die Wallfahrer verwendet, das Wort »Pilger« leitet sich davon ab.

Wenn Sie sich auf eine Pilgerreise begeben, sollten Sie ein Ziel vor Augen haben, das Sie mit dem Ort verbindet, den Sie aufsuchen wollen. Sie erinnern sich: Jedes Ritual hat ein Ziel. Es ist auch sinnvoll, sich zuvor mit der Vergangenheit des Ortes vertraut zu machen – mit den Geschichten, die sich um ihn ranken, den Bräuchen, die man dort praktizierte oder immer noch durchführt, den Wesen, denen er geweiht ist.

Wenn Sie aufbrechen, können Sie sich rituellen Auflagen unterwerfen. Derartige symbolische Handlungen verstärken die Ernsthaftigkeit, stärken den Willen und die Konzentration auf das Ziel. Bekannte Beispiele sind etwa das Tragen einer bestimmten Kleidung, der Verzicht auf Schuhwerk oder die Art des Gehens. Der mittelalterliche Pilger trug einen breitkrempigen Hut, der mit Muscheln besetzt war, einen Pilgerstab und einen ausgehöhlten Kürbis als Pilgerflasche.

Dem heiligen Ort nähert man sich zu Fuß Spätestens dann, wenn Sie dem gewählten Platz so nahe sind, dass Sie ihn gehend erreichen können, sollten Sie das auch tun. Denn das Gehen ist selbst eine Form der Meditation. Es lüftet den Kopf und macht den Geist ruhig und aufnahmebereit.

Am Zielort angekommen, verharren Sie einen Moment, sammeln sich und begegnen ihm dann höflich. Vielleicht haben ihn Geistwesen zu ihrer Wohnstatt erkoren. Auf jeden Fall ehrt es ihn und Sie, wen Sie sich mit der gebührenden Achtung nähern. Anschließend sollten Sie das durchführen, was Sie sich vorgenommen haben: die Stimmung aufnehmen, meditieren, ein Opfer darbringen, beten, tanzen, sich ausweinen oder einfach nur ausruhen und vor sich hindösen.

Wenn Sie lange genug verweilt sind, verabschieden Sie sich von dem Platz und hinterlassen ein kleines Geschenk für die Götter und/oder die wilden Tiere. Aber ansonsten darf man keine Spur Ihres Aufenthalts mehr erkennen, nicht einmal ein zerknülltes Taschentuch. Und in den nächsten Nächten achten Sie auf Ihre Träume. Sie könnten ungewöhnlich bemerkenswert sein!

Kontaktaufnahme mit den Feuerkräften

Mit den verschiedenen Aspekten des Elements Feuer sollten Sie inzwischen vertraut sein, so dass Sie durchaus in der Lage sind, auch eine innere Reise zu den Kräften des Feuers durchzuführen. Sie begeben sich dabei in eine andere Welt, und Sie wissen inzwischen, dass dazu ein Ritual notwendig ist, das für Abgrenzung und Schutz sorgt. Vor allem, wenn Sie die Welt des Feuers betreten, die nicht ganz leidenschaftslos ist, sollten Sie sich überlegen, ob Sie nicht besser einen Begleiter bei sich haben. Einen Menschen, dem Sie vertrauen, der weiß, was Sie vorhaben, und der Sie nötigenfalls sanft, aber bestimmt aus dieser Welt zurückholt, wenn es brenzlig wird. Er sollte neben Ihnen sitzen, zuhören, was Sie ihm berichten, und nur dann eingreifen, wenn er merkt, dass Sie es irgendwo auf Ihrer Reise mit der Angst zu tun bekommen. Dann wird er Sie durch Rückwärtszählen von zehn nach eins langsam aufwecken oder Sie gegebenenfalls durch Berührung oder gar Schütteln aus der Trance herausholen. Außerdem hütet Ihr Begleiter das Feuer – die Kerze.

Ort, Zeit und Hilfsmittel

Ort Im Sommer an einem sonnigen Tag im Schatten eines Baumes, ansonsten dort, wo Sie ungestört sind. Wenn Sie einen Kamin haben, zünden Sie ihn an, und setzen Sie sich davor. Wenn nicht, setzen Sie sich Richtung Süden.

Zeit Am späteren Nachmittag, wenn die Schatten länger werden. Die Mittagszeit ist für derartige Übungen äußerst ungeeignet. Wenn Sie die Gelegenheit haben, machen Sie diese Erfahrung am Mittsommertag.

Hilfsmittel Etwas Feuer muss dabei sein – eine Kerze, wenn Sie in geschlossenen Räumen sind, oder ein angebranntes Ästchen, eine rote Blume, Streichhölzer, Feuerstein, Holzkohle o. Ä. Nehmen Sie rote Kerzen in Windlichtern und, wenn Sie so etwas bereits haben, Ihren persönlichen magischen Stab. Ein rotes Kleidungsstück können Sie anlegen oder ein rotes Tüchlein einstecken. Räucherwerk oder eine Duftlampe können Sie in geschlossenen Räumen einsetzen. Im Sommer und im Freien sollte Ihnen der Duft der Blumen ausreichen oder der Geruch eines angesengten Stückchens Holz. Musikstücke, die zum Feuer passen, sind oftmals wenig geeignet, eine entspannte Stimmung zu erzeugen. Nehmen Sie stattdessen Kristalle mit ins Ritual.

Rituelle Vorbereitung

Das Ritual beginnt mit Reinigen, Erden, magischer Kreis. Ihre persönliche Reinigung können Sie etwa dadurch vornehmen, dass Sie sich einen Moment lang vorstellen, unter einer Dusche aus gleißendem, weißem Licht zu stehen, das Sie von oben herab übergießt. Wenn Sie das nörgelige Geschwätz Ihres kritischen Verstandes einfach ignorieren, führt diese Vorstellung dazu, dass alle unangenehmen Gefühle für eine Weile von ihnen gewaschen sind. Bereiten Sie sich und den Platz mit Ruhe und Konzentration vor, und weisen Sie gegebenenfalls Ihren Begleiter und Wächter ein. Stellen Sie Kerzen und Räucherwerk bereit, den Kerzenständer in Richtung Süden.

Reinigen Sie den Ort, an dem Sie das Ritual durchführen wollen, symbolisch, indem Sie mit der Kerze in jede Ecke leuchten. Beginnen Sie im Osten, und drehen Sie sich dann im Uhrzeigersinn, wobei Sie die Kraft des Feuers bitten, die störende Dunkelheit in den Ecken zu vertreiben. Danach erden Sie sich, zünden das Räucherwerk an und arrangieren Ihre sonstigen Hilfsmittel. Um diesen Platz ziehen Sie nun für sich und gegebenenfalls alle anderen den magischen Kreis mit dem Stab. Setzen Sie sich nun mit dem Gesicht nach Süden nieder. Es folgt das eigentliche Ritual – die Erfahrung der Feuerkräfte.

Die Trancereise zum Feuer

Die Reise, die Sie nun unternehmen werden, führt Sie in Ihre eigene innere Welt des Feuers, Ihres Lebensfeuers, Ihres Willens. Schließen Sie die Augen, und atmen Sie einige Male tief durch. Und dann beginnt der Aufstieg. Eine Treppe aus Basaltsteinen führt Sie bergan, zehn Stufen müssen Sie ganz bewusst hinaufsteigen. Bei jeder nehmen Sie einen ruhigen Atemzug. Oben angelangt, finden Sie auf dem Berg ein Steintor, das Sie durchschreiten. Sie sind sicher, denn es ist der Eingang zu Ihrer eigenen Welt, die Sie jederzeit wieder verlassen können.

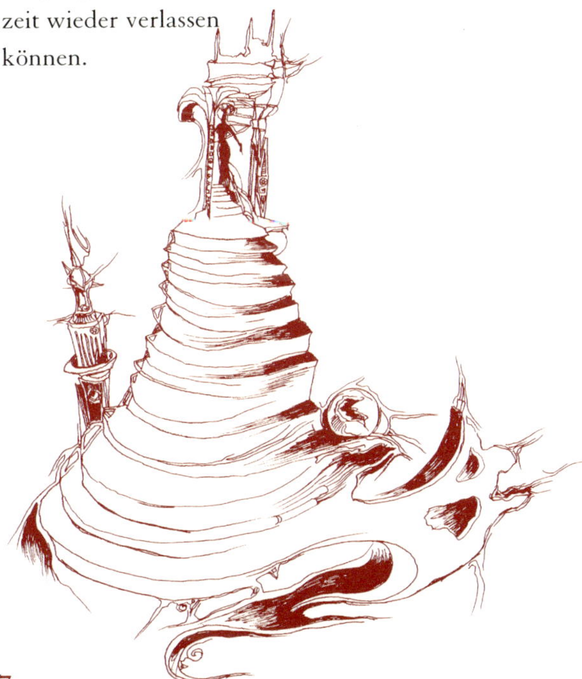

Betrachten Sie den Boden zu Ihren Füßen, fühlen Sie die Temperatur, lauschen und riechen Sie, was Sie hier umgibt. Wenn sich ein Eindruck gebildet hat, versuchen Sie sich rechts und links zu orientieren. Lassen Sie die Welt, an deren Eingang Sie stehen, auf sich wirken. Berichten Sie Ihrem Begleiter, was Sie wahrnehmen, aber bewerten Sie es nicht.

Wenn Sie sich einigermaßen vertraut fühlen mit der Umgebung, können Sie sich wünschen, einen Weg zum Weitergehen zu finden. In dieser Welt erfüllen sich Wünsche augenblicklich, und ein Pfad wird sich auftun. Nehmen Sie Ihren Mut zusammen und folgen Sie ihm. Sollte der Boden zu heiß werden, schweben Sie, lodern die Flammen zu dicht, pusten Sie sie weg. Stellen sich Ihnen Drachen oder andere Hüter in den Weg, kehren Sie um. Wenn Sie geübter sind, können Sie eine Diskussion mit ihnen anfangen. Aber keinen Streit, bitte. Ich selbst habe bei einer solchen Wanderung eine unglaublich phantastische Wüstenwelt erlebt, einen Feuerpalast mit Zimmern, blitzend von Rubinen und Diamanten samt einem freundlichen Djin. Sowie Sie in Regionen kommen, wo unsympathische Gestalten die Scheiterhaufen schüren, drehen Sie spornstreichs um, oder rufen Sie um Hilfe, damit Ihr Begleiter Sie zurückführt. Ansonsten kehren Sie auf dem gleichen Weg zurück, den Sie gekommen sind. Durchschreiten Sie das Tor wieder, und verabschieden Sie sich von Ihrer inneren Feuerwelt. Dann steigen Sie Schritt für Schritt die Stufen hinab und zählen dabei von zehn nach eins rückwärts. Räkeln Sie sich, gähnen Sie, und öffnen Sie langsam die Augen.

Ritualabschluss

Sollte die Reise in die Welt des Elements Feuer entweder nicht gleich gelingen oder mit Angstzuständen verbunden sein, dann lassen Sie die Finger zunächst einmal davon. Die anderen Elemente sind weniger heftig, sammeln Sie Ihre Reiseerfahrungen zunächst dort. Doch irgendwann sollten Sie sich dem Feuer stellen, es ist Ihre ganz persönliche Lebenskraft. Sie ist gut, denn Sie hilft Ihnen, in der Kälte und Dunkelheit zu überleben. Sie schenkt Ihnen überströmende Freude, lässt Sie Ideen finden und unsagbar schöne Momente genießen, in denen ein Geistesblitz eine Situation erhellt und Erleuchtung bringt. Es ist die Kraft, die Sie zu Lust und Leidenschaft befähigt, es ist die Energie, die Sie haben, um die Dinge zu ändern.

Haben Sie erfolgreich Kontakt mit Ihrem inneren Feuer gehabt, erden Sie sich noch einmal. Verspürten Sie Angst, dann reinigen Sie sich und den Ort nochmals, und heben Sie dann den magischen Kreis auf. Denken Sie darüber nach, was Sie erlebt haben, und schreiben Sie es auf. Oder malen Sie es.

Feuerrituale

Magisches Arbeiten mit den Feuerkräften ist allen jenen angeraten, die unter gewissen Antriebsschwierigkeiten leiden. Das Element Feuer stärkt den Willen, gibt Energie, Kraft und Auftrieb, die Dinge in die Hand zu nehmen und voranzutreiben. Für Menschen, die sowieso schon über eine große Eigendynamik verfügen, kann das überflüssig bis schädlich sein. Hingegen sind die Rituale, die die transformierenden Kräfte des Feuers wecken, für jeden sinnvoll, der etwas an sich verändern möchte.

Sie finden hier einige Vorschläge für Rituale, in denen das feurige Element seinen Einsatz findet. Vorschläge, nicht Rezepte, weil Sie darin selbstverständlich Gestaltungsspielräume haben. Lassen Sie sich vor allem von Ihrem Gefühl leiten, wenn Sie passendes Beiwerk, Ort und Zeit bestimmen. Nicht die Zutaten machen den Erfolg der Magie aus, sie unterstützen nur Ihren Willen. Das Ritual gibt ihm Form und Halt.

Ritualeinleitung

Sie erinnern sich: Diese Schritte sind zu Beginn eines jeden Rituals gleich und stellen die Ritualeinleitung dar.

- Reinigen Sie sich, legen Sie, wenn gewünscht, ein entsprechendes Kleidungsstück an, aber lassen Sie sich ab jetzt durch nichts mehr sonst ablenken, sondern widmen Sie Ihre Gedanken dem, was Sie durchführen wollen.
- Erden Sie sich, und alle, die sich beteiligen wollen, tun das auch.
- Reinigen Sie den Raum durch das symbolische Ausleuchten der Ecken mit der Bitte an die Feuerkräfte, den Raum von negativen Einflüssen zu befreien.
- Entzünden Sie die Kerzen, die Duftlampe oder das Räucherwerk.
- Ziehen Sie den magischen Kreis mit vier oder mehr Kerzen oder mit dem Stab.
- Nehmen Sie mit dem Gesicht Richtung Süden Platz, und entspannen Sie sich.

Ritual für Kraft und Energie

Feuer ist Energie. An manchen Tagen fehlt sie uns, Sie kennen das bestimmt. Solange es sich nur um ein paar Tage Schlappheit und Müdigkeit handelt, ist das noch nicht dramatisch. Es kann viele einfache Gründe haben, vom Wetter angefangen bis zu hormonellen Purzelbäumen im Körper. Das geht auch ohne Magie vorbei. Wenn sich der Zustand aber dauerhaft einnistet, dann kann er eine andere Ursache haben. Es gibt Energievampire, Menschen, die einem, wie man so sagt, den letzten Nerv rauben. Oder Konstellationen in Beziehung oder Beruf, die einem nachhaltig das Gefühl geben, ausgebrannt zu sein. Hier müssen Dinge grundlegend geändert werden, und dazu braucht man genau die Kraft, die man jetzt eben nicht hat – inneres Feuer! Wecken Sie es.

Ort, Zeit und Hilfsmittel

Ort Ihr persönliches magisches Arbeitszimmer.

Zeit Nachmittags, am besten sonntags oder dienstags.

Hilfsmittel Stab, rote Kerzen, ein rotes Kleidungsstück, als Duft Thymian oder Mastix. Ein dunkelroter Granat ist hilfreich. Vielleicht besitzen Sie ja einen alten Granatschmuck, den Sie anlegen können. Rote Paprika sollten Sie dazunehmen oder schon mal eine Kanne Kaffee kochen. Und suchen Sie sich ein Musikstück heraus, das Sie bisher immer seelisch aufgebaut hat.

Geistige Helfer Hier ist Mars der richtige Begleiter, vor allem aber das Kraft spendende Element Feuer selbst.

Ritualablauf

- Ritualeinleitung
- Rufen Sie mit Ihren eigenen Worten die energiereiche Kraft des Feuers in Ihren magischen Kreis.
- Stellen Sie Ihre Sinne auf diese Kraft ein, und verbinden Sie sich mit ihr über eines der inneren Bilder, das Sie vom Feuer haben. Bitten Sie diese Kraft, Ihnen neuen Antrieb zu geben, Sie mit Energie zu füllen und Ihnen Mut zu machen, das zu verändern, was Sie bisher lähmte. Was das ist, sollten Sie zuvor herausgefunden haben. War Ihnen das nicht möglich, bitten Sie zunächst nur um Erleuchtung, was Ihnen die Energie raubt!
- Wenn Sie möchten, können Sie den Granat zum Energieamulett weihen, indem Sie mit dem Stab die Kräfte des Feuers hineinleiten.
- Beschließen Sie das Ritual durch Danksagung, Verabschiedung, Erdung (essen Sie die Paprika, oder trinken Sie eine Tasse Kaffee) und Aufheben des magischen Kreises.
- Den Granat sollten Sie auf jeden Fall einige Zeit bei sich tragen und öfter zur Hand nehmen, um sich an seinem inneren Feuer zu stärken. Sie werden sehen: Mit Ihrer neuen Energie lösen sich manche Blockaden von selbst auf.

Ritual für Fruchtbarkeit und Kreativität

Unter Fruchtbarkeit und Schöpfungskraft oder Zeugung kann man viel verstehen. Sie können es auf einen Kinderwunsch beziehen oder die erfolgreiche Aussaat im Garten, den Beginn einer Hundezucht oder ein paar passende Ideen für die berufliche Selbstständigkeit. Es geht hier um den zeugenden Aspekt des Feuers, den zündenden Funken, den man braucht, um etwas Neues zu beginnen.

Ort, Zeit und Hilfsmittel

Ort Garten (wenn es um Pflanzen geht), Ihr Schlafzimmer (wenn es um Kinder geht) oder Ihr persönliches magisches Arbeitszimmer (wenn es allgemein um fruchtbare Ideen geht).

Zeit Nachmittags und/oder donnerstags.

Hilfsmittel Stab, rote Kerzen, ein rotes Kleidungsstück. Natürlich wird ein Rubin besonders den inspirierenden Funken anziehen, aber nicht jeder verfügt über einen derart kostbaren Stein. Streuen Sie stattdessen ein paar feuerrote Glassteine als Dekoration aus, die im Kerzenlicht rot aufblitzen. Als Duft kommt Drachenblutblatt oder Zimt infrage, ein paar Oliven sollten Sie zum Verzehr bereithalten. Und einen kleinen Schluck Weinbrand.

Geistige Helfer Vater Jupiter, der Zeugungskräftige, wird Ihnen gewogen sein, ansonsten die zeugende Kraft des Elements Feuer.

Ritualablauf

- Ritualeinleitung
- Rufen Sie die zündende Kraft des Feuers mit Ihren eigenen Worten an.
- Stellen Sie sich in fester Erdungshaltung auf, schließen Sie die Augen, und entspannen Sie sich durch langsames Atmen. Heben Sie beide Arme hoch über den Kopf, so dass die Handflächen nach oben weisen. Legen Sie den Kopf ein wenig in den Nacken. Bitten Sie nun darum, dass der Funke von oben Sie erfüllt. Stellen Sie ihn sich, wenn Sie gut geerdet sind, als Blitz vor, der in Sie hineinfährt.

⌖ Lösen Sie sich langsam aus der Gebetshaltung, und öffnen Sie die Augen. Knien Sie nieder, und legen Sie die Stirn auf den Boden, um überschüssige Energie an die Erde zurückzugeben. Diese Form der Magie wirkt sehr stark und kann nervöse Zustände auslösen.

⌖ Denken Sie anschließend darüber nach, wozu Sie eine zündende Idee benötigen. Vielleicht ist sie schon da. Es kann aber auch sein, dass sie erst in den nächsten Stunden auftaucht. Oder Sie erwachen am nächsten Morgen und wissen es ganz plötzlich.

⌖ Beschließen Sie das Ritual durch Danksagung und Verabschiedung, indem Sie die Oliven essen oder ein Gläschen Weinbrand trinken. Vergessen Sie nicht, einen Tropfen als Spende an die magischen göttlichen Kräfte auf die Erde zu schütten. Dann heben Sie den magischen Kreis auf.

Ritual für Erfolg und Sieg

Sind Sie sportlich engagiert? Oder tobt sich Ihr Ehrgeiz im beruflichen Wettbewerb aus? Es gibt viele Herausforderungen, denen man sich stellen muss, und Feuermenschen machen das besonders gern. Kampf ist ihr Lebenselixier. Andere Menschen scheuen sich davor, und für die sind die kämpferischen Kräfte des Feuers gerade recht.

Ort, Zeit und Umstände

Ort Ihr persönliches magisches Arbeitszimmer.

Zeit Nachmittags und/oder dienstags.

Hilfsmittel Stab, rote und goldene Kerzen, als Räucherwerk Lorbeer. Wenn Sie Brillantschmuck besitzen, legen Sie ihn an, ein Handschmeichler aus Jaspis tut es auch. Binden Sie ein paar Lorbeerzweige oder rote Blumen mit goldenen Bändern zusammen.

Geistige Helfer Apollo, der Herr des siegreichen Lorbeers, und Mars, aber auch Maria vom Siege mögen Sie unterstützen.

Ritualablauf

⌖ Ritualeinleitung

⌖ Bitten Sie Ihre Helfer oder die Erfolg verleihende Kraft des Feuers in Ihren Kreis.

⌖ Stellen Sie sich in allen Einzelheiten vor, wie Sie die Herausforderung annehmen – was Sie tun, wie Sie sich bewegen, verhalten, argumentieren.

⌖ Dann knien Sie sich auf den Boden und legen den Stab quer vor sich. Atmen Sie einige Male tief ein, schließen Sie die Augen, und heben Sie langsam und mit Bedacht den Stab hoch. Fassen Sie ihn mit beiden Händen am unteren Ende, und strecken Sie ihn vor sich nach oben. Lassen Sie nun die Energie des Feuers durch diesen Stab in sich hineinfließen. Stellen Sie sich dabei vor, wie es sein wird, wenn Sie siegen oder gewinnen.

⌖ Ist der Kraftfluss beendet, senken Sie langsam den Stab und berühren gegebenenfalls den Jaspis damit. Dann legen Sie ihn wieder vor sich hin. Beugen Sie sich vor, und berühren Sie mit der Stirn den Boden, um der Erde die überschüssige Energie zu geben.

⌖ Beschließen Sie das Ritual durch Danksagung, Verabschiedung und Aufheben des magischen Kreises.

⌖ Den so aufgeladenen Jaspis tragen Sie als Erfolgsamulett bei sich und nehmen ihn in die Hand, wenn die Herausforderung naht.

Ritual für Leidenschaft

Feuermenschen sollten auch hier vorsichtig sein, zu viel Leidenschaft kann zu Besessenheit werden. Andererseits gibt es Beziehungen, die kühl werden, andere wollen nicht so recht in Schwung kommen. Wenn es um Leidenschaft, nicht unbedingt um Liebe geht, dann können gerade zurückhaltende Menschen hier mehr Feuer gewinnen.

Ort, Zeit und Hilfsmittel

Ort Ihr persönliches magisches Arbeitszimmer oder der Ort, wo Sie sich diese leidenschaftlichen Erlebnisse wünschen.

Zeit Nachmittags und/oder sonntags.

Hilfsmittel Mehrere rote und goldene Kerzen. Wenn sie Ihnen steht, rote Kleidung, sonst rote Dessous. Legen Sie Ihre Rubine an oder einen Anhänger aus rotem Strass. Betupfen Sie sich mit einem Parfüm mit Zimt- und/oder Moschusanteilen oder mit einem Duft, der für Sie mit Leidenschaft verbunden ist. Ein passendes Duftöl. Im Sommer sind rote Früchte unabdingbar, im Winter Glühwein mit Zimt und Nelken.

Geistige Helfer Jupiter, der heißblütige Grieche, sollte Ihnen beistehen, Heilige und Engel passen hier weniger. Die leidenschaftliche Kraft des Feuers ist hier gefragt. Ihren Partner oder Ihre Partnerin könnten Sie natürlich auch einladen.

Ritualablauf

- Ritualeinleitung – bei der Reinigung ist ein duftendes Bad genau richtig.
- Bestreichen Sie die Kerzen mit dem Duftöl, und zünden Sie sie rituell an. Setzen Sie sich nieder, und rufen Sie in Ihren eigenen Worten die Leidenschaft spendende Kraft des Feuers an, die Sie erfüllen soll.
- Schließen Sie die Augen, und gönnen Sie sich die leidenschaftlichste Phantasie Ihres Lebens. Egal, mit wem, Hauptsache er oder sie ist wahrhaft göttlich. Wenn Sie mutig sind, erzählen Sie die Phantasie gleichzeitig Ihrem Partner, falls er dabei sein sollte.
- Beenden Sie das Ritual mit Danksagung, Verabschiedung, dem Verzehr der Früchte und Aufheben des magischen Kreises.
- Erden Sie sich nicht. Denn wenn diese magische Arbeit beendet ist, werden Sie von vibrierender Kraft erfüllt sein, die auf andere ausstrahlt. Nutzen Sie sie!

Ritual für Veränderung und Wandel

Es gibt Zeiten, da stehen persönliche Änderungen an. Sie sind oft an das Lebensalter geknüpft. Ein Zyklus ist beendet, eine neue Phase tritt ein.

Es ist gut, wenn man sich an solchen Schwellen darüber bewusst wird, dass sich ein Wandel vollzieht. Geht man darüber achtlos hinweg, kann sich dieser Wandel häufig äußerst schmerzhaft vollziehen. Denn aufhalten kann man ihn nicht. Besser ist es, ihn anzunehmen, sich bewusst zu machen, was geschieht, und ihn zu begleiten. Dann wird man – wie Phönix aus der Asche – schöner und stärker daraus hervorgehen. Transformation berührt das Thema Feuer, wenn die alte Form eingeschmolzen wird und aus dem geläuterten Metall eine neue geschmiedet wird. Darum haben die göttlichen Schmiede noch immer so viel zu tun.

Ort, Zeit und Hilfsmittel

Ort Ihr magisches Arbeitszimmer oder ein für Sie bedeutungsvoller Ort.

Zeit Wenn es so weit ist, gegebenenfalls bei Schwarzmond, aber dazu gehört Mut.

Hilfsmittel Weiße und violette Kerzen, Kleidung, die ihre alte Form symbolisiert, sowie Kleidung, die einen Neuanfang anzeigt. Es muss nicht modisch sein, eine schlichte Stoffbahn, als Hemd zusammengeheftet, reicht aus. Als Duft eignet sich Zedernholz und als Kristall ein Amethyst.

Geistige Helfer Hephaistos, Wieland, Lug oder Brigid, die Schmiede, oder die transformierende Kraft des Feuers. Freunde und Partner, die Sie begleiten möchten, Weggefährten, die Ihren Wandel bezeugen, sind gerne eingeladen.

Ritualablauf

⌖ Ritualeinleitung – in diesem Fall sollte die persönliche Reinigung besonders aufmerksam durchgeführt werden: Machen Sie einen Saunagang, oder fasten Sie einen Tag zuvor.

⌖ Rufen Sie die Kraft des Feuers in Ihren magischen Kreis. Wählen Sie hierfür einige wirklich von Herzen kommende Worte oder ein passendes Gedicht oder eine Hymne. Würdigen Sie dieses wichtige Ritual. Es ist viel bedeutsamer, als eine flüchtige Leidenschaft zu wecken oder einen sportlichen Sieg zu erringen. Es geht um Ihr Leben.

⌖ Entspannen Sie sich, und lassen Sie die wichtigsten Stationen Ihres letzten Lebenszyklus an sich vorbeiziehen. Erinnern Sie sich an alle – an großes Leid, große Freude, einschneidende Erlebnisse und tiefe Erkenntnisse. Jedes Mal, wenn Sie mit einer Erinnerung abgeschlossen haben, blicken Sie ins Feuer, und lassen Sie sie dort verglühen. Wenn Sie Begleiter haben, können Sie ihnen auch berichten, woran Sie denken. Wenn Sie der Meinung sind, dass alles bedacht ist, dann sprechen Sie die abschließenden Worte: »Ein Kreislauf ist beendet. Es ist gut.«

⌖ Löschen Sie die Ritualkerzen (nicht die des Kreises). Legen Sie die alten Kleider ab, und ziehen Sie das neue Gewand an. Zünden Sie die Kerzen an, und sagen Sie: »Ein neuer Kreislauf hat begonnen. Möge er gut werden.«

⌖ Sie können sich selbstverständlich Ziele für den neuen Lebensabschnitt setzen und Wünsche äußern, die Ihre persönliche Entwicklung betreffen. Sie können es aber auch – und das wäre ein Schwarzmondritual – in Kauf nehmen, dass Sie bis zum nächsten Vollmond ohne Ziele und ohne die alten Werte leben. Ein ungemütlicher Zustand, doch in ihm reifen neuer Wille und neues Wissen. Beim nächsten Vollmond sollten Sie dann im neuen Gewand rituell Ihre neuen Ziele sich selbst, den Göttern oder Ihren menschlichen Weggefährten mitteilen.

⌖ Bedanken Sie sich bei den angerufenen Kräften, und entlassen Sie sie. Erden Sie sich wie zu Beginn des Rituals, und heben Sie den magischen Kreis auf.

5. Kapitel
Das Element Wasser

»Wunderwirkend strömt die Welle,
Strömt der heiße Dampf der Quelle,
Mut wird freier, Blut wird neuer,
Heil dem Wasser, heil dem Feuer.«

Goethe

Hat der Test Ihnen gezeigt, dass Sie eine starke Wasserkomponente in Ihrem Charakter haben? Die alten Denker würden Sie einen Phlegmatiker nennen, heutige Mitmenschen nicken wahrscheinlich und sagen, Sie seien ein Gemütsmensch. Haben Sie nur eine geringe Punktzahl in diesem Element erreicht, kann es sein, dass Sie diese umgänglichen Eigenschaften nicht besitzen. In jedem Fall aber sollten Sie sich vertraut machen mit der Erfahrung des Wassers, zunächst einmal in seiner natürlichen Form, dann aber auch in den menschlichen Entsprechungen. Damit können Sie dann erkennen, wie das Gleichgewicht der Kräfte herzustellen ist, das Ihnen zu einem ganzheitlichen Dasein verhilft.

Die Natur des Wassers

Der Mensch besteht zu 60 Prozent seines Körpergewichts aus Wasser, das stellt schon mal eine innige Verbindung zu diesem Element her. Sinkt dieser Anteil um zehn Prozent, stirbt man. Dass es auf unserem Planeten flüssiges Wasser gibt, ist eine wundersame Ausnahme des Universums. Die Erde dreht sich in genau dem richtigen Abstand um die Sonne und erlaubt es damit dem Wasser, in seiner schmalen Bandbreite von 100 °C weder ausschließlich fest als Eis noch gasförmig vorzukommen. Und darum wurde das flüssige Wasser, in dem sich andere Stoffe lösen, zum fruchtbaren »Eintopf«, in dem sich die Moleküle zu den Urbausteinen des Lebens zusammenfinden konnten. Ein Wunder. Oder ein göttlicher Schöpfungsakt. Auf jeden Fall etwas ungeheuer Beeindruckendes. Diese Bausteine des Lebens schlossen sich zu Verbänden zusammen, reproduzierten sich selbst, vermehrten sich, differenzierten sich, und irgendwann schwamm der erste Fisch durch das Urmeer. Im Prinzip verlief es so. Die Fische wurden Luftatmer, als die Atmosphäre danach war, gingen an Land und wurden unsere Ahnen. So sind wir alle noch immer ein bisschen Fisch, Wasserlebewesen, mit einer tief in uns liegenden Erinnerung an dieses Element.

Wasser – das Wunder der Tiefe

Wasser ist greifbarer als Luft, formbarer als Erde, substanzieller als Feuer. Es passt sich an, solange es kann. Um Hindernisse fließt es geschmeidig herum. Doch wird ihm der Weg versperrt, entwickelt es eine beharrliche und gewaltige Kraft, um sich Freiheit zu verschaffen. Manchmal auf ungewöhnliche Weise. Es verschwindet, sickert ein, kommt an anderer Stelle wieder hervor. Oder es bricht Dämme, unterhöhlt Mauern, lässt Felsen bersten und zermahlt sie zu Staub und Sand.

Im Menschen verbinden wir mit dem Element Wasser die Gefühlswelt und das Unbewusste. Es quillt aus unseren Augen hervor, wenn die Gefühle zu heftig werden. Ob Trauer, Schmerz, Freude oder unbändiges Lachen – es tropfen die Tränen. Tropfendes Wasser, Regen, der ans Fenster klopft, leise brandende Wellen, das Rauschen eines Wasserfalls, das sind Geräusche, die tiefe Entspannung hervorrufen, die uns in die Traumwelten leiten, die Phantasien freisetzen und die Schau nach innen ermöglichen. Die Wege in die normalerweise verschlossenen Bereiche des Unbewussten öffnet das Wasser. Dort können wir Heilung finden und Mitgefühl mit anderen Kreaturen. Und Bilder aus der Vergangenheit tauchen dort auf, die der eigenen und die der Menschheit, manchmal sogar die aller Lebewesen. Es sind gute und schlechte. Dessen muss man sich bewusst sein, wenn man hinabtaucht in die Tiefe des Wassers.

Wasser – der heilige Gral

Trinkwasser, süßes Wasser brauchen wir, um zu leben – täglich mindestens zwei Liter. Doch nicht immer war dieser Durst zu stillen. Entweder versiegte das Wasser wegen zu großer Trockenheit, oder es verschmutzte, wurde abgestanden und ungesund. Die süßen Quellen waren den Menschen in alten Zeiten heilig, und es waren die Frauen, die diese Quellen hüteten. An Brunnen und Flüssen wurden sie verehrt, an heilkräftigen Wassern schenkten sie den Kranken die Kraft zur Gesundung. Die Schale in der Hand der Jungfrauen wurde zum Symbol eines der magischsten Gegenstände – dem Gral. Die Suche nach ihm hat die Phantasie unzähliger Sänger und Geschichtenerzähler des Mittelalters angeregt, Abenteuer wurden gesucht und bestanden, um ihn zu finden. Nicht jeder, so heißt es, fand ihn. Nur die reinsten, edelsten Ritter, die hingebungsvollsten und demütigsten Sucher konnten ihn erringen. Eigentlich ist er unerreichbar, der Gral, der Quell des Lebens. Zumindest für jene, die ihn mit Gewalt zu erobern suchen, die Jungfrauen schänden, Listen ersinnen oder zu töricht sind, nach dem Weg zu fragen. Mit den Kräften von Feuer, Luft und Erde erreicht man ihn nie. Man braucht schon die fließenden, tiefgründigen Eigenschaften des Wassers, um ihm nahe zu kommen. Ist er es eigentlich wert, der Gral? Diese simple Trinkschale, um die sich so viele Geschichten ranken? Kessel der Wiedergeburt, Jungbrunnen, Elixier des Lebens flüsterten die alten Magier und suchten und suchten. Manche fanden die Gralshüterin mit ihrem Kelch.

Der Wassercharakter

Bevor wir uns auf die Suche nach dem Gral begeben, betrachten wir erst einmal das Element Wasser in den menschlichen Charakterzügen. Wassermenschen sind wenig fassbar, weichen aus, sind nachgiebig. Doch sie umfließen auch, können jemanden einhüllen wie ein warmes Bad. Sie nehmen Stimmungen und Schwingungen auf und verstehen intuitiv, nicht aber unbedingt rational, was in anderen vorgeht. Sie schöpfen aus dem Vollen ihrer Phantasie, aber ob sie ihre Pflichten immer pünktlich erledigen, steht auf einem anderen Blatt. Immerhin sind ihre Ausreden von großer Bildhaftigkeit. Hohe Spannungen und hitzigen Streit vertragen sie selten, aber Disharmonien können sie prächtig ausgleichen. Sie wirken verbindend zwischen Gegensätzen und setzen die zerbrochenen Scherben wieder zusammen. In den vier Lebensbereichen des Fühlens, Denkens, Wollens und Handelns stellt sich das etwa wie folgt dar.

Das Fühlen – die Wasserseite des Wassertyps

Hier ist der Wassermensch in seinem Element – er fühlt. Er spürt, er erahnt, er findet die Beziehungen, die feinen Bindungen zwischen seinen Mitmenschen, aber auch zwischen Tieren und Pflanzen. Die ganz sensitiven unter ihnen können das sogar bei den unbelebten Dingen wahrnehmen. Das kann gelegentlich höchst belastend sein, denn nicht überall herrscht die Harmonie, die der Wassermensch schätzt. Dann wird er seine Kunst des Ausweichens einsetzen, oder aber, wenn ihm etwas daran liegt, die Harmonie wiederherstellen und seine Kunst des Heilens anwenden.

Analogien wird er leichter verstehen als die anderen Elementcharaktere, denn das Verbindende leuchtet ihm instinktiv ein. Als Zuhörer wirkt er faszinierend, denn er wird immer die Fragen stellen, die den seelischen Kern des Problems betreffen. Auch wenn ihm das vielleicht selbst nicht immer klar ist. Ein Tröster von großem Talent ist der Wassercharakter und durchaus verständnisvoll. Wasser spiegelt wider, und das macht es ihm eben so leicht, Mitgefühl zu empfinden. Das Eingehen auf den anderen macht ihn auch offen für die zarten Schwingungen der Romantik, so dass er ein phantasievoller Liebespartner sein kann.

Es sei denn, seine eigenen Gefühle schwappen über und machen ihn blind für die praktischen Seiten des Zusammenlebens. Denn das passiert natürlich auch – dass er seinen Gefühlen einen zu großen Raum zugesteht, darin schwelgt, sie überbewertet und für das Wichtigste der Welt hält. Solange es angenehme Gefühle sind, ist das noch nicht tragisch, lästig wird es für ihn und seine Mitmenschen, wenn Selbstmitleid ihn beständig in die Schmollecke treibt oder gar Selbsthass ihn so quält, dass er sich ständig bedroht und verfolgt fühlt.

Das Denken – die Luftseite des Wassertyps

Dem Fühlen gibt der typische Vertreter des Wassers schon mal den Vorrang vor dem Denken. Aber wenn er denkt, gründelt er wie die Ente im See und fördert allerlei Kurioses aus den Tiefen hervor, darunter auch manche Perle. Solche ungewöhnlichen Resultate sind nicht zu vergleichen mit den logischen Schlussfolgerungen der Luft oder der Erde. Nichtsdestotrotz sind sie richtig und wichtig. Oft findet der Wassermensch die passenden bildhaften Formulierungen, die ohne Umschweife klarmachen, worum es sich bei einem Sachverhalt handelt. Manchmal sind die Bilder allerdings auch – wie Symbole es häufig an sich haben – verwirrend und mehrdeutig. Solange es einen künstlerischen Bereich des Lebens und Arbeitens betrifft, ist das wünschenswert, in nüchterneren Berufen zerrt das an den Nerven der Mitmenschen. »Drück dich doch mal etwas klarer aus!«, ist dann die typische Forderung.

Dadurch, dass sie beim Denken die Tiefe ergründen, sind schnelle Entscheidungen bei Wassercharakteren nicht die Regel. Aber er trifft sie irgendwann doch. Ob er seinen Entschluss konsequent verfolgt oder ob sich ihm nicht plötzlich ein ganz anderer Weg auftut, der viel weniger Widerstände verspricht, das ist ungewiss. Zahlen und Formeln sind ihm nichts, am ehesten könnte man die Ergebnisse seiner mathematischen Manipulationen als den Phasenraum des Möglichen bezeichnen. Aber damit liegt er nicht ganz falsch. Das Denken eines Wassermenschen zielt weder auf die Zukunft, noch ist es auf die Vergangenheit gerichtet. Es bewegt sich in der Verbindung beider. Daher kann er durchaus hellsichtige Fähigkeiten entwickeln, denn auch hier erspürt er die Verbindungen, die anderen, einseitiger orientierten Denkern verborgen bleiben. Legen Sie ihm einen Traum zum Deuten vor, und er wird Ihnen eine verblüffende Erklärung geben.

Künstler und Träumer, Phantasten und Orakel können Wassermenschen sein, doch ein Übermaß davon kann sie zu weltfremden Traumtänzern, zu ziellosen Streunern in den Zwischenwelten machen, geneigt dazu, sich der Wirklichkeit zu entziehen, die ihnen zu nüchtern und grau erscheint.

Das Wollen – die Feuerseite des Wassertyps

Wasser fließt, und zwar immer der Schwerkraft folgend nach unten. Unbarmherzig – und wenn es einen Berg zermalmen muss, der im Weg ist. Es hat Zeit. Ein Mensch mit einem starken Wassercharakter setzt sich durch. Doch kann es vorkommen, dass das Ziel ein wenig nebulös ist, denn die Fließbewegung ist fremdverursacht. Wasser wird bewegt. Die unterschiedlichsten Kräfte beeinflussen es, vor allem aber der Mond, Sinnbild des Unbewussten. Ihm kann es sich nicht widersetzen, und Ebbe muss auf Flut folgen. Darum sind Wassermenschen sehr schwer zu führen. Sie können sich immer auf eine höhere Gewalt berufen und ausweichen.

Der liebste Zustand des Wassers ist Harmonie, der still ruhende See in der Abenddämmerung, der seinen tiefsten Ruhepunkt erreicht hat. »Mach keine Welle« ist daher des Wassermenschen größter Wunsch. Macht man sie doch, so setzt ein Wassercharakter dem erst einmal Trägheit entgegen, und manchmal reicht das schon, die Wogen wieder zu glätten, das Verbindende hervorzuheben und die Zankereien zu schlichten. Erhöht sich aber das Konfliktpotenzial, hat er zwei Möglichkeiten – zu versickern oder aufzuschäumen. Das Letztere kann entweder einen gewaltigen, verschlingenden Brecher auslösen, wenn er richtig wütend wird, oder eine Sturzflut aus Tränen, wenn Betroffenheit und Verletzung zu groß werden.

Die typischen Vertreter des Wassers sind nicht unbedingt leichtgläubig, aber auf jeden Fall glauben sie gern. Die Welten des Mystischen, die Geheimnisse, das Unergründliche ziehen sie magisch an. Gralssucher sind sie, und manch einer findet tatsächlich diesen sagenumwobenen Kelch des Lebens. Der weitgehend fehlende eigene Antrieb kann bei einem Übermaß an Wasserkräften dazu führen, dass ein solcher Mensch sich treiben lässt, immer die Schuld bei anderen sucht und nichts selbst vorantreibt. Schuldzuweisungen und nachtragende Erinnerungen lähmen ihn und machen ihn zu einem selbst ernannten Opfer, das jede Hilfe von vornherein als unbrauchbar ablehnt.

Das Handeln – die Erdseite des Wassertyps

Auflösen ist die typische Handlungsweise des Wassers. Das verlangt Geduld. Auch ein Problem lösen gehört dazu, nicht unbedingt schnell, aber originell. Ordentliche Beschreibungen, wie etwas zu regeln ist, Bedienungsanleitungen oder Handbücher – was soll ein Wassermensch damit? Es wird sich doch ein netter Kollege finden, der erklärt, wie es geht.

Andererseits – hat jemand Schwierigkeiten, braucht offensichtlich Zuspruch, um das unangenehme Gespräch mit dem Vorgesetzten oder dem Kunden zu verwinden, dann steht die Kaffeetasse bereit. Und siehe da, der ganze Ärger löst sich plötzlich in Wohlgefallen auf. Wasser hat ungeheure Reinigungskräfte, es schwemmt auch Energiemüll fort.

Ob ein reiner Wassercharakter eine Karriere an der Börse anstreben sollte, ist fraglich. Zwar können ihn seine beinahe hellseherischen Fähigkeiten Trends erkennen lassen, doch Geld und Besitz haben nicht die brennende Bedeutung für ihn, die notwendig sind, sie zielgerecht einzusetzen. Dagegen kann er seine Wandlungsfähigkeit, Phantasie und Kreativität als Kapital verwenden und in allen künstlerischen Bereichen die Menschen erfreuen, denn die Gefühle kann er wahrhaft und überzeugend darstellen. Er spielt sie nicht, er verkörpert sie. Beim Sport findet man ihn selten auf dem Siegertreppchen. Er liebt die geschmeidigen Bewegungen des Thai Chi und Tanzes.

Ist im Bereich des Handelns das Wasser übermächtig, kommt es zu Verantwortungslosigkeit, Schlampigkeit und Unpünktlichkeit. Man kann sich auf nichts verlassen, immer gibt es Ausflüchte, notfalls wird das Taschentuch gezückt. Wird die künstlerische Tätigkeit zu hoch bewertet, kommen die Primadonna-allüren zum Vorschein, was den Umgang mit Wassermenschen recht anstrengend macht.

Verdrängte Seiten des Wassertyps

Tränensuse hat man Sie möglicherweise als Kind genannt. Oder Ihnen gesagt, Männer weinen nicht. Ihre dummen Phantastereien als Spinnkram abgetan und gesagt, Sie sollten lieber das Einmaleins lernen, anstatt immer vor sich hinzuträumen. Solche Bemerkungen können ein-, zweimal richtig sein, auf die Dauer führen sie dazu, dass die eigene Wasserseite als negativ, als unerwünscht betrachtet wird. Und im Laufe der Zeit weigert man sich, sie anzuerkennen. Ja, man überbetont gerade deren Mangel. Aber Wasser bricht sich den Weg, und wenn es nicht bewusst gehandhabt wird, wird es zum Feind im eigenen Haus, vor allem wenn es einen starken Anteil im Charakter ausmacht. Wer beim Test eine überdurchschnittlich geringe Punktzahl an Wasser festgestellt hat, sollte das einmal an sich überprüfen. Unglücklich fühlen sich nämlich vor allem Menschen, die nicht »in ihrem Element« sind. Wer die Rolle des kühlen Denkers, des pragmatischen Machers oder des zielstrebigen Führers zu spielen hat und doch eigentlich auf die Schätze der Tiefe zurückgreifen müsste, wird sich bald leer und ausgelaugt fühlen. Wer erfühlte, erkannte Zusammenhänge laufend logisch begründen muss, auch sich selbst gegenüber, wer ständig gegen den Strom schwimmt, wer mit Widerwillen eine aufgezwungene Ordnung einzuhalten hat, der lebt gegen seine Wasserkräfte. Denken Sie in solchen Fällen darüber nach, wie Sie die ungeheuer positiven und wichtigen Eigenschaften des Wassers integrieren können. Die heilenden, reinigenden, phantasievollen und harmonisierenden Kräfte sollten zunächst für Sie selbst wirken. Wenn Ihnen das gelingt, ohne dass die negativen Seiten – Schlampigkeit, Weltflucht und Wehleidigkeit – Sie behindern, haben Sie einen gewaltigen Schritt auf die Ganzheit zugetan. Und dann können Sie all dies auch für andere einsetzen. Betreiben Sie Wassermagie!

Ausgleich der Elemente

Ganz selten trifft man Menschen, die ausschließlich Wassereigenschaften haben. Es sind entweder ganz große Künstler oder völlig abgedrehte Spinner. Oder beides. Doch im Grunde hat jeder Mensch etwas von allen Elementen – mehr oder weniger stark entwickelt – in sich. Wenn Ihnen klar geworden ist, dass das Wasser bei Ihnen überwiegt und manchmal für Schwierigkeiten sorgt, dann mag sich ein wenig feuriger Selbstantrieb, irdische Disziplin und luftige Logik als ganz nützlich erweisen. Lesen Sie zu diesen Themen bei den anderen Elementen nach, wie deren Magie wirkt. Sind Sie aber ein leichtfüßiges Lüftchen, ein behäbiger Felsblock oder ein heißblütiger Feuergeist, dann können Sie die Wassermagie einsetzen, um hier einen Ausgleich zu finden. Auf den nächsten Seiten finden Sie die magischen Hilfsmittel dazu und einige Vorschläge für Ritualgestaltungen, in denen die Kräfte des Elementes Wasser eingesetzt werden.

Meditation über das Wasser

Nehmen Sie sich die Zeit und meditieren Sie über folgendes Bild:

Die magischen Bilder des Wassers

Aus der Natur des Wassers haben wir eine ganze Reihe von Verbindungen zum menschlichen Charakter gesehen. Auch auf Gegenstände, Begriffe und Bilder kann man diese Eigenschaften übertragen. Hier finden wir die vielen bekannten Symbole der Tiefe, die gerade den Wassermenschen wahrscheinlich sofort zugänglich sind. Die magischsten Eigenschaften des Wassers sind das Verbinden, das Geheimnisvolle und die Liebe.

Der Kelch – Symbol des Lösens und Verbindens

Der Kelch, die Schale oder der Kessel ist ein uraltes Symbol für das Wasser, das seine Bedeutung aus heidnischen Zeiten bis heute nicht verloren hat. Als Abendmahlskelch, Weihwasserbecken und Taufbecken findet es sich in allen christlichen Kirchen wieder. Im Kelch vollzieht sich die wundersame Wandlung von Wein in Blut. Und jeder Priester, der dieses Ritual zelebriert, betreibt schlicht und einfach Magie.

Es ist für die magische Arbeit im rituellen Bereich recht nützlich, etwas Kelchähnliches zu besitzen. Suchen Sie danach, und lassen Sie sich überraschen. Mag sein, dass Sie ein besonders schönes Weinglas finden, eine zierliche Messingschale oder einen angeschlagenen Tonbecher. Was immer Flüssigkeiten über eine längere Zeit zu halten vermag, kann als magischer Kelch dienen. Notfalls tun es auch Ihre beiden Hände. Es muss nicht immer der goldene, mit Edelsteinen besetzte Gral sein, in dem die Wandlung geschieht. Ob Sie Tee kochen oder eine Suppe, alchimistische Brühen rühren oder Chemikalien zum Reagieren bringen, immer wird aus den einzelnen Bestandteilen oder Zutaten selbst in einem Kochtopf etwas Neues entstehen.

Die Alchimie des Unbewussten

Löse und verbinde, solve et coagula, das ist die alchimistische Formel dieses magischen oder schlicht chemischen Vorgangs. Es ist auch die Formel für das Erkennen, den Lernprozess, den ein Mensch zeit seines Lebens betreibt. Wir nehmen Stücke auf, einzelne Worte, Bilder, Eindrücke unterschiedlichster Art, losgelöst von der Ganzheit. Im Kelch des Unbewussten vermischen sie sich, werden in Verbindung gesetzt – zueinander, zu früheren Erkenntnissen, Regeln oder Gefühlen –, und dann, irgendwann, meist ohne große Anstrengung, rundet sich das Bild, und man hat eine neue Sichtweise. Manchmal geht dieser Prozess schleichend vor sich, und man bemerkt ihn kaum.

Der Kelch steht also auch für das Behältnis der Gefühle und Instinkte, das Unbewusste, und gerade dazu muss ein Magier einen ausgezeichneten Kontakt herstellen. Er muss sich dessen Kräfte nutzbar machen und seine eigenen Tiefen ausloten. Die magische Arbeit, das Lösen und Verbinden, läuft genau dort ab.

Darum stehen Kelch und Kessel auch für die Geburt des Neuen und sind ein Symbol der Weiblichkeit. Aus diesem Grund hüten die Frauen den Gral, den Quell der Erneuerung, den Kessel der Wiedergeburt und den Born des Lebens. So erzählen es uns die Mythen.

Der Mond – Symbol für das Geheimnis

Leben Sie nach dem Mond? Oder nach dem Terminplaner? Einst war beides dasselbe. Der Mond gab den Rhythmus an. Regelmäßig wandelt er seine Gestalt, er bewegt alle Gewässer der Erde und schickt Ebbe und Flut. Das sind seine offensichtlichsten Erscheinungen. Eher hintergründig wirken seine Kräfte auf den Wasserhaushalt der Pflanzen und Lebewesen und auf die Seele. Manche Menschen leugnen das zwar, aber deswegen wirkt der Erdtrabant dennoch. In Vollmondnächten schläft man anders, und das liegt nicht nur an der Helligkeit, die das weiße Licht vom Himmel auf die nächtliche Welt ergießt. Selbst bei fest geschlossenen Jalousien wirkt der Mond auf den Schlaf, allerdings bei jedem anders. Manche versinken in abgrundtiefe Schwärze, andere entwickeln luzides Traumverhalten bis hin zum Schlafwandeln, wieder andere drehen sich schlaflos in den Decken. Für die Tiere sind es Jagdnächte, Jäger wie Opfer sind voller Aufmerksamkeit.

Wahrnehmung im Mondlicht

Die Magie leugnet die Kräfte des Mondes nicht, doch sie enthüllt auch nicht das Geheimnis, wie er wirkt. Der Mond, in unserer Sprache zwar männlichen Geschlechts, symbolisiert die Weiblichkeit, u. a. wegen der gleichen monatlichen Rhythmen. Aber es ist auch eine andere, weibliche Sichtweise, die sein Licht ermöglicht. Im Mondlicht erscheint die Wirklichkeit anders, die Schatten sind schwärzer, die Konturen verändert, die Düfte stärker, die Geräusche unheimlicher, die Farben sind ausgelöscht. Dafür treten die nächtlichen Gestalten hervor. Ein Baumstumpf enthüllt seine Ähnlichkeit mit einem Zwerg, ein Stein wird zum Troll, im Gebüsch vermag man die Elfen zu erkennen, in den aufsteigenden Nebeln tanzen die Feen. Die Welt der Analogien, der Ähnlichkeiten, wird lebendig. Wir sehen nicht klar, was sich zeigt, also bemühen wir unsere Vorstellungskraft, unserem Verstand zu erklären, was wir wahrnehmen. Unsere Vorstellungskraft aber schöpft aus den eigenen Tiefen. Und darum erkennen wir im Licht des Vollmonds unsere eigenen verborgenen Seiten. Das macht den Mond erschreckend, wenn wir unsere versteckten Seiten nicht wahrhaben wollen. Das macht ihn verzaubernd, wenn wir plötzlich die Fülle und Vielfältigkeit in uns erkennen. Der Mond weckt die Gestalten des Unbewussten. Er ist Magie.

Das Herz – Symbol der Liebe

Im Tarot wird das Wasser als Kelch dargestellt. Die Karten von eins bis zehn und die vier Hofkarten, Prinzessin, Prinz, Königin und König, tragen dieses Symbol. Die vom alten Tarot abgeleiteten Spielkarten, die wir gewöhnlich zur Hand nehmen, sind davon abgeleitet. Hier finden Sie die Kelche schließlich als Herz wieder. Das Herz ist ein universelles Symbol für Liebe, vornehmlich die romantische. Man findet es auf Wände gesprüht, in Holzbänke geritzt, auf Liebesbriefe gemalt, an Spiegeln mit Lippenstift gezogen, als Buttercremetorte zum Valentinstag angeboten. Es fallen Ihnen sicher noch Hunderte von Herzdarstellungen ein, und alle sagen sie auf herzliche Weise aus, dass man Liebe zu vergeben hat. Von dem oberflächlichen herzlichen Gruß müssen wir Abstand nehmen. Liebe, so wie sie mit dem Wasser in Verbindung steht, ist nicht oberflächlich. Wasser hat Tiefe und das Herz, diese unermüdliche Flüssigkeitspumpe, auch.

Herz und Schmerz

Anziehungskraft ist dem Wasser eigen. Beobachten Sie einmal, wie lang sich ein Wassertropfen zieht, bis er unter seinem Gewicht am Fensterglas herabfließt. Liebe kittet zusammen, spinnt zähe Fäden der Sehnsucht zwischen zwei Menschen (oder Herzen), die nur mit Schmerzen wieder getrennt werden können. Wer einmal richtig Herzeleid hatte, weiß, wie schlimm das sein kann. Aber nicht nur die Verliebtheit kann schmerzlich enden, gerade die lange, vertraute, innige Liebe zu einem Partner ist kaum zu lösen, es trennt sie auch der Tod nicht. Es mag zwar kitschig sein, aber Herz reimt sich nun mal nicht von ungefähr auf Schmerz. Das Leid und die Liebe gehören zusammen, und nur deshalb können sie gleichermaßen tief erfahren werden. Wer abgebrüht gegen das Leid ist, kann auch tiefe Liebe nicht empfinden, der ist gleichgültig gegen Gefühle. Das ist ein Grund, warum ich Sie vor unüberlegten Liebeszaubern warnen möchte. Sie bergen immer den Schmerz in sich, den eigenen oder den eines anderen. Wenn Sie Sex wollen oder die Leidenschaft einer bestehenden Partnerschaft anzufachen wünschen, ist das in Ordnung. Aber Sie sollten nicht Liebe wecken, wo sie nicht aus sich entsteht. Beherzigen Sie den Rat aus einem interessanten alten Buch, in dem es heißt: »Weckt nicht auf und stört nicht die Liebe, bis dass es ihr selber gefällt!« So heißt es im Hohelied der Bibel.

Dem Wasser zugeordnete Entsprechungen

Das Wasser mit seinen dämmrigen Tiefen ist dem Abend zugeordnet, dem abnehmenden Mond, dem Herbst, dem reifen Alter und dem Westen.

Der Abend ist im Allgemeinen die Zeit, um auszuruhen oder sich persönlichen, angenehmen Dingen zu widmen. Die Tagesarbeit ist getan, der Feier-Abend steht an. Geselligkeit für die einen, Entspannung für die anderen, Verfolgen der Neigungen, der Hobbys, all jener Beschäftigungen, die mehr als der Broterwerb den eigenen Wünschen entsprechen. Manchmal wird daraus eine Zweitkarriere. Erstaunlicherweise sind es oft künstlerische Tätigkeiten, die den Feierabend ausfüllen. Da wird gebastelt und gemalt, gedichtet oder getanzt, musiziert oder zumindest gelesen. Fernsehen fällt allerdings nicht darunter, es ist keine künstlerische Tätigkeit. Der abnehmende Mond, der auf den Vollmond folgt, reduziert die Kräfte, zieht sich zurück. Alles, was enden soll, kann hier gewirkt werden. Es sind die bannenden und auch die zerstörerischen Kräfte, die in dieser Phase von Bedeutung sind, und beide sind manchmal notwendig.

Im Kreis des Jahres findet das Element Wasser im Herbst seine Entsprechung, in der Zeit, in der sich Mensch und Tier in unseren Breiten auf den Winter, den Rückzug vorbereiten. Dazu gehörte früher vor allem die Vorratsschaffung. Sie entfällt heute weitgehend für uns Menschen, während die Eichhörnchen noch immer fleißig Nüsse sammeln müssen. Aber einen Dank für die Gaben der Erde kann man dennoch aussprechen, und dazu eignet sich das Herbstäquinoktium, die Tagundnachtgleiche am 21. September. Im Herbst des Lebens steht man im Erwachsenenalter zunächst noch nicht, aber man strebt darauf zu. Die Zeit der Jugend ist vorüber, der Ernst des Lebens greift. Wenn man es geschickt anstellt, ist das eine überaus erfreuliche und heitere Phase voller Schaffensdrang und Erfolg. Aber auch die Phase, in der man anfängt, für den kommenden Winter, den Ruhestand, Vorräte zu schaffen. Materielle natürlich, aber genauso wichtig sind die geistigen Vorräte, die Lebenserfahrung, die man sammeln muss.

Der Westen, der Ort, an dem die Sonne, manchmal außerordentlich spektakulär, im Meer versinkt, ist die dem Wasser zugeordnete Himmelsrichtung. Der Westen ist geheimnisvoll, an manchen Abenden hüllt er sich in Nebel, manchmal flammt der Himmel in grandiosen Farbspielen auf, und später beginnt am Firmament Stern auf Stern zu flimmern. Die Abenddämmerung ist eine magische Zeit, in der sich der Geist wieder den inneren Welten zukehrt und die Eindrücke des Tages verarbeitet.

Übung: Der magische Kreis in der Wasserversion

Eine richtig schöne, trutzige Burg hatte einen Wassergraben. Den zu überqueren bedurfte es einer Brücke. War die hochgezogen, stand der Feind ein wenig betropft vor den Toren. Manchmal mit Pech und Schwefel betropft. Flüsse sind natürliche topografische Grenzen, sie bieten einen nicht zu verachtenden Schutz. So kann auch das Wasser dazu eingesetzt werden, einen symbolischen Schutzkreis zu bilden. Verwenden Sie dazu geweihtes Wasser. Sie müssen es nicht aus dem Weihwasserbecken eines Kirchleins entwenden, aber etwas Aufwand müssen Sie dennoch in Kauf nehmen, um es herzustellen (siehe Seite 112f.).

Wenn Sie einen sichtbaren Schutzkreis aus Wasser gestalten wollen, dann verwenden Sie mindestens vier Schalen, je eine für jede Himmelsrichtung. Dazwischen können Sie weitere kleine Schalen mit Wasser aufstellen. Eher mit dem inneren Auge sichtbar ist der Schutzkreis aus Wassertröpfchen, den Sie um sich herum verteilen. Nehmen Sie dazu Ihren Kelch in die Hand, und füllen Sie ihn mit geweihtem Wasser. Heben Sie ihn hoch, und halten Sie ihn etwa auf Kopfhöhe. Schließen Sie die Augen, und stellen Sie sich vor, dass das Wasser in ihm in einem silbrigen Licht zu leuchten beginnt. Öffnen Sie die Augen wieder, und beginnen Sie den Kreis zu ziehen.

Der Wasserkreis

- Wenden Sie sich Richtung Osten, und atmen Sie viermal tief ein.
- Tauchen Sie die linke Hand in das Wasser, und verspritzen Sie einige Tropfen vor sich. Dabei drehen Sie sich im Uhrzeigersinn Richtung Süden.
- Bleiben Sie kurz in dieser Position, atmen Sie wieder viermal tief ein.
- Verteilen Sie wieder einige Tröpfchen, und wenden Sie sich dabei weiter in Richtung Westen.
- Verharren Sie hier, und atmen Sie viermal tief ein.
- Versprühen Sie während der Drehung nach Norden wieder einige Tröpfchen des Wassers.
- Verweilen Sie im Norden, atmen Sie ein, und schließen Sie dann den Kreis durch die Drehung zurück nach Osten.

Um Sie hat sich nun der magische Kreis aus leuchtenden Wassertröpfchen gebildet, der die störenden Kräfte von außen abhält. Stellen Sie den Kelch auf der westlichen Position nieder. Er sollte auf jeden Fall noch etwas Wasser beinhalten. In ihm sammeln sich all die unangenehmen Schwingungen, die jetzt innerhalb des Kreises durchaus entstehen können. Nachdem Sie das Ritual beendet haben, heben Sie den magischen Kreis auf, indem Sie in gleicher Drehrichtung mit der linken Hand die visualisierten (oder noch immer auf dem Boden sichtbaren) Tröpfchen Wasser wegwischen.

Götter und Geister des Wassers

Das Wasser ist reichlich bevölkert, nicht nur mit Fischen und Muscheln, auch mit Geistwesen. Vor allem weibliche Geister scheinen sich darin wohlzufühlen, sie tummeln sich in Flüssen und salzigen Meeren, an schilfumstandenen Ufern der Seen und vor allem an Quellen und Brunnen. Flüsse sind überwiegend weiblichen Geschlechts, sehen wir mal von Vater Rhein ab, und auch der hat Töchter.

Vielleicht ist es ein sprachliches Überbleibsel aus jener Zeit, als an den Ursprüngen dieser Flüsse noch die Hüterin der Quelle saß. An Heilquellen sitzen sie sogar heute noch, auch wenn sie sich alle den Decknamen Maria gegeben haben.

Die verführerischen Göttinnen

Sequana und Coventina – auch bekannt als Viviane, die Herrin vom See –, die schaumgeborene Aphrodite und die dunkle Styx sind Wassergöttinnen. Aber natürlich gehören auch die Liebesgöttinnen hierher. Venus, der Stern der Dämmerung, und Freya sind unter ihnen die wichtigsten. Und nicht zu vergessen Luna, die Wandelbare.

- Aphrodite – Aus Meerschaum geboren, in einer Muschel an den Strand gespült, so erhob sich die griechische Göttin, schüttelte sich die Haare, und die Tropfen fielen als Perlen zurück ins Wasser. Ihrem Gatten Hephaistos war sie nicht sonderlich treu, sie wählte ihre Partner nach Belieben. Schönheitssinn und Liebelei unterstützte sie.

⌖ Coventina – Die britischen Kelten kannten die Heilerin auch unter dem Namen Viviane, und Sie kennen sie spätestens, seit sich die »Nebel von Avalon« gelichtet haben, als die Dame vom See. Die geheimnisvolle Zauberin der Artussage ist lebendig in den Herzen der Menschen und wacht über die heiligen Quellen.

⌖ Freya – Eine überaus geliebte Germanin, der der Freitag gewidmet ist und die mit ihrem von Katzen gezogenen Wagen ihre Runden dreht. Sie ist eine selbstbewusste Göttin, die sich zeitlebens das Recht herausnimmt, sich ihre Partner nach Belieben zu wählen.

⌖ Maria, Stella Maris – Maria, Stern des Meeres, Kelch des Geistes, Morgenstern, Kelch der Hingabe, Heil der Kranken, Trost der Betrübten, Gütiges Herz usw – der Titel sind unzählige. Kirchen und Kapellen, die ihr an heiligen Quellen errichtet wurden, ebenfalls, und die Maria als Beschützerin der Seeleute hat ebenfalls zahlreiche Tempel. Die alten Wassergöttinnen haben sich in ihr vereint.

⌖ Selene/Luna – Die griechische Mondgöttin war die Schutzherrin der magischen Künste. Die Römer nannten sie Luna, die zudem auch noch die Schlafwandelnden und Mondsüchtigen beschützt.

⌖ Sequana – Dem Fluss Seine gab die Keltin ihren Namen. Sie gleitet auf einem Entenboot über die Wasser und spendet Heilung. Die Enten, die zu ihr gehören, tauchen sie gründelnd in die Tiefen der Gewässer. Auf vielen Abbildungen sind sie häufig mit einer Perle im Schnabel zu sehen.

⌖ Venus – Der Morgen- und der Abendstern, die Liebesgöttin per se, ist dem lebens- und liebeslustigen Aspekt des Wassers zugeordnet, dem Flirt, der Verliebtheit, dem heiteren Liebesspiel ohne tiefere Bindung.

Die Götter der Gewässer

Das Wasser wühlt Poseidon oder sein römisches Gegenstück Neptun auf, und Manannan, der Kelte, glättet es wieder. Ansonsten sitzen die männlichen Gottheiten alle auf dem Trockenen.

⌖ Manannan – Er ist auf der Insel Man zu Hause und war schon zu Keltenzeiten für den Seewetterbericht zuständig. Außerdem führt er die ertrunkenen Seeleute zu den Inseln der Seligen, wo er sie aus dem ständig gefüllten Kessel (!) mit magischer Speise nährt. Er ist ein großzügiger Gastgeber.

⌖ Poseidon/Neptun – Man erkennt ihn am Dreizack. Er war der Gatte der Erdgöttin, und gelegentlich erschütterte er mit dem Dreizack die Erde. Aber er lässt auch Quellen entspringen. Ihm sind die Delfine, diese klugen Meeressäuger, heilig. Der aufschäumende Aspekt des Wassers ist ihm zuzuordnen.

Heilige und Engel

Heilige, die dem Wasser zugeordnet sind, gibt es viele. Alle Heiler gehören im Grunde dazu. Unter den Nothelfern sind es Christophorus, Pantaleon und Erasmus. Der Erzengel Gabriel verkörpert ebenfalls den Wassercharakter.

⌖ Christophorus – Seine häufigste Darstellung zeigt ihn mit einem Lamm auf der Schulter die Fluten durchquerend. Er ist Schutzpatron aller, die sich auf dem Wasser fortbewegen, aber auch das restliche Verkehrswesen beaufsichtigt er. Sein Tag ist der 25. Juli.

⊕ Erasmus – Er wird auch Elmo genannt und ist verantwortlich für die Elmsfeuer, diese seltsamen Lichterscheinungen an den Masten der Schiffe, die die Seefahrer in früheren Zeiten entsetzt haben. Er gebietet u. a. dem Wind und den Wellen. Aber auch bei Leibschmerzen aller Art kann man ihn zu Hilfe rufen. Sein Tag ist der 2. Juni.

⊕ Gabriel – Der Erzengel der Verkündung, der Maria mit dem Ave begrüßte und eine weiße Lilie in der Hand trägt, erscheint im violett-silbernen Gewand. Er ist der Wächter des Westens. Er wird »der Starke aus Gott« genannt, und ist dafür bekannt, dass er die Keuschheit abschirmt.

⊕ Pantaleon – Der Patron von Köln, der Ärzte und Hebammen, war zu Lebzeiten ein Arzt mit ungewöhnlichen Heilkräften. Er trägt einen Salbentopf mit sich, und sein Gedächtnis wird am 27. Juli begangen.

Elementarwesen des Wassers

Das Wasser scheinen auch die Naturgeister besonders zu lieben. Sie siedeln in Grenzgebieten – an Ufern von Teichen oder Bächen, Meeren oder Brunnen, wo sie die Besucher in die anderen Welten locken. Darin, sagen die Märchen und Mythen, sind gerade die Wassergeister besonders begabt. Verlockende Nixen und Brunnenfrauen, aber auch stattliche Wassermänner sind einem Flirt mit den Menschen nicht abgeneigt. Probieren Sie es. Hier einige Adressen.

⊕ Najaden – An Quellen lebende Nymphen. Sie sind jung und schön und dem Tanz und der Musik ergeben. Außerdem lieben sie die Tiere und die Männer, egal ob Gott oder Mensch. Die Zukunft sagen sie gelegentlich auch voraus.

⊕ Nereiden – Das weibliche Gefolge des Poseidon, seine 50 Töchter, die sich gar fröhlich in den Wellen des Mittelmeeres tummeln, höchst anmutig durch die Wellen tanzen und den in Seenot geratenen Schiffern helfen.

⊕ Nixen – Germanische Wasserfrauen, ebenfalls ein fröhliches Völkchen mit blonden Haaren, die gerne mit den Menschen Kontakt aufnehmen.

⊕ Selkies – Keltische Seidenpelzchen, Feenvolk, das sich am Meer herumtreibt und Seehundsfell trägt. Sehr den menschlichen Männern zugetan. Und umgekehrt, wie es heißt.

⊕ Undinen – Laut Paracelsus nicht näher spezifizierte Wasserwesen. Ihr Name kommt von »unda«, lat. Welle, und ihr König soll Nikisa heißen.

⊕ Wassermann – Ein strammer Herr mit Fischschwanz. Gelegentlich entführt er Menschenfrauen, vornehmlich Prinzessinnen, die sich dagegen nicht allzu heftig wehren.

Warnung: Wasserfeen besitzen gewaltige Schätze an Perlen und Korallen. Die Paläste unter dem Wasser, in denen sie wohnen, sind mit Perlmutt und Juwelen verkleidet. Doch leider verfügen diese Wesen auch über Netze, mit denen sie sich Menschen zur Unterhaltung einfangen. Manchmal lassen sie sie auch wieder frei und beschenken sie mit wertvollem Geschmeide. Aber wie Feenjuwelen so sind, man darf sie nur im Licht des Mondes tragen, im Sonnenschein zerfallen sie jedoch zu trockenen Blättern.

Übung: Das innere Gespräch

Mit den personifizierten Kräften der Elemente, ob Götter oder Heilige, Naturgeister oder Archetypen, kann man Kontakt aufnehmen. Man kann sie kennen lernen, und später kann man sie um Führung bitten oder – wenn sie allzu unangenehme Eigenschaften haben – verbannen. Man kann sie auch einsetzen, damit sie helfen, Wünsche zu erfüllen. Es mag durchaus sein, dass Sie Ihnen in Ihren Träumen schon begegnet sind. Manchmal sind es Freunde, Feinde oder Verwandte. Solche, die gegenwärtig eine Rolle spielen, aber auch jene, die Sie lange nicht gesehen, schon fast vergessen haben oder die bereits verstorben sind. Doch es gibt auch Fremde, geheimnisvolle Männer und Frauen, von denen Sie wissen, dass Sie Ihnen noch nie begegnet sind. Oft verhüllen sie sich, verbergen sich unter Kapuzen oder Schleiern, und trotzdem ahnen Sie, wer sie sind, denn es sind Wesen, die tief im Unterbewusstsein der Menschen verankert sind. Sie stellen personifizierte Kräfte dar, die im Unbewussten schlummern, die in Träumen wach werden und mit denen man, mit ein wenig Übung, kommunizieren kann.

Wenn man mit dem Unbewussten Kontakt aufnimmt, sollte man sich zuvor durch ein kleines Ritual von der Alltagswelt abgrenzen, sonst geraten Sie in den Ruf, wirre Selbstgespräche zu führen. Überlegen Sie vorher, mit welchem der Geistwesen Sie sprechen wollen, eine Auswahl haben Sie ja inzwischen vorliegen. Aber wählen Sie ein Wesen, das Ihnen zumindest vertraut vorkommt, oder beschäftigen Sie sich zuvor mit den entsprechenden Mythen oder Bildern und Statuen. Und dann nehmen Sie sich ein wenig Zeit für Ihren Gast.

Gesprächsritual

- Erden Sie sich, und schließen Sie die Türen hinter sich zu.
- Schaffen Sie sich eine angenehme Atmosphäre. Für den Anfang ist Halbdunkel, vielleicht Kerzenlicht, sehr unterstützend.
- Nehmen Sie eine bequeme, aber aufrechte Haltung ein. Quälen Sie sich nicht etwa in einen Lotussitz, wenn das nicht ihre ganz natürliche Sitzposition ist.
- Um sich zu entspannen und die Gedanken zur Ruhe zu bringen, atmen Sie zwanzigmal tief und ruhig ein und aus.
- Nun ist Visualisieren gefordert, sich ein Bildnis machen, ein wissentliches, willentliches Vorstellen der Gestalt, mit der Sie sich unterhalten wollen. Lassen Sie sie so wirklich und so lebendig wie möglich werden. Es ist eine Konzentrationsübung, und nicht immer gelingt sie auf Anhieb. Doch je mehr man übt, desto leichter gelingt es.
- Wenn Sie die gewünschte Gestalt vor sich sehen, können Sie ihr Fragen stellen.
- Möglicherweise erhalten Sie nicht gleich Antworten, auch das Zwiegespräch bedarf der Übung. Und nicht alle Wesen sind gleich gesprächig. Manche sind kurz angebunden, manche antworten nur verwirrend, unsinnig oder belanglos. Aber auch solche Antworten sollten Sie ernst nehmen und anschließend darüber nachdenken.
- Wenn Sie das Gespräch beenden wollen, verabschieden Sie die gerufene Gestalt bitte wieder. Es ist nicht gesund, wenn Sie dauernd von einem – wenn auch noch so netten – Wassergeist begleitet werden, der sich ständig in ihre Gedanken mogelt.

Praktische Wassermagie

Was entspricht dem Wasser? Natürlich alles Blaue, alles Fließende, alles, was wie die Fluten dem Mond gehorcht. Nachfolgend stelle ich Ihnen einige Beispiele vor, wie sich diese Entsprechungen traditionell darstellen. Aber Sie sind auch eingeladen, weitere Analogien zu suchen und zu finden. Mit der Inspiration durch die Wasserkräfte sollte Ihnen das leicht fallen. Wie in den vorherigen Kapiteln kommen auch hier die Entsprechungen aus dem Bereich der Elemente Feuer, Erde, Luft und Wasser.

Magische Farben – das Element Feuer

Sie haben mit Ihrer besten Freundin herausgefunden, dass Sie ein Wintertyp sind, weil Ihnen die kühlen, klaren Farben so gut stehen? Die Magie aber sagt, dass diese zum Herbst – analog zum Wasser – gehören. Blau, Rosa, Dunkelgrau und Silber sind seine Farben.

⌖ Blau – Vor allem das Meeresblau, dunkel und in seiner Tiefe ein wenig grünlich schimmernd, ist die kühle Farbe der Entspannung. Verbringen Sie einen sonnigen Tag am Meer, und Sie wissen, dass das stimmt. Blau ist auch die Farbe der Heilung, die ja mit der Entspannung, dem Eingang zu den unbewussten Heilkräften einhergeht. Blau ist die Ferne, die Weite, Blau ist die Treue zu dem, der entfernt ist. Ultramarinblau ist der Mantel der Mondsichel-Madonna, der Himmelskönigin.

⌖ Dunkelgrau – Die wolkenverhangenen Tage am Meer oder an einem breiten Fluss sind grau. Wallt dann noch Nebel auf, finden die meisten Menschen das ungemütlich. Doch Grau, nüchtern und ernüchternd, weckt die Neutralität. So wie auch Wasser neutralisiert, weil es auflöst und zu starke Konzentrationen verdünnt. Es ist eine der besten Eigenschaften des Wassers, denn damit wird das Gleichgewicht wiederhergestellt.

⌖ Rosa – Es kann zwar kitschig sein, doch das kühle Rosa wirkt besänftigend, ungemein weiblich, ein bisschen kindlich und so süß. Rosa weckt die Zärtlichkeit, die romantische Liebe, die Feinfühligkeit, die man braucht, um die Wünsche des anderen zu erraten. Eine rosige Haut ist jugendfrisch und gesund.

⌖ Silber – Das Licht des Mondes auf dem Wasser, das nächtliche Geheimnis, das Mysterium der Frauen, ihre ruhige Würde, der magische Schein des Vollmonds, die helle Sicht nach innen – das ist das Silber.

Steine und Nahrungsmittel – das Element Erde

Schillernd, silbrig und blau sind die Kriterien, nach denen die Steine dem Element Wasser zugeordnet werden, mild und besänftigend die Nahrungsmittel. Wählen Sie nachfolgend Ihre magischen Hilfsmittel, oder suchen Sie nach den genannten Kriterien Ihre eigenen.

Steine

In diesem Fall sind es nicht nur die irdischen Kristalle, die hier Einsatz finden, auch die wassergeborenen Muscheln und Perlen gehören zu diesem Kapitel.

⌖ Aquamarin – »Wasser des Meeres« heißt er übersetzt, und so sieht er auch aus: herrlich klar und von durchscheinendem Blau.

Marienstatuen, die dem Wasser zugeordnet sind, tragen ihn oft. Auch in der Schatzkiste der Melusine, einer französischen Wasserfee, findet man ihn. Er fördert Sanftmut und Frieden und beschützt auf Seereisen.

⊕ Chrysokoll – Blaugrün und undurchsichtig, gebändert oder gesprenkelt ist dieser Stein, der hilft, Kompromisse zu finden und seelische Verletzungen zu heilen. Auch die Sensitivität unterstützt er und baut Stress ab.

⊕ Heliotrop – Undurchsichtig grün mit rosa Einsprengseln, hilft er gegen Albträume und weckt Mitgefühl und Demut.

⊕ Mondstein – Wie kein anderer symbolisiert er die Kräfte des Mondes und des Wassers. Bläulich-milchig schimmert er wie Mondlicht und spricht von unergründlichen Geheimnissen. Er ist ein Liebesstein, fängt auch Ängste auf und schenkt bedeutsame Träume.

⊕ Muscheln – Diese Geschöpfe des Wassers am Strand zu suchen ist schon eine beglückende Aufgabe. Außerdem liebt das innere Kind es, Muscheln zu sammeln. Schicken Sie es ruhig los! Schöne Muscheln, wenigstens selbst gefundene, nicht im Andenkenladen gekaufte, gehören zum Wasserritual dazu.

⊕ Opal – Opaleszierend, so bezeichnet man ein Gewässer, wenn sich das dunstverhangene Licht in kleinen Wellen bricht. Der Opal schillert in seiner Tiefe in allen Pastellfarben. Manche Menschen haben Angst vor dieser Vielschichtigkeit, darum gilt er manchmal als Unglücksstein. Doch gerade seine schillernde Tiefe verbindet ihn mit den Verlockungen. Davor hat nur Angst, wer sich nicht bewusst werden will.

⊕ Perlen – Diese Muscheltränen sind keine Steine, aber sie gehören nun einmal zum Wasser. Und sie sind magisch wirksam. Schimmernd sind sie, geboren im salzigen oder süßen Wasser, und damit rein. Perlen haben eine sehr einfache Bedeutung. Sie sind schön und schenken Schönheit. Man muss sie dazu nicht, wie Cleopatra, in Essig auflösen und trinken.

⊕ Rosenquarz – Dieser durchscheinend rosafarbene Edelstein ist der mächtigste Friedensstifter unter den Kristallen. Er ist kein besonders wertvoller Stein und durchaus erschwinglich. Tragen Sie ihn als Perle oder als Handschmeichler bei sich, wenn Sie zu Streitereien neigen. Er besänftigt die Gemüter. Und er fördert die junge Liebe.

Nahrung und Getränke

Wasser ist auch ein Getränk, und nicht das schlechteste. Reines, frisches Süßwasser ist ausgesprochen köstlich. Andere Getränke und Nahrungsmittel, die die Eigenschaften des Wassers fördern, finden Sie hier und vermutlich auch in Ihrem Kühlschrank.

⊕ Äpfel – Der Apfel ist die Frucht der Liebe und, wie man weiß, der Verführung, aber auch der Fruchtbarkeit, der Gesundheit und Jugend. Goldene Äpfel können Zank auslösen. Verwenden Sie Äpfel als Erdungsessen in Ritualen, die Harmonie und Freundschaft bewirken wollen. Entweder als rohe Früchte, als Apfelkuchen oder Apfelmus.

⊕ Gurken – Diese ausgesprochen wässrigen Früchte wie auch Kürbis und Melone fördern Frieden und Heilung. Kürbis vor allem ist inzwischen bei uns auch als das rituelle Beiwerk zu einem ehemals keltischen Herbstfest gängig geworden – zu Halloween, früher Samhain.

⊕ Milch – Weißbläulich schimmert Milch, wie das Licht des Mondes. Mütterlichkeit, Sanftheit, zärtliche Liebe und Empfänglichkeit symbolisiert sie. Sie ist ein starkes magisches Hilfsmittel. Verwenden Sie sie als Ritualgetränk, wann immer die liebevollen Eigenschaften des Wassers angerufen werden sollen.

⊕ Milchprodukte – Alle sanften Nahrungsmittel, die aus Milch hergestellt werden, haben einen Bezug zum Element Wasser, sofern sie natürlich sind und keine anderen Komponenten enthalten. Quark, Joghurt, Frischkäse, Rahm und Milcheis können Sie als Ritualspeise anrichten. Sie unterstützen Milde und Barmherzigkeit, Verständnis und Harmonie.

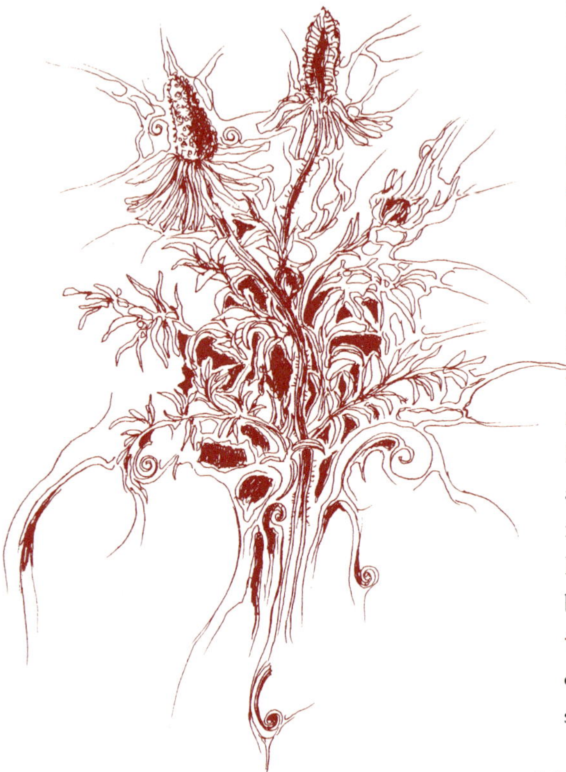

⊕ Weißwein – Klar, licht und fruchtig, ist er dem Element Wasser nahe. In Maßen getrunken öffnet er die Grenzen des Unbewussten, macht heiter und gesellig und weckt die Kreativität. Trinken Sie ihn mit Mineralwasser gemischt, dann löscht er auch den Durst.

Das Element Luft – Düfte und Töne

Über einem Gewässer sind Düfte besonders intensiv, die Feuchtigkeit in der Luft trägt dazu bei. Auch die Töne klingen über dem Wasser anders. Achten Sie einmal darauf.

Düfte

Die Düfte des Wassers sind flüchtig, süß und fruchtig. Der letzte Gruß der Heckenrosen in der Abenddämmerung, eine Wiese, feucht vom Regenschauer, Lotus in der Nacht – so duftet Wasser. Es weckt damit die Spiritualität, die Einfühlsamkeit und die Romantik. Aber auch Räucherwerk und Duftöle können diesen Eindruck hervorrufen.

⊕ Kamille – Das heilende Blümchen hilft als Tee getrunken, aber die getrockneten Blüten können auch als Räucherwerk verbrannt werden. Kamille wirkt beruhigend bis einschläfernd, Meditationen begleitet sie.

⊕ Kampfer – Die Motten vertreibt er, und nicht jedem erscheint sein Duft stimulierend. Haben Sie bei seinem Geruch Erinnerungen an muffige Wintermäntel, sollten Sie Kampfer nicht in magischen Ritualen verwenden. Immerhin wirkt das Duftöl heilend und kann bei der Deutung von Orakeln helfen.

⊕ Myrrhe – Weihrauch und Myrrhe, sie werden schon in der Bibel zitiert und hatten selbst zu jener Zeit bereits eine lange Tradition. Das Harz wird als Räucherwerk eingesetzt und ist mit den großen Kreisläufen von Werden und Vergehen verbunden. Es ist ein Heilmittel und hilft bei der magischen Reinigung.

⌖ Rose – Vermeiden Sie es, Rosenblätter in das Räucherwerk zu geben, sie stinken. Rosenduft ist am schönsten, wenn sich die frischen Blüten entfalten. Aber nicht immer ist Rosenzeit; Treibhausrosen können Sie als Duftspender vergessen. Dann sind Parfüm- und Duftöle ein guter Ersatz. Liebe, Fruchtbarkeit, aber auch Hellsichtigkeit und die Inspiration unterstützt der Rosenduft.

⌖ Sandelholz – Es ist die Basis von fast allen Räucherkegelchen, die dann mit weiteren Duftstoffen versetzt werden. Sandelholz hat einen warmen, mütterlichen Duft und tröstet mit seinem sanften Rauch. In Krankenzimmern kann man ein wenig reines Sandelholz verbrennen, es fördert die Heilkräfte. Duftöl und Parfüms haben eine ähnliche Wirkung, und der Duft gehört zu allen Mondritualen.

⌖ Vanille – Nicht gerade ein ideales Räucherwerk, aber als Parfümöl oder Duftöl ganz wunderbar passend, wenn es um Liebe und Liebelei geht. Ultimativ für alle Harmonie ist mit Vanille gewürzte Milch, Vanillepudding oder Vanilleeis.

Töne

Alles, was auf irgendeine Weise plätschernd klingt, ist mit dem Element Wasser verbunden. Töne, die von den Saiten eines Instruments tropfen, gezupfte Gitarren oder Lauten beispielsweise. Fließende Töne von gestrichenen Saiten passen ebenfalls zur Wassermusik. Aber auch das mächtige Rauschen, das gewaltig anschwellende Orchester kann die Brandung, die schäumenden Wogen des Meeres darstellen.

Sollten Sie selbst singen wollen, so wählen Sie die sanften Mutterlaute: Das gesummte »Mhhhh« entspricht dem absoluten Wohlgefühl. Mit ihm kann man Harmonie und Sympathie unterstützen und Mitgefühl bekunden. Das »Sch«, nicht zischend, sondern weich ausgesprochen, so als ob man ein weinendes Kind beruhigen will, vermittelt das Gefühl, dass Hilfe da ist, es tröstet und beruhigt.

Können Sie weder eines der Instrumente spielen und mögen Sie auch nicht summen und singen, dann dürfen Sie selbstverständlich zur CD greifen.

Das Element Wasser – Zauberpflanzen

Der Luft ordnet man das Tierreich zu, dem Feuer den Menschen, der Erde das Reich der Minerale, dem Wasser aber die Pflanzen. Manche sind dem Wasser stärker zugeneigt. Dazu gehören natürlich alle Wasserpflanzen, die Heilpflanzen, aber auch einige andere, vor allem blau blühende Blumen.

⌖ Flieder – Weiß, blau oder violett blüht er und duftet hinreißend süß. Unter einem blühenden Fliederbusch lässt es sich prächtig meditieren. Aber Vorsicht, auch die Elfen lieben ihn. Lassen Sie sich nicht entführen.

⌖ Heidekraut – »Das Heidekraut spendet Trost/dem von Mühen erschöpften Volk.« So heißt es im keltischen Gedicht über die Schlacht der Bäume. Etwas erstaunlich für das kratzige Kraut, das auf trockenen, sandigen Flächen wächst. Bis man dahinterkommt, dass es der Spender süßen Honigs ist.

⌖ Hyazinthe – Vor allem die blauen, aber auch die rosafarbenen Blüten passen zum Element Wasser. Ihr Duft ist süß, für manchen gar zu süß. Aber er legt sich lindernd um die verletzte Seele und verhilft ihr zur Heilung. Verwenden Sie immer nur eine Blüte, nicht ganze Sträuße von Hyazinthen.

⌖ Iris – Nach der Göttin des Regenbogens benannt, blüht sie an Bachläufen gelb und reckt die Lanzen ihrer Blätter stolz empor. Iris schützt, reinigt und unterstützt den Glauben.

⌖ Katzenminze – Katzen lieben diese Pflanze. Liebe zu Tieren und ein tiefes Verständnis für sie, ja sogar telepathische Verbindung zu ihnen, das unterstützt die Katzenminze.

⌖ Lilie – Weiß und unschuldig blüht sie, und sie unterstützt die reinigenden Kräfte des Wassers. Und Keuschheit, wenn gewünscht. Maria schmückt sich gern mit Lilien, und auch der Erzengel Gabriel hält eine in der Hand.

⌖ Lotus – Lotus (und Seerose) sind Wasserpflanzen von geheimnisvoller Schönheit. Sie helfen, die Türen des Inneren zu öffnen und dort nach den Wurzeln in der Tiefe zu suchen.

⌖ Schafgarbe – Sie ist ein sehr altes Heilkraut, das zur Heilung von offenen Wunden dient und fiebersenkend wirkt. Aus den Stängeln der Schafgarbe fertigt man die klassischen I-Ging-Stäbchen zum Orakeln.

⌖ Schilfrohr – Wispernd und raschelnd steht es am Ufer des Sees. Wenn Nebel aufzieht über den Wassern, dann wird es im Schilf unheimlich. Die Herrin vom See kann jederzeit zwischen den mannshohen Rispen auftauchen, die Tore zur Anderwelt können sich öffnen. Die Wanderung in den inneren Welten wird vom Schilfrohr unterstützt.

⌖ Veilchen – Bescheiden, sagt man, duftet es im Verborgenen, das kleine blaue Blümchen. Unschuldige Liebe, bittersüße Sehnsucht, heimliche Tränen, das ist das Veilchen, Romantik pur. Und nur eine Powerfrau, die wirklich alle ihre Seiten akzeptiert, auch die verletzlichen, wird sich mit Veilchen schmücken.

Übung: Wasser weihen

Die Magie kennt natürlich wie die Kirche das geweihte Wasser; Wasser, dem besondere Aufmerksamkeit geschenkt wurde. Die einfachste Methode der Weihe ist folgende: Sie halten Ihre Hand absichtsvoll, also mit einem visualisierten Wunsch vor Augen, darüber und segnen es. Etwas aufwändiger ist das Aufladen des Wassers mit den Kräften der vier Elemente. Dazu benötigen Sie zwei Gefäße. Tun Sie sich selbst den Gefallen und nehmen Sie schöne Gläser dafür. Besorgen Sie sich reines, natürliches Wasser, wenn möglich Meerwasser, Quellwasser oder Regenwasser.

⌖ Füllen Sie in das eine Glas das aufzuladende Wasser.

⌖ Entspannen Sie sich, und nehmen Sie das gefüllte Gefäß in die rechte, das leere Gefäß in die linke Hand.

⌖ Rufen Sie die Kraft der Luft an. Visualisieren Sie, wie die Kraft erfrischend und klar in das rechte Gefäß fließt.

⌖ Wenn Sie den Eindruck haben, dass das Wasser genug von dieser Energie aufgenommen hat, gießen Sie etwa ein Viertel davon in das leere Gefäß.

⌖ Rufen Sie dann die Kraft des Feuers an, und stellen Sie sich dessen knisternde Energie in aller Lebendigkeit vor. Lenken Sie seine Kraft in das Wasser. Dann gießen Sie ein weiteres Viertel in das linke Glas.

⌖ Rufen Sie die Kräfte des Wassers herbei, und lassen Sie seine klare, schäumende Kraft in das rechte Gefäß fließen. Gießen Sie ein weiteres Viertel in das linke Glas.

⌖ Als Letztes rufen Sie die Kräfte der Erde und denken an ihre feste, dauerhafte Beharrlichkeit. Mit dieser Kraft laden Sie den Rest des Wassers im rechten Gefäß auf.

⌖ Gießen Sie den Rest des Wassers in das linke Gefäß.

⌖ Anschließend gießen Sie die Flüssigkeit ein paar Mal hin und her, bis alle Energien darin gut gemischt sind.

Sie haben jetzt, sofern Sie nicht allzu viel verschüttet haben, ein ganzes Glas voll hoch energetisiertem und mit dem Segen der vier Elemente aufgeladenem Wasser vor sich. Verwenden Sie es tropfenweise für symbolische, magische Handlungen. Das kann Reinigungs- und Schutzmagie sein, Segnung und Weihe, aber auch Kristallaufladung oder Kristallwasser. Natürlich können Sie es auch trinken oder Ihre Pflanzen damit gießen. Nur einfach weggießen sollten Sie es nicht, dazu ist es zu schade.

Orte der Kraft

Es ist ziemlich offensichtlich, wo die Kräfte des Wassers auf dieser Erde zu finden sind. An jedem Bächlein, an jedem Teich, an den Ufern großer Ströme und an den Küsten der Meere, an Brunnen und alten Zisternen, an düsteren Mooren, an Wasserfällen und auf Gletschern wirken sie, aber am innigsten verspürt man sie an den alten heiligen Quellen.

Quellen – uralte magische Orte

Wasser fällt vom Himmel, der Regen bildet Pfützen und Rinnsale. Dann versickert es, der Boden wird wieder trocken. Aber unterirdisch sammelt sich das Nass, und an einer unerwarteten Stelle, die dem Wasser und seiner Neigung, talwärts zu fließen, nur einen geringen Widerstand entgegensetzt, sprudelt es wieder hervor. Voll Staunen haben unsere Vorfahren dieses Phänomen beobachtet, zumal das Wasser, das aus dem Erdinneren hervordringt, mal äußerst kalt, mal heiß oder von Mineralien gefärbt ist. Hier muss ein Wunder wirken. Wo Wunder wirken, ist Heiligkeit.

Quellen sind heilige Orte, und natürlich wohnen an ihnen Gottheiten. Und zwar meistens weibliche. Die Hüterinnen der Quellen, so sagt man, spenden dem durstigen Reisenden Erfrischung, sie schicken die Feuchtigkeit in das trockene Land, so dass die Samen aufbrechen und die Erde fruchtbar wird. Sie heilen Krankheiten und schenken Frauen Fruchtbarkeit.

Heute werden viele Quellen industriell ausgebeutet und in Mineralwasserflaschen abgefüllt. Aber auch Bierbrauer und Whiskybrenner legen höchsten Wert auf reines Quellwasser. Die Quellgöttinnen haben dazu wenig beizutragen. Doch nach wie vor sind Quellen und Brunnen Symbole der Fruchtbarkeit, Reinigung und Heilung. Kultstätten, Tempel und Kirchen sind an ihnen entstanden. Es gab und gibt den Brauch, Opfergaben in Quellen zu versenken. Entweder um damit um Heilung zu bitten oder ganz einfach als Dank an die göttlichen Bewohnerinnen.

Suchen Sie eine Quelle in Ihrer Umgebung auf, die noch ganz natürlich ist. Wenn das nicht möglich ist, machen Sie sich kundig, ob es nicht eine Kapelle gibt, die an einer Quelle gebaut wurde. Hier haben Sie es mit großer Sicherheit mit einer alten heiligen Stelle zu tun. Sie können dort wunderbar innere Einkehr halten, Ihren Geist den Bewohnern dieses Ortes öffnen oder andachtsvoll lauschen. Prägen Sie sich die Stimmung an einer Quelle gut ein, damit Sie sie dann wiedererwecken können, wenn Sie die heilenden und heiligenden Kräfte des Wassers benötigen.

Es ist auch in unseren Breiten wieder üblich, wie ich mit Freude festgestellt habe, an Quellen kleine Blumensträußchen niederzulegen. Nicht viel, nicht aufwändig, zwei, drei Blüten mit ein paar Gräsern oder Farn vielleicht. Die Herrin der Quelle freut sich über diese anmutige Aufmerksamkeit und schenkt Ihnen bedeutungsvolle Träume.

Ufer – magische Bereiche der Natur

Ufer sind Grenzgebiete zwischen dem festen Land und dem flüssigen Wasser. Sie sind Grenzen zwischen der harten Realität und dem fließenden Land der Träume. Über größeren Wasserflächen steigt oft Dunst oder Nebel auf, was den Eindruck verstärkt, dass es sich um zwei Welten handelt, die voneinander getrennt sind. Es ist gefährlich, diese Grenzen zu überschreiten, denn was sich dahinter verbirgt, hat eine ungeahnte Tiefe.

Suchen Sie dennoch eine solche Grenzregion in der Natur auf. Gehen Sie an einem der großen Flüsse unseres Landes spazieren, möglichst aber dort, wo weder Hauptverkehrsstraßen noch Bahngleise nahe vorbeiführen. Es gibt noch Flussabschnitte mit natürlichem Lauf, Altarme, die sich durch verwunschene Auenwälder schlängeln, Mündungen kleinerer Flüsse, Wiesen und Auen, die bis an die Ufer reichen.

Auch die größeren Seen eignen sich für einen solchen Kontakt. Dort, wo sie schilfbestanden den morastigen Wassersaum bilden, müssen Sie natürlich vorsichtig sein. Doch verharren Sie ruhig einmal unter den lang herunterhängenden, graziös schwankenden Zweigen einer Weide, die sie wie Finger ins Wasser taucht. Lauschen Sie dem Wispern des trockenen Schilfs, dem Quaken und Plätschern, dem Tschilpen und Zwitschern der Uferbewohner.

Besonders eindrucksvoll ist die Stimmung an einem Ufer in der Abenddämmerung, gleichgültig ob an einem Fluss, einem kleinen Teich oder einem großen See. Versuchen Sie es nicht nur einmal, denn es ist schon ein Unterschied, ob die Sonne an einem klaren Himmel untergeht und die Wasser in Flammen versetzt oder ob sie in Nebelschwaden beinahe unsichtbar versinkt. Vor allem aber ist der silberne Mond, der auf dem leicht bewegten Wasser seine Himmelsleiter bildet, ein Anblick, den Sie nicht vergessen sollten. Er wird Ihnen helfen, wenn Sie ihre eigenen Geheimnisse ergründen wollen.

Die magische Küste

Meeresküsten sind vielgestaltig. Die gewaltigen Wassermassen nagen unablässig an ihnen, vom Mond bewegt, von Stürmen gepeitscht, zermahlen sie das Gestein. Es bleiben glitzernde Sandstrände, sanfte Dünen und heimelige Buchten übrig. Oder sanft abgerundete Felsen, die aus salzigen Wiesen hervorragen. An anderen Stellen ragen raue, zersplitterte Klippen hervor, scharfe Zähne, die den Seefahrern und Fischern zum Verhängnis wurden. Alles, was das Wasser kann, zeigt es an der Küste mit erschreckender Deutlichkeit. Mal leckt die Dünung, leise schwappend, mit schaumigen Zungen am sandigen Saum, mal kommen brüllende Brecher herein, die an Felsen zerstieben und die Luft mit salziger Gischt erfüllen. Die Küste ist immer faszinierend. Sie ist eine beeindruckende Grenzregion zwischen den kontinentalen Erdschollen und den ungeheuren Wassermassen der Ozeane. Auf einer Klippe zu stehen und über das Meer zu schauen weckt die Sehnsucht. Die Sehnsucht, die die Menschen angetrieben hat, das Land dahinter zu erkunden. Mit Angst im Herzen, denn man wusste ja lange Zeit nicht, ob das Wasser nicht hinter dem Horizont einfach über den irdischen Tellerrand floss und die wagemutigen Forscher mit in den Abgrund riss.

Wann immer Sie Gelegenheit dazu haben, sollten Sie die Atmosphäre einer Küste in sich aufnehmen. An einer Stelle, an der sie frei von den Spuren des Tourismus ist, frei von Badelaken und angeschwemmten Plastikflaschen. Man sollte es mit allen Sinnen tun. Hören Sie auf das Rauschen und die einsamen Schreie der Seevögel, schmecken Sie das Salz in der Luft, atmen Sie den Geruch von Algen ein, die in der Sonne trocknen, tauchen Sie Ihre Zehen ein oder, wenn die Temperaturen es erlauben, auch den Rest des Körpers. Schauen Sie in die Ferne, dort, wo der Himmel das Meer berührt. Tun Sie das, wenn die Sonne sinkt. Es gibt kaum einen magischeren Augenblick als diesen. Bewahren Sie Ihren Eindruck. Er wird Ihnen zugute kommen, wenn Sie die Macht des Elements Wasser einsetzen wollen.

Übung: Votivgaben für die Geistwesen des Wassers

Eine Münze in den Brunnen zu werfen – dieses kleine Wunschritual kennen wir noch heute. Es hat einen Vorgänger. An heiligen Quellen war es einst üblich, um Gesundheit zu bitten. Dazu warf man kleine Abbilder des erkrankten Körperteils in das Wasser und bat die entsprechende Gottheit um Heilung. Das ist eine symbolische Handlung von großer Tiefe, denn es setzt die Beschäftigung mit der Krankheit voraus. Es wird eine aktive Maßnahme ergriffen, um die Gesundung voranzutreiben. Versuchen Sie es, wenn Sie krank sind und den Willen zur Heilung stärken wollen. Bilden Sie Ihre Krankheit ab. Sie können das betroffene Körperteil in Bienenwachs kneten oder malen, in Holz schnitzen oder aus Ton formen. Es sollte ein biologisch abbaubares Material verwendet werden. Und dann pilgern Sie zu einer Quelle, wenn möglich zu einer, die Heilung verspricht. Dort versenken Sie Ihre Votivgabe und bitten die heilende Kraft des Wassers oder die Geistwesen der Quelle, Ihnen zu helfen. Überlegen Sie einmal, ob Sie auf diese Weise nicht einem kranken Kind eine Aufgabe geben und den Glauben an die eigene Kraft stärken können.

Kontaktaufnahme mit den Wasserkräften

In den vorhergehenden Ausführungen habe ich Ihnen vorgestellt, was in der magischen Tradition, in Geschichte und Mythen mit dem Element Wasser verbunden ist. Es sollte Sie nun dazu befähigen, Kontakt mit der Kraft des Wassers aufzunehmen. Das ist eine magische Arbeit, und darum sorgen Sie dafür, dass Sie sie innerhalb einer magischen Grenze verrichten. Die Grenze zieht das Ritual in Raum und Zeit. Planen Sie also Ihre Hilfsmittel und die Umstände sorgfältig. Sie können die Erfahrung mit dem Wasser allein oder in einer Gruppe machen. Wenn Sie dem Wasser ängstlich gegenüberstehen, sollten Sie zumindest einen Begleiter haben, der nicht an Ihrer Reise teilnimmt, sondern im Hier und Jetzt verbleibt.

Ort, Zeit und Hilfsmittel

Ort Eine Stelle, wo Sie niemand stört, wenn möglich, mit Kontakt zum Wasser. Das Badezimmer ist allerdings nicht so geeignet, es sei denn, Ihres hat eine passende Atmosphäre.

Zeit Am Abend, im Herbst, zur Tagundnachtgleiche, bei abnehmendem Mond – sofern alles zusammenkommt. Auf jeden Fall aber in der Abenddämmerung. Ein Regentag ist übrigens auch hervorragend geeignet.

Hilfsmittel Wasser muss dabei sein. Füllen Sie Ihren Kelch mit Wasser, und stellen Sie eine schöne wassergefüllte Schale auf. Lassen Sie darin ein paar blaue Blüten schwimmen oder gar eine Seerose. Auch ein paar Muscheln oder rund gewaschene Kiesel können Sie verwenden. Oder begeben Sie sich in die Natur an ein Gewässer. Blaue, hellblaue und/oder blaugrüne Kerzen stimmen Sie auf das Geheimnis des Wassers ein. Auch blaue Windlichter sind sehr passend. Im Freien sind sie sogar notwendig. Um Duft in den Raum zu bringen, nehmen Sie ein Öl, das in einer Duftlampe im Wasser verdunstet; das ist in diesem Fall passender als Räucherwerk. Im Freien, an einem Gewässer, gibt die Umgebung den passenden Duft her. Das gilt auch für die Geräuschkulisse. Im Freien lauschen Sie den natürlichen Lauten, die das Wasser erzeugt, im Raum können Sie ein passendes Musikstück wählen oder auch Naturgeräusche. Kristalle, Blumen und Kräuter setzen Sie nach Belieben zusätzlich noch ein, und wenn Sie mögen, kleiden Sie sich in Blau und legen eine Perle an.

Rituelle Vorbereitung

Sie beginnen wieder mit der Reihenfolge von Reinigung, Erdung, magischer Kreis. Ihre eigene Reinigung sollte in diesem Fall nicht nur visuell, sondern wirklich mit Wasser geschehen. Duschen Sie absichtsvoll, oder waschen Sie sich Gesicht und Hände mit dem Bewusstsein, allen energetischen Schmutz zu beseitigen. Kleiden Sie sich für das Ritual an, und lassen Sie sich dabei nicht mehr von täglichen Problemen ablenken. Begeben Sie sich zu dem Ort, an dem Sie den Kontakt zu den Wasserkräften aufnehmen wollen. Reinigen Sie ihn, sofern Sie das Gefühl haben, dass sich dort noch irgendein Energiemüll befindet, beispielsweise mit ein paar Tropfen Weihwasser, das Sie in die Luft versprühen.

Suchen Sie Ihren festen Halt in der Erdung, und ziehen Sie dann den magischen Kreis um sich. In geschlossenen Räumen können Sie wie auf Seite 103 beschrieben vorgehen. In der freien Natur ziehen Sie einen Tropfenkreis auf dem Boden. Stellen Sie innerhalb des magischen Kreises Ihren Kelch in Richtung Westen, arrangieren Sie Ihre anderen Hilfsmittel, und lassen Sie sich mit dem Gesicht nach Westen gewendet nieder. Und dann machen Sie sich daran, die Kräfte des Elements Wasser zu erfahren.

Die Trancereise zum Wasser

Schließen Sie die Augen, und entspannen Sie sich. Stellen Sie sich einen Ort an einem Gewässer vor, an den Sie sich gern erinnern. Wenn er vor Ihrem inneren Gesicht erscheint, werden Sie dort eine Treppe finden, die Sie hinunter in das Wasser führt. Keine Angst, Sie werden nicht ertrinken. Sie können schwimmen wie ein Fisch. Steigen Sie nun die Stufen hinunter. Zehn Stück sind es, und mit jedem Atemzug kommen Sie dem Ende der Treppe näher. Unten finden Sie ein Tor aus Korallen oder Perlmutt, aus Muscheln oder aufsteigenden Wasserfontänen. Nehmen Sie Ihren Mut zusammen, und tauchen Sie ein in die Unterwasserpaläste. Doch bleiben Sie zunächst ganz bei sich und versuchen Sie, Ihre allernächste Umgebung wahrzunehmen. Wenn Sie schon etwas sehen können, ist das wunderbar, ansonsten bemühen Sie Ihre anderen Sinne. Betrachten Sie den Untergrund. Ist er sandig oder steinig? Vielleicht schweben Sie auch schon im Wasser, schwerelos, frei. Beschreiben Sie sich oder Ihren Begleitern, wie es dort unter Wasser aussieht.

Wenn Sie sich einigermaßen bequem fühlen, machen Sie sich auf den Weg, die Welt dort zu erkunden. Schwimmen Sie, es gibt keine Probleme mit der Atmung, Sie haben noch immer aus der Urvergangenheit der Lebewesen die Möglichkeit, unter Wasser zu atmen. Doch achten Sie bei Ihrer Expedition darauf, dass Sie das Licht an der Oberfläche einfallen sehen, tauchen Sie nicht zu tief ab. Wenn Sie unsympathischen Wasserbewohnern begegnen, kehren Sie um, und tauchen Sie auf. Es kann Ihnen niemand etwas tun. Sollten Sie in einen Strudel geraten, der Sie in die lichtlose Tiefe ziehen will, wenden Sie Ihren Blick nach oben, und folgen Sie den hellen Luftbläschen. Kehren Sie um, wenn Sie glauben, genug erfahren zu haben.

Schwimmen Sie zu dem Tor, durch das Sie eingetreten sind, und verabschieden Sie sich von Ihrer inneren Wasserwelt. Steigen Sie die Treppe mit zehn Atemzügen wieder hinauf, und treten Sie in Ihr Wachbewusstsein ein.

Ritualabschluss

Der Besuch der Unterwasserwelt sollte für den Anfang wirklich mehr an der Oberfläche stattfinden. Tief in die dunklen Abgründe eintauchen kann man später, man muss es vielleicht sogar irgendwann einmal. Aber dort ist es recht unbequem, und man sollte auf jeden Fall einen Begleiter haben, der einen wieder in die Wirklichkeit holt. Wenn das Ritual zu Ende ist, bedanken Sie sich bei den Kräften der Erde, und verabschieden Sie sie mit einigen höflichen Worten. Anschließend betrachten Sie Ihre Ausbeute und schreiben das Erlebte für später auf.

Wasserrituale

Wasser ist das geheimnisvollste der vier Elemente, und aufgrund seiner Tiefe ist es ein überaus intensiv wirkendes magisches Elixier. Es wirkt vor allem auf die Gefühle, die Träume, die verborgenen Inhalte des Unbewussten, die geheimen Wünsche, Sehnsüchte und das Verlangen.

Möglicherweise wecken Sie Dinge auf, die lange schlummerten. Das mag nützlich sein, es kann aber auch Schmerzen verursachen, denn im Verborgenen liegen auch alte Verletzungen und Gebrechen. Es ist weder gut noch schlecht, sich mit ihnen auseinander zu setzen. Sie sind da und gehören zu Ihnen. Aber es besteht die Gefahr, darin zu ertrinken. Ausgesprochene Wassercharaktere sollten demnach sehr vorsichtig mit der Wassermagie umgehen, damit Sie nicht die negativen Seiten überbetonen.

Für alle, die Magie betreiben wollen, gilt auch hier die Warnung, sich sehr gut vorher zu überlegen, was man sich wirklich wünscht. Denn es geht in Erfüllung. Und im Zweifelsfall stecken Sie plötzlich knietief im süßen Brei, wie es im Märchen so schön geschildert wird.

Ritualeinleitung

Grundsätzlich beginnt jedes Ritual mit den gleichen Schritten, die hier Ritualeinleitung genannt werden.

- Eine rituelle Reinigung mit Wasser, um das tägliche Allerlei abzuwaschen, ist der erste Schritt. Dann folgt gegebenenfalls das Anlegen besonderer Kleidung.
- Die Erdung hält Sie mit einem Teil Ihres Bewusstseins sicher auf dem festen Boden der Realität.
- Sollte der Raum negative Schwingungen enthalten, reinigen Sie ihn beispielsweise mit einigen Tropfen Weihwasser, und bitten Sie dabei die Wasserkräfte, die negativen Einflüsse zu vertreiben.
- Entzünden Sie die Kerzen, die Duftlampe oder das Räucherwerk.
- Ziehen Sie den magischen Kreis mit Weihwasser, oder stellen Sie den Wasserkreis auf.

Ritual für Harmonie und Freundschaft

Sich in warmem Wasser treiben zu lassen, mit geschlossenen Augen schwerelos von den Wellen getragen zu werden – das entspannt nicht nur, es macht auch gelöst und sanftmütig. Es gehört schon ein verhärtetes Gemüt dazu, in einem solchen Zustand einen Streit anzufangen. Wasser harmonisiert, es unterstreicht das Gleichartige und glättet die Differenzen.

Wenn Sie sich in Ihrem Leben mehr Harmonie und Freundschaft wünschen, Familienstreitigkeiten beizulegen haben, am Arbeitsplatz schlichten oder eine freundliche Stimmung schaffen wollen, dann ist das Wasser gerade recht, um Sie zu unterstützen.

Ort Dort, wo Disharmonie herrscht, oder Ihr eigenes magisches Arbeitszimmer.

Zeit Abends und/oder freitags.

Hilfsmittel Kelch mit Weihwasser, rosa Kerzen, als Duft empfiehlt sich Vanille. Ein Stückchen Rosenquarz, der anschließend zum Freundschaftsamulett geweiht wird. Wenn Sie mit Freunden zusammen dieses Ritual feiern – Äpfel zum gemeinsamen Verzehr und Milch als Ritualgetränk. Oder zaubern Sie aus den Zutaten Äpfel, Milch oder Sahne und Vanille eine harmonisierende Köstlichkeit.

Geistige Helfer Die sanfte Maria, der Stern des Meeres, oder Manannan, der großzügige Gastgeber. Vor allem aber die harmonisierende Kraft des Wassers.

Ritualablauf

⌖ Ritualeinleitung

⌖ Mit selbst gewählten Worten, gereimt, gesungen, in schlichter Prosa, rufen Sie die harmonisierenden Kräfte des Wassers an.

⌖ Schließen Sie die Augen, und rufen Sie sich das Bild eines friedlichen Abends an einem Gewässer vor Augen. Lassen Sie sich ganz von dieser Stimmung erfüllen.

⌖ Ist der Raum von diesen friedfertigen Schwingungen erfüllt, nehmen Sie den Rosenquarz in Ihre Hände. Lassen Sie die Energie in ihn hineinfließen. Stellen Sie sich vor, wie er die harmonischen Schwingungen in seinem Kristallgitter aufnimmt.

⌖ Wenn die Energie langsam abebbt, bedanken Sie sich bei den gerufenen Kräften, und verabschieden Sie sie. Verteilen Sie dann zur Erdung die Ritualspeise, und heben Sie den magischen Kreis auf.

⌖ Den geweihten Stein können Sie anschließend als Freundschaftsamulett mit sich tragen oder einem guten Freund, besser aber einem Ihrer Widersacher schenken.

Ein Ritual der Traummagie

Was ein rechter Wassermensch ist, der träumt einfach gern. Das ist sehr gesund, wenn es nicht im Übermaß geschieht. Das Träumen bringt zuweilen tiefe Einsichten, auf die man im Wachsein gar nicht kommen würde. Es kann Probleme lösen, Heilung fördern und die Verbindung zum Göttlichen herstellen. In Träume taucht man ab wie in die Tiefen des Wassers. Träume können luzid sein, dann sind sie wahrhaft beeindruckend. Der Träumende weiß, dass er sich in einer anderen Welt befindet, agiert aber so, als sei es die Realität. Alle Sinneseindrücke sind dort real, alle Farben lebendig. An luzide Träume erinnert man sich, an Albträume meistens auch. Mit ein bisschen Übung kann man seine Träume steuern, und das ist vor allem dann Magie, wenn man auf diese Weise Probleme löst.

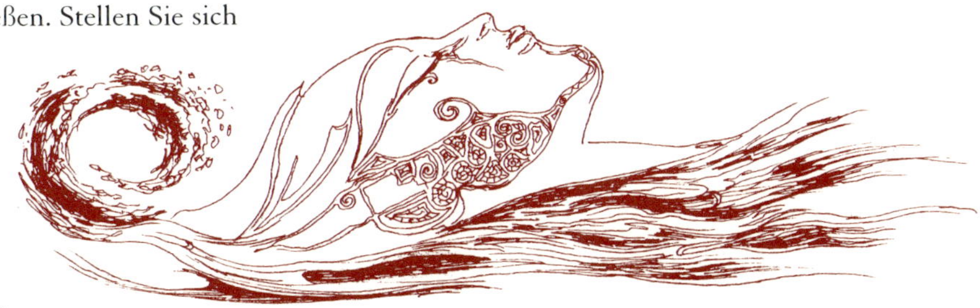

Ort, Zeit und Hilfsmittel

Ort Ihr Bett.

Zeit Nachts, wenn Sie wollen, bei Vollmond, dann ist das Träumen besonders farbig.

Hilfsmittel Ein Kelch mit geweihtem Wasser. Keine Kerzen – Sie wollen ja keinen Zimmerbrand verursachen. Einige Blatt Papier und einen weichen Stift. Blaue Bettwäsche und ein blaues Nachtgewand, wenn Sie mögen. Tupfen Sie sich etwas Parfüm mit Sandelholzcharakter auf die Haut, oder verwenden Sie als Duftöl Sandelholz. Versprühen Sie es in einer wässrigen Lösung, keine Duftlampen verwenden! Einen Mondstein können Sie auf Ihr Kopfkissen legen und vor dem Einschlafen ein Glas warme, gesüßte Milch trinken. Vor allem aber machen Sie sich Gedanken darüber, zu welcher Frage Sie in Ihrem Traum eine Antwort erhalten wollen. Dazu müssen Sie diese Frage in Form eines Symbols darstellen. Malen oder zeichnen Sie sie. Es muss kein schönes Bild sein, nur ein symbolisches.

Geistige Helfer Coventina oder Viviane, die Herrin vom See. Vor allem die tiefgründigen Kräfte des Elements Wasser oder des Westens, dem Ort des Sonnenuntergangs.

Ritualablauf

- Ritualeinleitung
- Ziehen Sie um Ihr Bett den Kreis durch Verteilen einiger Tropfen Weihwasser.
- Bitten Sie die Kräfte der Wassertiefen, in dieser Nacht bei Ihnen zu sein und die Tore zu den Traumwelten für Sie offen zu halten.
- Nehmen Sie das Symbol Ihrer Frage zur Hand, und betrachten Sie es eine Weile, ohne die Frage noch einmal zu formulieren. Lassen Sie das Bild einfach auf sich wirken.
- Trinken Sie dann Ihre Milch, und löschen Sie das Licht. Atmen Sie tief ein, und lassen Sie das Bild einer ruhigen Flusslandschaft in sich aufsteigen.
- Folgen Sie dem Strom in den Schlaf.
- Wenn Sie aufwachen und noch eine lebhafte Erinnerung an den Traum haben, notieren Sie ihn in einigermaßen lesbaren Stichworten, ohne eine Festbeleuchtung anzumachen.
- Schlafen Sie weiter.
- Beschließen Sie am Morgen das Ritual durch Danksagung, Verabschiedung, Erdung (Füße vom Bett auf den Boden setzen) und Aufheben des magischen Kreises.
- Denken Sie gründlich über den oder die Träume der Nacht nach.

Ritual gegen Liebeskummer

Liebe macht Kummer. Tränenströme sind ganz hilfreich, um die Verbitterung wegzuspülen. Die gedemütigte, geschundene Seele, das zertrümmerte Ego, das in den Dreck getretene Selbstbewusstsein jedoch heilt nicht von heute auf morgen. Und auch der Trost, dass alles vorbeigeht, sogar dieses Herzeleid, entlockt dem Leidenden meist nur ein schmerzliches, völlig verständnisloses Lächeln. Liebeskummer besteht aus einer Vielzahl von Leiden, und ein reichliches Quantum Rachsucht ist oft auch dabei. Wichtigste Hilfe bei Liebeskummer ist das Wiederaufbauen der zerstörten Selbstachtung. Das Wasser reinigt, kühlt und heilt die Wunden, es nährt die Seele und hilft, ihre welken, geknickten Blätter wieder aufzurichten.

Ort, Zeit und Hilfsmittel

Ort Er sollte abseits liegen.

Zeit Wann immer notwendig, aber am besten abends und bei Neumond, denn der neue Mond hilft aufzubauen.

Hilfsmittel Erinnerungsstücke an die vergangene Liebe, die einen symbolischen Wert haben. Eine passende Kiste oder ein Beutel dafür. Kleidung, in der Sie sich schön und würdevoll fühlen. Make-up und ein Spiegel. Silberne Kerzen, ein Kelch mit Weihwasser. Als Duft Myrrhe im Räucherwerk.

Geistige Helfer Die Liebesgöttinen Venus, Aphrodite und Freya werden Sie verstehen oder die tröstenden, nährenden Kräfte des Elementes Wasser.

Ritualablauf

⌖ Ritualeinleitung, jedoch ohne die gewählte Kleidung anzulegen.

⌖ Rufen Sie eine der Göttinnen an, und bitten Sie sie, bei Ihnen zu sein. Heben Sie dazu die Arme mit den geöffneten Handflächen nach oben, und bitten Sie inbrünstig. Sie wird bei Ihnen sein, denn den Hilferuf ihrer Töchter hört die Göttin immer.

⌖ Ziehen Sie sich ganz bewusst um. Machen Sie sich so zurecht, als würde Ihnen hohe Ehrung zuteil, während alle Welt in ehrfürchtigem Staunen vor Ihnen niederkniet. Stellen Sie sich das in allen Einzelheiten vor. Schlüpfen Sie mit Ihrer Kleidung und dem Make-up als Maske in diese Rolle. Männer dürfen diese Verwandlung in ähnlicher Form durchführen.

⌖ Stehen Sie auf, und halten Sie sich aufrecht. Heben Sie ein wenig die Brust, und schauen Sie mit aufrechtem Kopf nach vorne. Heben Sie grüßend die Arme. Fühlen Sie sich von Würde durchdrungen. Sie sind es wert, dass man Ihnen zu Füßen liegt. Sie sind eine Pflanze, die nach langer Trockenheit Wasser gefunden hat und ihre Blätter zu neuer Pracht entfaltet.

⌖ Wenn das Gefühl der Selbstachtung nach und nach steigt, nehmen Sie sich der Erinnerungsstücke an. Sie können jetzt ungemein großmütig sein. Verabschieden Sie sich von diesen Dingen, und packen Sie sie in die Kiste oder den Beutel. Verschließen Sie alles.

⌖ Wenn Ihre so erworbene Großmut ausreicht, verzeihen Sie dem verlorenen Partner seine Tat. Sie sind das Wasser, das alles löst und erlöst, fließend, unbeirrbar seinem Weg folgend. Was ist dem Wasser schon wichtig, wenn das silberne Licht des Mondes auf ihm schimmert. Wenn Ihnen dabei die Tränen kommen, tut das Ihrer Würde keinen Abbruch. Weinen Sie als Akt der Reinigung.

⌖ Wenn Sie alles vergeben haben, knien Sie nieder, und legen Sie die Stirn auf den Boden, um sich zu erden, aber auch, um Ihren Helfern zu danken.

⌖ Lösen Sie den Kreis auf, und bringen Sie die verpackten Erinnerungsstücke an einen Ort, wo Sie sie nicht mehr sehen. Wenn es Kleinigkeiten sind, können Sie sie in einem fließenden Gewässer versenken.

Ritual mit der Bitte um Heilung

Mit Magie kann man keine gebrochenen Knochen richten, aber man kann einem Kranken, der das wünscht, helfen, die eigenen Heilkräfte zu stärken. Einen anderen heilen zu wollen, ist immer ein genauso zwiespältiges Geschäft wie ein Liebeszauber. Man muss nämlich sehr genau wissen, warum der andere krank ist. Und dazu braucht es mehr als einen Zauberspruch, dazu braucht man Erfahrung. Es gibt eine nicht zu unterschätzende Menge Menschen, denen es gelingt, die Heilkräfte für sich selbst zu mobilisieren. An ihnen ist jeder Heilzauber verschwendet, sie wissen selbst am besten, was zu tun ist. Aber genau das kann man von ihnen lernen. Der größte Antrieb, um sich selbst zu heilen, so habe ich es erfahren, ist das Mitgefühl mit anderen. »Ich muss gesund werden, ich muss mich doch um meine Tochter (meinen Mann, meine Katzen, meine Freundin etc.) kümmern.« Bevor Sie versuchen, andere zu heilen, wecken Sie erst einmal Ihre eigenen Heilkräfte, wenn Sie sich unpässlich fühlen. Beachten Sie: Dieses Ritual ergänzt, aber es ersetzt nicht die medizinische Betreuung!

Ort, Zeit und Hilfsmittel

Ort Dort, wo Sie sich krankheitsbedingt aufhalten müssen oder an einem schönen Platz mit Blick auf ein Gewässer.

Zeit Abends oder wann immer notwendig.

Hilfsmittel Blaue Kerzen. Ein Heliotrop, der Stein, der Mitgefühl und Demut fördert, kann hilfreich sein; als Duft ist Sandelholz bestens geeignet, entweder als Räucherwerk oder als Duftöl. Kamille, als Kräutersträußchen oder als Tee zur Erdung getrunken, sollte nicht fehlen. Entspannende Musik, eventuell Wassergeräusche.

Geistige Helfer Sequana, die Heilerin, Maria, Heil der Kranken, und natürlich Pantaleon, der heilige Arzt. Die ursprünglichsten Helfer sind jedoch die heilenden Kräfte des Wassers.

Ritualablauf

⊕ Sie dürfen die Ritualeinleitung ganz reduziert halten. Stellen Sie sich einfach einen schützenden Kreis aus Licht um sich herum vor. Doch diesmal gehört ein Tag Fasten dazu. Einem Kranken fällt das Fasten meist sowieso leicht, denn sein Appetit ist oft gering. Trinken Sie aber so viel Wasser oder Tee, wie Sie mögen. Das Fasten ist eine innere Reinigung.

⊕ Rufen Sie die heilenden Kräfte des Wassers an, und bitten Sie sie, die Tore in Ihre Tiefen zu öffnen.

⊕ Und dann stellen Sie sich einen Strom wundervoll klaren Wassers vor, der sich durch Ihren Körper ergießt, der reinigend durch alle Organe – sehen Sie jedes einzelne vor sich – fließt, alle Krankheitserreger und Schmerzen fortschwemmt, auflöst, vernichtet. Nehmen Sie sich Zeit dafür, widmen Sie sich den Adern und Kapilaren, die Sie durchziehen. Jedes Eckchen wird durch das Wasser sauber gewaschen. Ihm folgt das heilende blaue Licht, das die eigenen Kräfte zum Vibrieren bringt und heilt, was in Unordnung war.

⊕ Wenn Sie krank sind, sollten Sie ruhen. Lassen Sie sich also ruhig von der Trance in den Schlaf gleiten.

⊕ Nachdem Sie aufgewacht sind oder der Kontakt zu den Kräften des Elements Wasser nachgelassen hat, verabschieden Sie die gerufenen Kräfte des Wassers, und trinken Sie Ihren Tee mit Dankbarkeit.

Rituelle Mondmagie

Alle, die derzeit ein Defizit an Wassereigenschaften in ihrem Charakter verspüren, die sich ausgebrannt fühlen, denen häufig Bitterkeit und Verhärtung vorgeworfen wird, die ihre Sehnsucht, den Glauben an das Wunderbare und die Liebe verloren haben, die können den Mond als Helfer einsetzen. Er ist ein unvergängliches Symbol für die Geheimnisse des Lebens, für die unermesslichen Schätze, die die Seele birgt. Sie müssen nicht daran glauben, dass der Mond, dieser steinerne Trabant, überhaupt etwas bewirkt. Das wird Ihnen in diesem Fall vermutlich allzu schwer fallen. Zweifel an allem spirituellen Wirken kennzeichnet vermutlich gerade Ihre Situation. Das macht nichts. Das innere Kind glaubt noch, auch wenn es derzeit in der Ecke sitzt und schweigt, weil ihm der Verstand immer gleich über den Mund fährt. Der Handlung folgt Erkenntnis – das ist der umgekehrte Schluss der Aussage, dass der Glaube Berge versetzt. Auch so wirkt Magie. Viermal in einem Monat sollten Sie folgende Übung machen.

Ort, Zeit und Durchführung

Ort Wo Sie wollen, aber mit Blick auf den nächtlichen Himmel.

Zeit I Bei Neumond, also zwei Tage nach Schwarzmond, wenn sich die erste, ganz dünne Sichel zeigt.

Vorgehen Betrachten Sie den Mond. Es heißt, dass er jetzt alles fördert, was neu begonnen wird. Auch wenn Sie das für Humbug halten, überlegen Sie, was Sie gerade alles neu anfangen, was sich eben für Sie geändert hat oder was sich ändern oder neu beginnen sollte. Gönnen Sie sich diese 10 oder 15 Minuten Zwiegespräch mit dem Mond.

Zeit II Wenn der Mond sich zur Hälfte gerundet hat, widmen Sie ihm das zweite Mal eine Viertelstunde. Denken Sie darüber nach, was sich für Sie gerade im Aufbau befindet, was wächst und sich weiterentwickelt – in Ihrer Arbeit, in Ihrer Beziehung, Ihrer Familie, in Ihnen selbst.

Zeit III In der Vollmondnacht, egal ob Wolken den Mond verdecken oder nicht, sollten Sie nach draußen gehen und für eine Weile darüber nachdenken, was sich in der letzten Zeit – nicht erst seit dem letzten Neumond – alles vollendet hat. Das kann im Guten wie im Schlechten sein. Vielleicht werden Sie ein gewisses Staunen bei dieser Betrachtung empfinden, ein leises Wundern über den sinnreichen Zufall, der zu den Ergebnissen geführt hat. Dann hat der Mond schon beinahe ganze Arbeit geleistet.

Zeit IV Wenn der Mond im letzten Viertel steht, widmen Sie ihm nochmals eine Viertelstunde und bedenken alles, was Sie beendet haben möchten. Was soll Ihr Leben nicht mehr belasten, wovon möchten Sie sich trennen, was sollte zu einem guten Ende kommen? Wenn Sie sich jetzt dabei ertappen, dass Sie sich das eine oder andere sogar sehnlichst als beendet wünschen, dann hat der Mond seine Arbeit getan. Er hat Ihnen zu Einsichten verholfen – zum Sehen in Sie hinein. Und das ist sein Job. Nicht als Trabant, sondern als Symbol. Er wird es Ihnen nicht übel nehmen, wenn Sie dieses kleine Ritual das eine oder andere Mal wiederholen.

6. Kapitel
Das Element Erde

Wir Menschen haben der Erde einen Namen gegeben – Mutter. Sie ist der Lehm, aus dem wir geschaffen wurden und in den unsere körperliche Hülle nach dem Tod wieder aufgenommen wird.

Sie haben Ihren Test vermutlich gemacht und wissen jetzt, wie sich die Elemente bei Ihnen verteilen. Wenn die Erde entweder stark überwiegt oder nur gering vertreten ist, dann machen Sie sich hier einmal mit der ursprünglichsten Erderfahrung vertraut. Anschließend übersetzen wir dann die Naturerfahrungen in die Charaktereigenschaften, und aus denen wiederum können Sie dann ableiten, ob Sie Maßnahmen und wenn ja, welche Sie ergreifen können, um Ausgewogenheit herzustellen, Defizite zu bereinigen und sich den Wunsch nach einem ausgefüllten und befriedigenden Leben zu erfüllen.

Die Natur der Erde

Das Element Erde – das ist dasjenige Element, das wir am ehesten begreifen. Erde ist allgegenwärtig. Wir bezeichnen den Planeten, auf dem wir leben, als Erde, und das, was wir unter unseren Füßen haben, nennen wir Erde. Einen Stein, den wir in die Hand nehmen, Sand, der uns durch die Finger rieselt, Lehm oder Ton, den wir kneten und formen können, Mutterboden, den wir umgraben – all das ist Erde, Materie, Wirklichkeit.

Nach einem geistigen Höhenflug kommen wir wieder zu ihr zurück. Wenn wir eine Weile im Meer der Gefühle geschwommen sind, finden wir wieder festen Boden unter den Füßen. Und selbst die brennendste Leidenschaft wird irgendwann Asche, Bestandteil der dauerhaften, fruchtbaren Erde. Wer mit beiden Beinen auf der Erde steht, steht auch fest in der Wirklichkeit.

Aus Steinen oder Lehmziegeln richten wir Mauern auf, schützen uns vor Wind, Regen und brennender Sonne. Auch Höhlen bieten diesen Schutz vor der feindlich gesinnten Umwelt. In der Behausung selbst aber ist es der Kamin, der das Feuer bewahrt, der Brunnen, der das Wasser liefert, und die Fensteröffnungen, die durch Öffnen oder Schließen den Luftstrom zirkulieren lassen.

Nutzen und Missbrauch der Erde

In der fruchtbaren Erde keimen die Samen des Grashalms wie des Mammutbaums, in ihr wurzelt das Getreide, die Kräuter, giftig oder heilsam, die Blumen in all ihren phantastischen Formen und Farben. Von ihr ernähren sich die Pilze, Moose und Flechten, und selbst in den unwirtlichsten Gegenden, im ewigen Frost oder in brennender Wüstensonne, gebiert sie noch ein wunderbar angepasstes Leben. Wir ernähren uns von den Gaben der Erde, die Verbindung zu ihr geht auch über den Magen.

So beständig und wirklich sie uns auch die meiste Zeit über erscheinen mag – die Erde hat auch ihre vernichtenden Seiten. Ein Erdbeben, auch nur ein mäßiges, erschüttert uns zutiefst, nicht nur körperlich, auch seelisch. Selbst ein leichter Erdstoß hat etwas Unwirkliches an sich. So sehr sind wir die Festigkeit des Bodens unter unseren Füßen gewohnt, dass diese Welle, die durch die Materie läuft und uns schaukelt wie auf hoher See, bei den meisten Fassungslosigkeit auslöst. Ein richtiges Beben löst schieres Entsetzen und Panik aus, Mauern brechen zusammen, und Abgründe tun sich auf. Wir verlieren unsere Basis, unseren Halt, die Grundlage des Seins, und das ist die entsetzlichste Erfahrung, die ein Mensch machen kann. Erdrutsche, einstürzende Hohlräume, Geröll- oder Schlammlawinen, glutflüssige Lavaströme – darin zeigen sich die zerstörerischen Seiten der Erde. Die Erfahrungen aus der Natur haben das Symbol der Erde geprägt. Hier finden wir Beständigkeit, Ausdauer und Geduld, Fruchtbarkeit, Schutz und Halt, Realitätssinn und Sachlichkeit, aber auch Dunkelheit, Kälte, Erstarrung, Tod und Verwesung.

Mutter Erde

Die Mutter, die uns in der warmen, dunklen und schützenden Höhle ihres Leibes trägt, die uns zum Licht der Welt bringt, ist die erste Erfahrung, die wir mit der Umwelt machen. Sie nährt uns, wenn wir hungrig sind, hält uns warm, wenn wir frieren, beschützt unseren Schlaf und unsere ersten Stolperschritte. Sie tröstet uns, wenn wir fallen, flickt unsere Blessuren und Hosenböden zusammen und lehrt uns nach und nach, das Leben selbstständig zu meistern. Mama! Mutter! Maria, hilf! – in höchster Not rufen viele Menschen, gleichgültig welchen Alters, nach ihr, denn die mütterliche Umarmung war der erste Schutz, in den man fliehen konnte. So breiten denn die göttlichen Mütter ihren Schutzmantel aus, geben Halt und Vertrauen in einer bedrohlichen und gefährlichen Umwelt. Sie halten uns, wenn wir müde vom Kampf heimkehren, und die dunklen Mütter nehmen uns zurück in ihren Schoß und geleiten uns in den tiefen, letzten Schlaf. Aber jede Mutter hat auch ihre zerstörerischen Seiten, sie ist die Strafende, die Zornige, die Vernichtende, die Entsetzen und panische Angst erzeugt in ihrer Wut. Nicht aus Bosheit, sondern wenn man sie reizt, verletzt, verachtet oder demütigt.

Der Erdcharakter

Und nun kommen wir zu den menschlichen Charakterzügen, die der Erde und ihren

Kräften und Eigenschaften entsprechen. Zusammengefasst kann man sagen: Menschen, deren Charakter stark vom Erdelement geprägt ist, sind die Verlässlichen. Sie kommen immer pünktlich, erledigen auferlegte Pflichten, packen mit an, wenn etwas aufzuräumen ist, machen konsequent weiter, wenn alle anderen schon aufgegeben haben, sind der Fels in der Brandung, wenn es hoch hergeht, und einem guten Essen gegenüber sind sie immer aufgeschlossen. Will man allerdings eine schnelle Entscheidung von ihnen haben, beißt man auf Granit. Viel Phantasie haben sie nicht, auch werden sie aufgrund ihrer festgefahrenen Einstellungen schon mal Sturkopf genannt. In den vier Lebensbereichen des Fühlens, Denkens, Wollens und Handelns stellt sich das etwa wie folgt dar.

Das Fühlen – die Wasserseite des Erdtyps

Erdmenschen nehmen die Welt durch Begreifen wahr, ganz buchstäblich, nämlich über den Tastsinn. Darum sind sie auch so kuschelige Partner, denen die Sinnlichkeit ungemein viel bedeutet. Hautkontakt, wie der zwischen Mutter und Baby beispielsweise, Streicheln, Betasten, sich an der Textur von samtigen, rauen, flauschigen, kratzigen oder struppigen Oberflächen erfreuen, das mögen Erdlinge. Katzen lieben sie, denn sie können sicher sein, von ihnen stundenlang und ausdauernd gestreichelt zu werden. Auch das schöne Gefühl eines wohlgesättigten Magens, diese Schwere nach einem guten Mahl, diese behagliche Verdauungsstimmung ist überaus erdhaft. Kommt jemand mit Problemen, dann findet er einen geduldigen Zuhörer, der anschließend sogar noch Vorschläge zum Handeln anzubieten hat. Er ist ein treuer und loyaler Freund.

Ein Übermaß am Element Erde jedoch führt zu den negativen Ausprägungen dieser höchst angenehmen Seiten. Trägheit stellt sich dann ein. Seine Genusssucht und Bequemlichkeit, Antriebslosigkeit und Gleichgültigkeit können seinem Partner und seinen Freunden ziemlich auf die Nerven gehen. Im schlimmsten Fall wird aus der Antriebslosigkeit Hoffnungslosigkeit, der Teufelskreis, der mit den Worten beginnt: »Ach, ich kann mich ja doch nicht aufraffen – das schaffe ich bestimmt nicht!«, führt zum »eingebildeten« Scheitern, schon bevor man überhaupt begonnen hat, etwas zu tun, und führt damit zur Depression, zur Melancholie.

Das Denken – die Luftseite des Erdtyps

Das Denken fällt den typischen Vertretern der Erde manchmal etwas schwer, doch sie können es sehr gut. Denn wenn ein solcher Mensch sich erst einmal mit einem geistigen Problem beschäftigt, dann gründlich. »Auf den Grund gehen« ist eine bezeichnende Vorgehensweise. Tiefgründige, ernsthafte Denker finden wir hier, und wenn sie – langsam, aber folgerichtig – ihren Gedankengang entwickelt haben, richten sie sich auch konsequent nach dem Ergebnis. Das macht sie nüchtern, berechenbar und verlässlich. Und stur.

Einen Entschluss fassen sie erst, wenn sie ein abgesichertes Fundament von Fakten haben. »Quick-and-dirty-Entscheidungen«

sind absolut nicht ihr Ding. Mit Zahlen können sie gut umgehen, mit höherer Mathematik nicht. Die Grundrechenarten beherrschen sie perfekt, vor allem, wenn es sich dabei um Münzen handelt, die es zu zählen und zu vermehren gilt. Das Denken des Erdmenschen hat immer einen praktischen Zug und wird oft als der gesunde Menschenverstand bezeichnet. Unvergleichlich sind Erdmenschen darin, im Durcheinander eine Struktur zu erkennen und Ordnungskriterien zu entwickeln. Visionen und wilde Phantasien gehören jedoch nicht unbedingt zu ihren Denkmustern. Dafür können sie manchmal auf ein erstaunliches Urwissen zurückgreifen und wirklich weise sein.

Ein Übermaß an Erdqualitäten kann dazu führen, dass der Betroffene denkfaul wird und lieber handelt, statt zu überlegen. Das wirkt dann meist etwas desorganisiert, weil dabei der größere Rahmen übersehen wird. Die »Ich-krieg-das-schon-hin«-Bastlertypen, die jedes Auto auseinander nehmen und dann nicht wieder zusammenbauen können, gehören hierhin. Oder aber die ewigen Bedenkenträger, die jedes Argument gründlich widerlegen, sorgenvolle Grübler, die der Zukunft mit Misstrauen gegenüberstehen und nichts am Bestehenden verändern wollen.

Das Wollen – die Feuerseite des Erdtyps

Wenn ein Erdcharakter etwas will, dann setzt er sich durch, nötigenfalls wie ein Bulldozer. Er schiebt das Geröll beiseite und macht den Weg frei für die praktikable, pragmatische Lösung. Zankereien in seinem Umfeld ignoriert er, in Konflikten neigt er dazu, die Sache auszusitzen. Geduld ist seine Stärke, unerschütterliche Gleichmütigkeit seine Haltung. Er ist ein ruhender Pol, wenn um ihn herum das Chaos brodelt. Wenn er zum Schlichten aufgerufen wird, was häufig passieren kann, dann lässt er unbestechlich Gerechtigkeit walten. Dabei hält er sich strikt an geltende Regeln, gibt es keine, setzt er sie. Gnade vor Recht jedoch kennt er nicht. Was einmal seine Richtigkeit hat, hat es auch weiterhin. Die Gelassenheit des Erdcharakters macht auch einen großen Teil seiner Würde aus, zusammen mit seinem Ernst, seinem profunden Wissen und seiner Selbstsicherheit.

Reizt man ihn hingegen, dann steht man plötzlich einem heftigen, ja eruptiven Ausbruch von Jähzorn gegenüber. Glauben tut der typische Erdvertreter nur das, was er auch sehen kann. Spirituelle Welten sind ihm weitgehend verschlossen, Traditionen und das geschriebene Wort hingegen interessieren ihn.

Zu viel der Erdkraft macht aus einem solchen Menschen einen Dogmatiker, einen trockenen Prinzipienreiter oder manchmal sogar einen Fanatiker. Da er auch ein Gedächtnis wie ein Elefant hat, vergisst er eine Beleidigung nie und ist überaus nachtragend. Und wenn er seinem Hang, sich mit Vergangenem zu beschäftigen, zu sehr nachgibt, dann wird er zum erzkonservativen Spießer.

Das Handeln – die Erdseite des Erdtyps

Ausdauer prägt das Handeln des Erdmenschen. »Wenn etwas nicht auf Anhieb gelingt, dann wiederholen wir das so lange, bis es klappt«, ist seine Devise. Gründlich und fleißig, sorgfältig und pünktlich erledigt er seine Aufgaben. Nicht schnell, sondern bedächtig. Alle Arbeiten, die er mit den Händen erledigen kann, zieht er den rein geistigen vor, auch wenn er die ebenfalls gründlich erledigt. Oft ist er streng mit sich selbst und gönnt sich keine Ruhepause, bis alles erledigt ist. Man kann sich auch darauf verlassen, dass er Trümmer forträumt, mit dem Wiederaufbau beginnt, Brücken baut und Schutzwälle errichtet. Mit Geld und Besitz kann der Erdling ausgezeichnet umgehen, wenn er auch keine gewagten Spekulationen durchführt, sondern solide Anlagen sucht.

Seine Behäbigkeit macht ihn nicht eben zum Spitzensportler, aber ausdauernd ist er auch noch nach 42 Kilometern. Im Übermaß führt die Erdkraft bei ihm zu Geiz, Raffgier und Gewinnsucht, auch zu Neid und Missgunst. Wozu etwas Neues lernen? Besser sind eine schöne, monotone Routine und klare, begrenzte Aufgaben. Das macht Erdcharaktere zwar zu fleißigen, keineswegs aber zu konstruktiven Mitarbeitern.

Verdrängte Seiten des Erdtyps

»Sei doch nicht so stur!« Das ist einer der gängigsten Vorwürfe, die ein junger Erdmensch zu hören bekommt. Oder er wird gedrängt, doch endlich mal an geselligen Spielen teilzunehmen, statt immer nur an seinem Puzzle zu basteln. Und ein bisschen schneller könnte alles doch auch mal vorangehen. Eigentlich sind Kinder mit starkem Erdcharakter äußerst unproblematisch für ihre Eltern, denn ruhige, disziplinierte Beschäftigung mit sich selbst, Ordnungssinn und Geduld werden selten gerügt. Darum ist die Erde kaum Feind im eigenen Haus, und nur wenige Menschen unterdrücken diese Seite in sich, denn sie wird gewöhnlich gefördert und belohnt.

Sollten Sie aber auffällig wenig Punkte im Bereich Erde haben und dennoch das Gefühl verspüren, dass Sie sich nicht wohlfühlen, wenn Ihre gesellschaftlichen Qualitäten gefordert werden, wenn Sie sich nur mit Widerwillen öffentlich präsentieren, immer ein schlechtes Gefühl haben, wenn Sie schnelle Entscheidungen treffen müssen, dann sollten Sie überdenken, ob Sie nicht die falsche Rolle spielen.

Auch ein schlechtes Gewissen, wenn Sie einmal Geld mit vollen Händen ausgeben, oder wenn Ihnen der ständige Wechsel von Aufgaben schwer fällt, ist ein Zeichen dafür, dass Ihre Erdkräfte unterirdisch wirken. Wehren Sie sich nicht dagegen, die ausdauernden, festigenden, pragmatischen und mütterlich schützenden Kräfte sollten Sie sich selbst eingestehen. Sie sind ungeheuer wertvoll und bereichernd im Leben.

Wenn Sie sie, ohne in die unangenehmen Auswirkungen wie Habgier, Starrheit und Dogmatismus abzugleiten, aktivieren können, wird Ihr Leben vollständiger werden, und Sie werden sie auch für andere zum Einsatz bringen können. Betreiben Sie Erdmagie!

Ausgleich der Elemente

Reine Erdtypen, stiernackige, unbewegliche, phantasielose Arbeitstiere, sind äußerst selten. Jeder Mensch trägt die drei anderen Elemente in bestimmten Anteilen ebenfalls in sich, und die mildern die irdischen Eigenschaften. Ob zum Besseren oder Schlechteren, das mag allerdings dahingestellt sein. Doch wenn Sie einen stark überwiegenden Erdanteil bei sich festgestellt haben, wird es sicher Ihr Leben einfacher gestalten, wenn Sie sich etwas mehr luftige Leichtigkeit, wässrige Flexibilität und feurige Dynamik aneignen. Schauen Sie in den entsprechenden Kapiteln nach, welche Möglichkeiten Sie haben.

Sind Sie aber ein Luftikus, ein feuchtes Schmachtfetzchen oder ein Feuerteufel, dann können Sie die Erdmagie einsetzen, um hier einen Ausgleich zu finden.

Im Folgenden finden Sie die Symbole, die Sie dazu verwenden können, die Götter und Geister, die Sie rufen können, und die vielen Entsprechungen, die als Hilfsmittel dabei zum Einsatz kommen.

Meditationsaufgabe

Nehmen Sie sich Zeit und meditieren Sie (entspannt konzentriert) über folgendes Bild, dem Bild einer Tropfsteinhöhle:

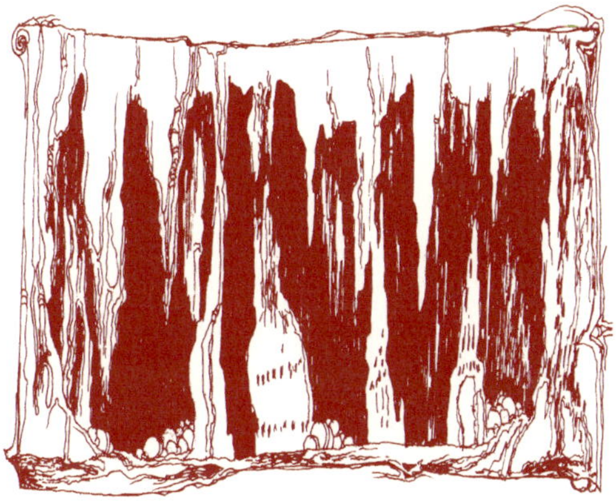

Die magischen Bilder der Erde

Die Ableitung der Entsprechungen aus der Natur haben uns zu bestimmten Eigenschaften der Erde geführt. Diese Eigenschaften sind aber nicht nur der Erde in all ihren Ausprägungen wie Stein, Fels, Sand, Gebirge usw. eigen, sondern können auch auf andere Gegenstände oder Zustände übertragen werden. Nehmen wir die magischsten Eigenschaften der Erde: Schutz, Fruchtbarkeit, Festigkeit.

Das Pentagramm gibt Schutz

Zur rituellen Magie gehört Handwerkszeug, und die wesentlichen Dinge, mit denen der Magier umgeht, beziehen sich auf die vier Elemente. Schutz gewährt seit alters her der Schild. Keine Angst, Sie müssen sich jetzt nicht wie ein fahrender Ritter ausrüsten und mit dem magischen Schild Elbenpfeile und Dämonenflüche abwehren. Es geht kleiner, handlicher und symbolischer. Da es sich bei der Magie nicht um materielle An- und Übergriffe handelt, sondern um geistige Beeinflussung, die an einem Schutzschild abprallen soll, ist auch dieses geistiger Natur. Doch selbstverständlich kann man auch zur Unterstützung der Vorstellungskraft einen Gegenstand im Ritual verwenden oder ständig bei sich führen, auf den diese Funktion übertragen wird. Der magische Schutzschild aber ist das Pentagramm, der aus einer Linie gezogene Fünfstern. Wenn Sie das Bedürfnis haben, sich diesen irdischen Schutz vor Augen zu halten, dann können Sie beispielsweise ein

Amulett in Pentagrammform tragen. Aber auch in andere erdverbundene Gegenstände können Sie das Pentagramm einbringen – in feuchten Ton ritzen, einen Teller damit bemalen, einen Stein mit dem Fünfstern verzieren, ein Sandbild herstellen, es in Holz schnitzen oder aus Zweigen oder Metalldraht biegen. Wann immer Sie das Bedürfnis nach Schutz und Geborgenheit haben, werfen Sie einen Blick auf das Pentagramm.

Nehmen Sie es zur Hand, spielen Sie damit. Sie werden nach einiger Zeit merken, dass Sie das gegenständliche Pentagramm eigentlich gar nicht mehr benötigen, sondern dass sich das Bild eingeprägt hat und mit ihm die Vorstellung des Schutzes. Imagination – Einbildung – haben Sie damit betrieben. Und sicher könnte man Ihnen vorwerfen, Ihre Sicherheit, die daraus erwächst, sei nur eingebildet.

Wenn Sie nun meinen, leichtsinnig sein zu können, dann haben Sie etwas missverstanden. Schutz bedeutet die Selbstsicherheit, die es Ihnen ermöglicht, gelassen zu bleiben, wenn Sie verächtlichen Blicken, demütigenden Bemerkungen, Sticheleien, niederschmetternden Beleidigungen, Nervensägen, Streithähnen und Heulsusen ausgeliefert sind. Die innere Sicherheit des unerschütterlichen Erdcharakters schenkt Ihnen ein gesundes Selbstbewusstsein, mit dem Sie gelassen in Prüfungen gehen können, öffentliche Reden halten, Ihren Standpunkt in Diskussionen ruhig und sachlich vertreten und in Krisensituationen den kühlen Kopf bewahren können. Und vielleicht kommt Ihnen dann irgendwann auch plötzlich die Erkenntnis, dass eigentlich Ihre Unsicherheit und Ihr Schutzbedürfnis nur eingebildet waren.

Und hier die Übung, die zur magischen Grundausbildung gehört und eine typische Form der Visualisierung darstellt:

Das Pentagramm ziehen

- Nehmen Sie Ihre rechte Hand, und beginnen Sie, von der linken Hüfte aus eine Linie zur Stirn zu ziehen. Stellen Sie sich diese Linie als leuchtende Spur vor.
- Ziehen Sie jetzt eine zweite Linie von der Stirn zur rechten Hüfte.
- Ziehen Sie die dritte Linie von der rechten Hüfte zur linken Schulter.
- Ziehen Sie die vierte Linie von der linken Schulter zur rechten Schulter.
- Ziehen Sie die fünfte und letzte Linie von der rechten Schulter zur linken Hüfte.
- Vor Ihnen steht jetzt das leuchtende bannende Pentagramm. Versuchen Sie dieses Symbol auch nur in Gedanken entstehen zu lassen, und wenden Sie es an, wenn sich eine unangenehme Situation entwickelt.

Münzen – Symbole der Fruchtbarkeit des Elements Erde

Die Fruchtbarkeit der Erde zeigt sich in allem, was wächst und gedeiht. Wenn es um Zeugung und Geburt eines Kindes oder das Pflanzen eines Obstbaums geht, dann sind das, mit der gebührenden Achtsamkeit betrieben, magische Akte. Im übertragenen Sinne sehen wir Fruchtbarkeit nicht mehr ausschließlich im Wachsen der Feldfrüchte und Kinder, sondern in der Mehrung des Besitzes, der durch die Münze zum Ausdruck kommt.

Münzen sind Symbol für die Erde, denn Mengen davon garantieren Wohlstand und Besitz. Sie finden im Tarot in den kleinen Arkana die zehn Münzkarten und die vier Hofkarten der Münzen. Diese Karten beziehen sich immer auf materielle Themen, oft auf Geld.

Der Wandel der Münze

In Rezepten für Geldzauber werden häufig Münzen oder Geldscheine als Hilfsmittel angegeben. Aber auch wenn das sehr nahe liegt, ist ein magisches Wirken, das den Geldfluss anregen soll, mit Vorsicht zu genießen. Zwar war in früheren Zeiten die Münze, vor allem, wenn sie aus Edelmetall bestand, ein wahrhaft irdisches Gut, doch die Qualität des Geldes hat sich gewandelt, und Ihre Plastikkreditkarte ist alles andere als ein Symbol für die Erde. Geldströme verlaufen heute virtuell, ohne dass auch nur eine materielle Münze dabei in Bewegung gesetzt wird. Geldmagie ist inzwischen eine reine Luftmagie, wie Sie an entsprechender Stelle (siehe Seite 33 und 59ff.) nachlesen können.

Geld herbeizaubern zu wollen, ist ohnehin fragwürdig, denn Geld ist nur der Ausdruck für etwas ganz anderes, was Sie sich eigentlich wünschen. Formulieren Sie also als Zauberspruch nicht: »Ich wünsche mir 1000 Euro«, sondern wünschen Sie sich lieber, dass sich eine Gelegenheit auftut, die Sie an Ihr Wunschziel bringt. Möchten Sie aber wirklich Münzen erhalten, spricht nichts dagegen, ein paar Geldstücke in ein Ritual einzubauen und auch sonst im täglichen Leben möglichst liebevoll und achtsam mit dem Geld umzugehen. Vor allem sollten Sie ihm aber gut zureden, mit vielen Freunden wiederzukommen, wenn Sie es ausgeben. Das innere Kind wird über diese Verspieltheit erfreut sein und höchst aufmerksam werden, wenn sich eine Gelegenheit ergibt, die mehr Münzen zu Ihnen bringt. Es wird Sie dann schon darauf aufmerksam machen. So funktioniert Magie nämlich.

Festigkeit als Ergebnis der Erdung

Festen Boden unter den Füßen zu haben ist eine höchst wünschenswerte Situation. Nicht schwankend zu werden, seinen Stoff so gut zu beherrschen, dass man nicht schwimmt, nicht herumzustolpern oder auf die Nase zu fallen. Für diese Festigkeit steht das Erdelement, und hier ist es eine symbolische Handlung, die dieser Eigenschaft entspricht – die Erdung. Sie hat einen äußeren Bereich und einen inneren. Äußerlich nehmen Sie eine bestimmte Haltung an, nämlich mit möglichst bloßen Füßen im schulterbreiten Stand, leicht gebeugten Knien und aufrechtem Oberkörper. Pendeln Sie Ihr Gleichgewicht – der Schwerpunkt des menschlichen Körpers liegt etwas unter dem Bauchnabel – so ein, dass sie einen unerschütterlich festen Stand haben und nicht schwanken, auch wenn Sie jemand anstößt. Diese Haltung zentriert Ihren Körper und damit auch Ihren Geist.

Haltung und Vorstellung bedingen einander

Wenn Sie sicher stehen, beginnen Sie mit der geistigen Übung des Erdens. Dazu stellen Sie sich vor, am besten, indem Sie sich auf Ihre Füße konzentrieren, dass Sie tiefe Wurzeln schlagen. Sie durchdringen den Untergrund, auf dem Sie stehen, und gelangen zum

Mutterboden. Dabei stören Sie weder Betondecken, Stockwerke noch Asphalt. Sie verwachsen mit der Erde wie ein Baum, der aus der Tiefe die Kraft der Erde holt. Fühlen Sie, wie diese solide, nahrhafte Erdkraft in Ihnen aufsteigt und Sie ausfüllt, vor allem die Bereiche, die Sie zuvor als leer, ausgelaugt und ermüdet empfunden haben. Sollten Sie hingegen aufgrund von Stress, Überreizung oder noch nicht abgebauten Aggressionen einen Überschuss an Energie empfinden, können Sie diese ebenso gut durch die Wurzeln wieder an die Erde zurückgeben. Das Schöne an dieser Übung ist, dass die Verbindung mit der Erde innere Stabilität und einen Ausgleich der Kräfte schafft. Deshalb beginnt und endet jede magische Handlung mit der Erdung.

Der Erde zugeordnete Entsprechungen

Die Erde, die auch Dunkelheit und Kälte bedeutet, ist der Nacht, dem Neumond, dem Winter, dem Alter und dem Norden zugeordnet. Für die Erdmagie, das Erspüren oder Erwecken der Erdkräfte, haben diese Zeiten und Umstände eine besondere Bedeutung.

In der Nacht ziehen wir uns üblicherweise zurück, es ist die Zeit des Schlafens und der Träume. Die Dunkelheit schränkt das Gesichtsfeld ein. Unser wichtigstes Sinnesorgan, die Augen, mit denen wir die Realität wahrnehmen, sind in ihrer Sehfähigkeit stark eingeschränkt. Das kann Angst verursachen, es kann aber auch das Gefühl verstärken, geborgen zu sein, und den Zugang zu den inneren Welten öffnen. Hinwendung nach innen, zu den Träumen, den Heilkräften, der Regeneration, das ist die Aufgabe der Nacht. Sie öffnet das Tor zu den Geheimnissen, aber auch zu den Heimlichkeiten. Das Klischeedenken verlangt, dass Magier und Hexen ihre mysteriösen Beschwörungen und dunklen Riten um Mitternacht betreiben. Vernünftig denkende Magier können das selbstverständlich tun, um sich die Erdkräfte, vor allem in ihren Aspekten Stille, Ruhe, Passivität und Dunkelheit, nutzbar zu machen.

Der Neumond, der mit dem Schwarzmond, also dem unsichtbaren Mond, beginnt, gilt vielfach als gefährlich. Ihn umgibt ein Hauch von schwarzer Magie. Doch der nicht sichtbare Mond ist wertfrei betrachtet die Zeit des Rückzugs, des Ergründens der eigenen Tiefen, des letzten Einatmens, des Innehaltens, des Beendens und Loslösens, letztlich des Sterbens. Wann immer Bannungen durchgeführt wurden – zum Schwarzmond ist ihre Wirkung eingetreten. Der Neumond, die feine, zarte Sichel, die sich mit neuer Kraft über dem Horizont erhebt, ist schon die Zeit des Neubeginns, des Keimens und des Werdens.

Im Jahreskreis entspricht das Element Erde dem Winter und der Wintersonnenwende. Ähnlich wie der Schwarzmond ist auch die Wintersonnenwende, in der die Sonne am kürzesten Tag den tiefsten Stand erreicht hat, ein Symbol für das sterbende Jahr und die Neugeburt des Lichts.

Im Winter ruht die Natur, die Pflanzen haben sich in die schützende Erde zurückgezogen, viele Tiere sinken in tiefen, Energie sparenden Schlaf, das Wasser erstarrt in den Seen und Flüssen. Es ist die Zeit der Dunkelheit, wo Depressionen aufblühen und Kälte den Tod bringen kann.

Im menschlichen Leben ist das Alter den Erdkräften zugeordnet, die Zeit, in der man bedächtiger wird, mehr nach innen gerichtet lebt, keine großen Zukunftspläne mehr hat, dem Neuen gegenüber nicht mehr so aufgeschlossen ist, oft in der Vergangenheit verweilt, aber auch aus dem reichen Schatz der Lebenserfahrung schöpfen kann und darum nicht mehr überhastet reagiert. Es ist eine Phase des Lebens, in der man Macht besitzt, wenn man seine Jahre mit Achtsamkeit verbracht hat und zu persönlicher Ganzheit gelangt ist. Und schließlich ist es die Zeit des Abschiednehmens und Sterbens.

Als Himmelsrichtung ist den Erdkräften der Norden zugeordnet. Und wann immer sie diese Kräfte rituell anrufen, ist es sinnvoll, sich in diese Richtung zu wenden. Der Norden ist in unserer Hemisphäre gleichbedeutend mit Kälte und Dunkelheit. Die Sonne geht im Westen unter, im Norden glänzt sie durch Abwesenheit. Im höchsten Norden herrscht im Winter Nacht, doch ist auch hier ein Keim der Hoffnung am Himmel zu sehen, denn der beständige Nordstern ist ein verlässlicher Führer in der Dunkelheit.

Übung: Der magische Kreis in der Erdversion

Schutz bietet das Pentagramm, der Fünfstern, entweder als Amulett oder als visuell erzeugtes Bild. Es ist der Personenschutz. Für magische Arbeiten benötigt man den Schutz des Arbeitsraums, und deshalb sollte man einen genügend großen Kreis um sich herum bilden, innerhalb dessen man sich bewegen und die magischen Handlungen ausführen kann. Vor allem, wenn mehrere Personen am Ritual teilnehmen, sollte genügend Bewegungsfreiheit vorhanden sein.

Das innere Kind sieht es gern, wenn es etwas Greifbares hat. Also nehmen Sie Materie, um den Kreis zu ziehen. Und was liegt bei der Erde als Hilfsmittel näher als irdische Stoffe – Sand, Kiesel, Salz, Holzstückchen, Blätter, Blumen oder alles zusammen. Der Kreis muss nicht lückenlos gelegt werden, die Verbindung zwischen den einzelnen Gegenständen ergibt sich aus der Energie, die Sie in diesen Kreis hineinleiten.

Der Erdkreis

- Nehmen Sie ein Gefäß mit der gewählten Erdsubstanz in die rechte Hand.
- Drehen Sie sich mit dem Gesicht nach Osten, und atmen Sie viermal tief ein.
- Nehmen Sie mit der linken Hand, die dem Herzen näher ist, das Salz, die Erde oder die Blüten. Streuen Sie sie vor sich aus, während Sie sich in Richtung Süden wenden.
- Verweilen Sie kurz, atmen Sie wieder viermal tief ein.
- Fahren Sie mit dem Ausstreuen fort, während Sie sich Richtung Westen wenden.
- Verharren Sie, atmen Sie viermal tief ein.
- Drehen Sie sich nach Norden weiter, und streuen Sie die Erdsubstanz aus.
- Im Norden verweilen Sie kurz und atmen viermal ein.
- Den Kreis vollenden Sie, indem Sie sich wieder nach Osten drehen.

Nun haben Sie einen magischen Kreis um sich gezogen, der sichtbar auf dem Boden ausliegt. Bitte diesen Kreis nicht verlassen noch von außen betreten, bevor das Ritual beendet ist. Ausnahmen sind kleine Kinder und Tiere. Ist das Ritual beendet, dann sagen Sie laut: »Ich hebe den magischen Kreis auf!« und kehren in derselben Kreisbewegung zusammen. Entsorgen Sie das Material in der Natur, am besten dort, wo Sie es hergeholt haben. Respekt und Achtsamkeit gehören zum Umgang mit den magischen Hilfskräften.

Götter und Geister der Erde

Die Kraft der Erde manifestiert sich in allen Erdgöttern: den chthonischen (griechisch: unterirdischen) Göttern, die aus der Tiefe der Erde wirken, und den Elementargeistern, die ebenfalls ein unterirdisches, nächtliches Leben führen oder sich in der Vegetation manifestieren. Die Archetypen der Erde hingegen sind diejenigen, in denen die Charaktereigenschaften der Erde besonders stark hervortreten. Die früheste, allumfassendste Gottheit der Erde ist die große Erdmutter – die Gebärerin, die Nährende, die Schützende, die Tötende. Der Kreislauf des Werdens und Vergehens aller Materie ist ihr Reich, und die Vegetation, die Fruchtbarkeit, das Wachstum und der Verfall liegen in ihrer Hand. Ihre ursprünglichen Namen kennen wir nicht, doch jene Zivilisationen, die uns Zeugnisse ihres Glaubens hinterlassen haben, nennen sie Gaia und Tellus Mater, Nerthus, Demeter und Ceres, Taillte und Maria im Ährenkleid. Alle Namen, die von Mater oder Meter abgeleitet sind, erinnern an die Urmutter. Die Erde ist unsere Mutter, nicht unser Vater. Darüber scheinen sich alle Generationen und alle Kulturen einig zu sein. Materie – Mater – Matrone – Mutter, das ist hier die offensichtliche Ableitung, auch in unserer Sprache. Die Göttinnen, deren Erdaspekte vor allem die Dunkelheit, den Untergrund, das Alter und den Tod umfassen, gehören auch hierhin. Hel und Hekate, die Erinnyen, Persephone und Cailleach sind die wichtigsten unter ihnen.

Mütterliche und tötende Göttinnen

⌖ Cailleach – Das alte Weib, die Verschleierte, ist eine keltische Göttin. Ihr sind einst die Berge und Hügel, Dolmen und Steinsetzungen aus der Schürze gefallen. Das Besondere an ihr ist, dass sie ihr Alter ablegen kann und als schönes junges Mädchen erscheint.

⌖ Ceres/Demeter – Ceres, die Mutter des Ackerbaus, ist die römische Version der griechischen Demeter, die der Erde die Kraft gab, das Getreide wachsen zu lassen. Cerealien – Körnerfrüchte, werden heute noch nach ihr benannt. Sie hat auch eine dunkle Seite. Als sie einmal – auf der Suche nach ihrer entführten Tochter – den Menschen grollte, waren verheerende Hungersnöte die Folge.

⌖ Erinnyen – Unterirdische Rachegöttinnen, die Töchter der Nacht, die zu dritt auftreten: Allekto, die Unaufhörliche, Tisiphone, die Vergeltung, und Megaira, der neidische Zorn. Seien Sie vorsichtig mit den Damen, sie wirken noch immer.

⌖ Gaia – Sie ist die Erde selbst, alle Begriffe, die mit der griechischen Silbe »geo« beginnen, beziehen sich auf sie. Gaia entstand als erstes Wesen aus dem Chaos, sie schuf u.a. den Himmel (Uranos) und das Meer (Okeanos) und Chronos, den Vater der Zeit.

⊕ Hekate – Die griechische Herrin der Nacht, die mit Geißel und Fackel umherzog und von einer Meute Hunde begleitet wurde, brachte den Menschen die Zauberei bei.

⊕ Hel – Die germanische Göttin der Unterwelt und die Herrin des Totenreiches war die Tochter einer Riesin. In ihrem Palast Nifelheim landeten die Verstorbenen, die nicht das Glück hatten, auf dem Schlachtfeld zu sterben und zu Odin nach Walhall zu kommen.

⊕ Maria im Ährenkleid – Eine der schönsten Darstellungen der Gottesmutter ist die Maria im Ährenkleid, die beispielsweise um Erntesegen angerufen wird.

⊕ Nerthus/Njörd – Sie wurde von den Germanen Mutter Erde genannt und laut Tacitus als ihre oberste Göttin verehrt. Ihre Herkunft ist geheimnisvoll, so dass nahe liegt, dass sie eine Form einer sehr viel älteren Erdgöttin ist.

⊕ Taillte – Die keltische Erdgöttin war die Amme des Gottes Lug, der ihr zu Ehren das Fest Lugnasad am 1. August einführte.

⊕ Persephone/Kore – Die Tochter der Demeter/Ceres wurde vom Herrn der Unterwelt, Hades, begehrt und entführt. Ihre Mutter befreite sie zwar, doch die – vor allem sexuelle – Anziehungskraft des chthonischen Gottes lässt sie ein Drittel des Jahres an seiner Seite in der Unterwelt verbringen.

⊕ Schwarze Madonnen – Maria als schwarze Frau dargestellt gibt es in zahlreichen Wallfahrtsorten, ihren Ursprung mag sie im Orient haben. Der schwarzen Maria haftet, anders als den Darstellungen in ihrer lichten Form, durchaus der dunkle Aspekt der Weiblichkeit an. Darum ist sie so mächtig.

⊕ Tellus Mater – Sie wird auch Terra Mater genannt, also Mutter Erde. Sie ist eine römische Göttin, die ebenfalls für alle Formen der Fruchtbarkeit zuständig ist, die der Pflanzen, Tiere und Menschen. Doch gleichzeitig ist sie auch eine mütterliche Todesgöttin.

Die erdverbundenen Götter

Vatergötter der Erde gibt es nicht, wohl aber männliche Götter mit starken Erdaspekten. Hades/Pluto ist einer von ihnen und Saturn, der Hüter der Schwelle, Dionysos und Pan, Cernunnos und Arawn sowie Freyr.

⊕ Arawn – Der grau gewandete Jäger der keltischen Mythologie ist der Herrscher der Anderwelt, dessen erster Streich tötet, der nächste jedoch wieder zum Leben erweckt.

⊕ Cernunnos – Der grüne Mann, der Herr der Wälder und der wilden Tiere aus der keltischen Sagenwelt wird oft mit einem Geweih und im Blätterkleid dargestellt. Er ist ein äußerst lustbetonter, wilder Mann.

⊕ Dionysos – Auch Bacchus genannt, war ein Bauerngott und dem Wein zugetan. Er erlebte Tod und Wiedergeburt im Mythos und in den ekstatischen Mysterienspielen.

⊕ Freyr – Auch die Germanen haben ihren Vegetationsgott, Njörds Sohn, der im Lichtelbenheim lebt und sich um Fruchtbarkeit und reiche Ernte kümmert.

⊕ Hades – Den düsteren, kaltherzigen Erdaspekt verkörpert Hades/Pluto, der Herr der griechischen Unterwelt, wo er als gerechter, aber gnadenloser Richter über die Seelen der Toten bestimmt.

⊕ Pan – Der bocksfüßige Hirtengott stand dem Teufel zwar Pate, aber er ist erheblich lustiger und vor allem lüstern.

⊕ Saturn – Einst der römische Gott des Ackerbaus, doch er verschmolz langsam mit dem griechischen Chronos, dem Vater der Zeit. Heute wird er oft als Hüter der Schwelle (ins Unbewusste) angesehen.

Heilige und Engel

Auch Heilige mit Erdcharakter gibt es, unter ihnen die beiden Nothelfer Ägidius und Barbara, ebenso verkörpert der Erzengel Uriel die Erdkräfte.

⊕ Ägidius – Auch Gilles oder Till gerufen, lebte tief im Wald in einer Erdhöhle. Bei ihm suchten die wilden Tiere Zuflucht, wenn sie gejagt wurden. Im Brauchtum wird bei Trockenheit (Wasser), Sturm (Luft) und Feuer um Hilfe gebetet. Sein Gedenktag ist der 1. September.

⊕ Barbara – Die populäre Patronin der Bergleute, Baumeister, Steinmetze, Architekten und Bauern wird um Hilfe gegen Gewitter und Feuer angerufen und trägt einen Schutzmantel, unter dem man Geborgenheit findet. Der Barbaratag, an dem die Barbarazweige geschnitten werden, ist der 4. Dezember.

⊕ Uriel – Der Erzengel im erdbraunen Gewand ist der Wächter des Nordens. Er wird zwar in der Bibel nicht erwähnt, findet dennoch Verehrung und sorgt für Gerechtigkeit und Ordnung. Auch um Geduld kann man ihn bitten.

Elementarwesen der Erde

Die Naturgeister der Erde finden Sie in Höhlen, Bergschluchten, Hügelgräbern oder verfallenen Ruinen. Andere hingegen ziehen tiefe Wälder vor, wo sie in Wurzelhöhlen oder in Bäumen hausen. Nicht alle Erdgeister sind ausschließlich freundlich, denn ihre Aufgabe ist es, die Natur zu schützen, und der Mensch ist nun einmal nicht ausschließlich nett zur Natur. Sie finden Berichte über Erdgeister vor allem in den Märchen der Gebirgsvölker und in den nordischen Sagen und Mythen. Die Germanen hatten eine enge Beziehung zu Zwergen, und es ist ganz aufschlussreich, das Epos »Die Nibelungen« zu lesen, wenn man etwas über dieses barsche Völkchen lernen will. Hier eine – sicher unvollständige – Auflistung einiger Erdgeister:

⊕ Banshee – Die irische Todesfee lebt in Dolmen, so genannten Feenhügeln, die oft der Eingang zur Anderwelt sind. Sie ist die Beschützerin eines Menschenclans, und ihr klagender Ruf ertönt, wenn ein Mitglied dieser Familie sterben wird.

⊕ Dryade – Die griechische Baumnymphe lebt und stirbt mit dem Baum, den sie betreut. Sie ist sozusagen die Seele des Baums und straft die Menschen, die willkürlich Äste abbrechen.

⊕ Gnom – Nach Paracelsus (1493–1541) sind es die Gnome, die die Erdkräfte verkörpern. Sie leben unter der Herrschaft ihres Königs Ghob. Ob das Wort »Gnom« von dem griechischen Wort »gnome« – Wissen – abgeleitet oder ein Kunstwort ist, bleibt dahingestellt. Sie leben in Höhlen und Steinspalten, sind klein, mit knotiger Haut und erdfarbenem Gewand.

⊕ Kobolde – Wie ihre Verwandten, die Heinzelmännchen, wohnen sie lieber in alten Häusern als in der freien Natur. Hier treiben sie gern ihren Schabernack mit den Bewohnern. Mit Haustieren kommen sie jedoch gut aus.

⌖ Sidhe – Keltisches Feenvolk, das unterirdisch haust und oft an alten Steinsetzungen zu finden ist. Sie sind den Menschen gewöhnlich wohlgesonnen, wenngleich sie sie manchmal in die Anderwelt entführen.

⌖ Troll – Ein missgestalteter, großer Erdgeist der nordischen Wälder, der Sonnenlicht scheut und Menschen nicht liebt. Er symbolisiert den abweisenden, missmutigen Erdaspekt.

⌖ Zwerg – Der Handwerker unter den Erdgeistern, der in Minen arbeitet und Metalle und Edelsteine abbaut. Vor allem bekannt als Kunstschmied zauberhafter Geschmeide.

⌖ Gartenzwerge – Sie sind Sonderformen der Zwerge, ähnlich wie Rauschgoldengel und Schokoladenikoläuse. Sie sind nicht wirklich magisch begabt.

Übung: Eine Rolle spielen

Rollen spielen wir alle mehr oder weniger häufig, mehr oder weniger bewusst, mehr oder weniger gern. Nicht immer, so haben wir manchmal den Eindruck, sind wir die Idealbesetzung für die liebevolle Schwiegertochter, den verständnisvollen Vater, die geduldige Zuhörerin. Es hängt vom Publikum ab, von der Kulisse und dem Drehbuch. Gelegentlich fallen wir also aus der Rolle, zanken mit der Schwiegermutter und falten die ewig jammernde Freundin ordentlich zusammen. Dennoch, Rollenspielen ist wichtig, denn auch darin wirkt Magie. Was wir vorgeben zu sein, werden wir auch in gewisser Weise. Professionelle Schauspieler werden Ihnen das bestätigen. Darum ist es so unge-

mein wichtig, Rollen immer wissentlich und willentlich zu spielen und sie auch bewusst beenden zu können, um wieder das authentische Selbst zu werden.

Sich der eigenen Rolle bewusst werden

Man lernt viel, wenn man die Maske einer anderen Persönlichkeit anlegt. Man entdeckt vor allem, wozu man fähig oder unfähig ist. Beobachten Sie sich selbst, wann Sie Rollen spielen und wie Sie es machen. Das machen wir alle häufig genug, und es hat schon mit Magie zu tun, wenn Sie sich diese Spiele bewusst machen und sie willentlich und wissentlich einsetzen und beenden können. Wenn sie zwanghaft ablaufen oder wenn Sie von einer Rolle in die nächste schlüpfen, dann sind Sie ein unglücklicher Mensch, dem vermutlich andauernd Missgeschicke passieren. Überprüfen Sie Ihre Rollen. Auch in der magischen Welt werden Rollen gespielt, und dort ist das Repertoire ungleich größer. Denn hier reicht der Fundus von Aschenbrödel bis Zeus, hier kann man Albdruck und Zauberer werden. Man nennt diese magische Technik Invokation (Hineinrufen), und ich erwähne Sie hier der Vollständigkeit halber. Doch wie sie wirklich funktioniert, werden Sie selbst herausfinden müssen. Sie ist nicht ungefährlich und darf nur dann eingesetzt werden, wenn man sich über seine Rollen im realen Leben völlig im Klaren ist. Ansonsten droht hier wirklich der Wahnsinn.

Praktische Erdmagie

Wir begeben uns an dieser Stelle wieder auf die Ebene der Analogien, der Entsprechungen, und ich will Ihnen anhand einiger Beispiele zeigen, wie die Ableitung – und damit die Verbindung zu den bestimmten Erdaspekten – zu sehen ist.

Das Element Feuer – magische Farben

Auch wenn Ihnen Ihr Farbberater sagt, Sie seien ein Herbsttyp, entspricht in der Magie das Element Erde dem Winter, und hier gelten die Erdfarben: Grün, Braun, Oliv, Terrakotta und Schwarz sind die Farben, über die die Erdkräfte wirken.

⌖ Braun – Dunkel glänzende, fette Ackerkrume und gelblich mergeliger Lehm sind braun, Baumrinde, abgestorbene Blätter, knuspriges Brot, verfaulte Äpfel, Fäkalien, das Fell vieler Tiere ebenfalls. Braun ist die Farbe der Nahrung, des Verdorrens, der Verwesung, der Geduld, des Alters und auch der Dummheit. Es ist eine sehr ambivalente Farbe und erfreut sich keiner großen Sympathien. Wenn Sie sie nicht mögen, setzen Sie sie sparsam ein. Sie zeigt den Erdaspekt in der Form der Auflösung (Verwesung, Humusbildung).

⌖ Grün – Die Farbe der Vegetation: Vom lichten Maigrün bis zum Dunkelgrün der tiefen Tannenwälder ist alles erlaubt. Grün ist die Farbe des Lebens, des Wachstums, darum auch des Erfolgs und der Hoffnung, der Zuversicht, der Zukunft, des Neubeginns und der Frische. Grün ist auch die Farbe der Venus, der Göttin der Liebe. Gesundheit und Ausgeglichenheit symbolisiert das Grün, aber auch die Unreife und das Gift. Dämonen zeichnen sich häufig durch eine grüne Hautfarbe aus. Wenn Sie die Erdkräfte in ihren Aspekten Erfolg, Wohlstand und Gesundheit anrufen, wählen Sie Grün.

⌖ Oliv – Schmutziges Grün, mit Braun vermischtes Grün, ist fast so gut wie eine Tarnkappe. Es gibt nur wenige Menschen, denen olivfarbene Kleidung steht. Die mit nährstoffreichem Schlamm angereicherten Flüsse sind olivgrün, und damit wird der Düngeaspekt der Erde angesprochen.

⌖ Schwarz – Die mondlose Nacht mit ihren schwarzen Schatten, das schwarze Lavagestein, die Finsternis in lichtlosen Höhlen, die verbrannten Wälder und das verfaulte Fleisch, die grünen Augen, die aus dem Gesicht einer schwarzen Katze leuchten – Tod und Trauer, Unheimliches und die Angst davor symbolisiert Schwarz. Doch das Unheimliche, das Geheimnisvolle reizt und verführt auch. Was geschieht in der Nacht des schwarzen Mondes? Was erwartet uns, wenn wir die Grenze überschreiten und in die schwarze Welt des Todes treten? Solchen Fragen sollte man mit Würde begegnen. Und dazu trägt man Schwarz.

⌖ Terrakotta – Gebrannter Lehm, rötliches Braun, Erde, die durch das Feuer ging – Terrakotta ist eine warme Farbe, die Farbe der Blumentöpfe und Ziegel, aller frühen Tonwaren. Und daher sind Terrakottagefäße als Ritualgeschirr bei Erdanrufungen sehr passend. Und wann immer Sie etwas zu bauen haben, passt es auch ganz gut.

Steine und Nahrungsmittel – das Element Erde

Ganz ursprünglich gehört handfeste Nahrung zu den magischen Hilfsmitteln der Erde, denn Essen erdet. Aber selbstverständlich ist die Erde beim Gestein in ihrem Element. Darum wollen wir an dieser Stelle die Mineralogie besonders eingehend betrachten.

Gesteine

Es muss nicht immer ein Edelstein sein, auch wenn diese vornehmen Kristalle besonders schön sind und auch besondere Schwingungen zeigen. Aber die Erde hat auch andere Kostbarkeiten zu bieten, man muss sie nur erkennen – ganz gewöhnliches Gestein nämlich. Es gibt sehr unterschiedliches Gestein, und seine Herkunft und Entstehungsweise können sehr bewegt sein – etwa bei den vulkanischen Gesteinen, die aus dem inneren Schmelzofen der Erde stammen, den Obsidianen (Gesteinsglas), Bims (Gesteinsasche) oder den phantastisch farbenprächtigen Graniten.

Dann gibt es noch die Sedimente, die sich aus den verfestigten Schichten erodierten Gesteins bilden. Da mag ein Meer seine kalkhaltigen Ablagerungen hinterlassen haben, feiner Löss aus Gletscherabrieb oder bunter Sand. Manchmal finden sich Versteinerungen darin, uralte in Stein konservierte Lebewesen.

Auch die metamorphen Gesteine, die unter Druck und Hitze zusammengepresst wurden, wie etwa der schillernde graue Schiefer und der vornehme Marmor, haben eine erstaunlich lebendige Vergangenheit. Und dann gibt es noch den Ocker, das rote, eisenhaltige Verwitterungsprodukt aus Eisenerz und Feldspat, das schon die Menschen der Steinzeit als heilige Erde verwendeten. Man findet es in den ältesten Begräbnisstätten als Beigabe für die Toten, und den Malern in den Höhlen diente es als Basisfarbe.

Achten Sie auf die Steine zu Ihren Füßen, besuchen Sie eine Mineraliensammlung oder einen Steinmetz, und lassen Sie sich zeigen, woraus die Erde besteht.

Steine

Edelsteine und Kristalle sind Teile der Erde in ihrer schönsten, faszinierendsten Form. Mit ihnen bewirkt die Erde Heilung und Zauber auf ihre ganz eigene Weise.

⌖ Achat – Vor allem der grüne Moosachat, aber auch der gebänderte Landschaftsachat entsprechen sehr schön den Erdkräften und schutzen vor üblen Kräften und dem bösen Blick.

⌖ Grüne Jade – Von ihr wird behauptet, dass sie die Empfängnisbereitschaft fördert, aber sie beruhigt auch und hilft, wenn Vorurteile den Gerechtigkeitssinn blockieren.

⌖ Magnetit (Magnetstein) – Ein schwarzes Eisenerzmineral, das magnetisch ist und in früheren Zeiten als Kompass diente. Es weist die Richtung an und ermöglicht somit Orientierung.

- Malachit – Dieser grün gebänderte Stein symbolisiert das Wachstum und beschützt die Schwangeren und Gebärenden.
- Onyx – Der schwarze Onyx ist ein mächtiger Stein, der vor allem bannend wirkt und nur sparsam eingesetzt werden sollte. Was bannt, schützt auch und wirkt nach innen. So fördert er auch die Konzentration und mindert die Vergesslichkeit.
- Rauchquarz – Der rauchig gefärbte Kristall hat den Ruf, ein Schutzstein zu sein, und wurde gern zu Rosenkranzperlen verarbeitet. Er hilft auch gegen Stress und fördert die Konzentration und den Ordnungssinn.
- Smaragd – Das Basiswerk der abendländischen Magie wurde auf eine Smaragdtafel geschrieben, die »Tabula Smaragdina« des Hermes Trismegistos. Der Stein ist teuer, aber es muss ja kein lupenreiner, hochkarätiger Stein sein, den Sie verwenden, um Ihr Einfühlungsvermögen für die irdischen Kräfte zu erhöhen und das geistige Wachstum zu fördern.
- Steinkohle oder Braunkohle – Das versteinerte organische Leben der Vergangenheit zeigt wie kein anderes Material die Dauerhaftigkeit der Erde, aber auch den erhabenen, langsamen Kreislauf aus Werden und Vergehen, von Auflösen und Transformieren.
- Steinsalz – Tief im Schoß der Erde glitzern die Wände weiß von Kristallen. Trockene, leicht salzige Luft ist so rein, dass keine Fäulnis einsetzen kann. Steinsalz, das reinigende Geschenk der Erde, das desinfizierende Natriumchlorid, das seit Menschengedenken zum Haltbarmachen von Lebensmitteln verwendet wird, mit dem man Wunden reinigt, das schädliche Feuchtigkeit aufnimmt.
- Türkis – Farblich passt der Türkis nicht in die Palette der grünen und braunen Steine, doch er ist nun einmal der traditionelle Schutzstein gegen den bösen Blick, und so sollten Sie ihn auch anwenden.

Nahrung und Getränke

Irdische Genüsse gehören auch zur Erdmagie. Gerade bei Dankritualen oder bei Bitten um Wachstum und Fruchtbarkeit kommen essbare Pflanzen zum Einsatz.

- Getreide – Roggen, Weizen, Gerste, Hafer und Mais sind die am häufigsten bei uns angebauten Getreidesorten. Sie sind das älteste Symbol der nährenden Erde, der Kornmütter und Ackerbaugötter. Falls Sie einen Erdgott einladen, verwenden Sie Ähren. Auch getrocknet halten sich diese Pflanzen noch lange. In Form von Müsli, Broten, Brötchen, Keksen oder Kuchen darf Getreide auch als Erdung gegessen werden.
- Kartoffeln – Wenn es ein typisches Erdgewächs gibt, dann die Kartoffel, deren nahrhafte braune Knolle im Boden sitzt und deren oberirdischer Anteil ein Nachtschattengewächs ist. Als rituelles Essen ist ein Teller Pellkartoffeln mit Quark vor allem für kohlehydratsüchtige Erdmenschen nicht zu verschmähen. Erdung ist mit ihnen garantiert.
- Malzbier – Aus gemälztem, also gekeimtem und gedarrtem, Korn wird Bier hergestellt. Es ist ein erdiges Getränk, das den Wachstumsaspekt der Erde berücksichtigt.
- Met – Honig, den die fleißigen Bienen sammeln, haben schon die Germanen vergoren und den Honigwein Met daraus hergestellt. Vor allem, wenn Sie alte germanische

Götter einbinden, bieten Sie ihnen ein Hörnchen voll als Trankopfer an.

⌖ Rotwein – Schwer und dunkel, spendet er – in Maßen genossen – Gelassenheit und Ruhe. Er schenkt die Erdenschwere, die man braucht, um dem nervenaufreibenden Getriebe der Welt zu trotzen. Er kann aber auch einen schweren Kopf verursachen.

⌖ Sprossen und Keime – Alfalfa- oder Sojasprossen drücken den Fruchtbarkeitsaspekt der Erde aus.

⌖ Wurzelgemüse – Möhren, Rüben, Rote Beete und was sonst noch aus der Erde gezogen wird, gehört natürlich zu den typischen Erdfrüchten, die ihre Qualitäten im Verborgenen entwickeln. Auch sie eignen sich gut als rituelle Erdungsnahrung.

Düfte und Töne – das Element Luft

Dumpfe, schwere Töne verstärken das Gefühl, fest mit der Erde verbunden zu sein. Es sind auch die schweren Düfte, die als magische Hilfsmittel die Erdkräfte verstärken.

Düfte

Die erdigen Düfte in der Parfümerie meinen holzige, herbe Gerüche, die den Eindruck eines feuchten, moosigen Waldbodens unter grünem, schattigem Laub hinterlassen. Diese Düfte können Sie auch verwenden, wenn Sie Ihnen liegen. Ansonsten gibt es noch das traditionelle Räucherwerk und Duftöle, die dem Element Erde zugeordnet sind.

⌖ Fenchel – Räuchern würde ich nicht gerade mit Fenchel. Fencheltee duftet schon sehr stark, und Fenchelöl verbreitet eine beruhigende, wärmende und mütterliche Atmosphäre.

⌖ Geißblatt – Die Blüten haben einen zartsüßen Duft. Jelängerjelieber wird diese Pflanze auch genannt. Anspruchslosigkeit charakterisiert es, es wächst unter fast allen Bedingungen. Der Duft zieht Wohlstand an und fördert Ausdauer.

⌖ Jasmin – Echter Jasmin, nicht der Pfeifenstrauch, fördert die sinnliche Liebe – als Parfüm, als Duftöl, aber auch die getrockneten Blüten im Räucherwerk.

⌖ Magnolie – Die Magnolie ist inzwischen in unseren Gärten heimisch geworden, und ihr Duft bewirkt Treue. Im Räucherwerk werden die getrockneten Blütenblätter verwendet.

⌖ Mekkabalsam – Das Harz eines orientalischen Bohnenstrauchs gehört zu den ältesten Räucheringredienzen und hat eine große Schutzwirkung. Außerdem hilft es den Geistwesen, sich bemerkbar zu machen.

⌖ Patchouli – Ein richtiges Erdweib parfümiert sich mit Patchouli – und fällt damit noch nicht mal negativ auf. Tiefste Sinnlichkeit fördert es, und damit liegt Fruchtbarkeit nahe, aber auch Wohlstand und Erfolg.

⌖ Salbei – In der traditionellen Analogienlehre wird Salbei der Luft und der Reinigung zugeordnet. Aber sein Duft ist so erdhaft, dass er auch die Erdkräfte anzieht, zumal wenn langfristiger Erfolg erwünscht ist.

⌖ Wacholder – Mit einer Tendenz zum Feuer ist er als Schutzpflanze unübertroffen. Blätter und Beeren bereichern das Räucherwerk, das Öl verscheucht unangenehme Energien.

⌖ Ylang-Ylang – Ein Magnoliengewächs liefert den exotisch-blumigen Duft, der besänftigend und sinnlich wirkt. Verwenden Sie ihn als Parfüm oder als Duftöl.

⊕ Zypresse – Holzspänchen oder Zweige im Räucherwerk bewirken Schutz, doch Zypresse betont auch den Erdaspekt des Todes, der Dunkelheit, des Abschieds sowie des Erstarrens und der Ordnung.

Töne

Die irdischsten Geräusche produzieren Trommeln und die großen Saiteninstrumente, die schwingende, tiefe Töne erzeugen. Sie können auch selbst tiefe Töne summen oder brummen wie »Ooooh« oder »Uuuuh«. Beherrschen Sie eines dieser Instrumente, dann können Sie zu den Ritualen selbst die Musik gestalten. Aber es spricht auch nichts dagegen, auf die Konserve zurückzugreifen, um Erdstimmung herzustellen. Achten Sie dabei auf tiefe, langsame Trommelrhythmen. Nichts Aufpeitschendes oder Aufwühlendes, sondern der Herzschlagrhythmus ist gefragt.

Das Element Wasser – Zauberpflanzen

Pflanzen sind selten ganz eindeutig einem Element zugeordnet; das liegt vermutlich an ihren unterschiedlichen Einsatzmöglichkeiten: als Gewürz für das Essen, als Heilmittel, als Räucherwerk, als Duftsträußchen oder Duftkissen. Daher hier nur die Blumen und Kräuter mit überwiegend Erdqualitäten.

⊕ Dill – Nicht nur Gurkentaler würzt dieses Kraut, sondern auch jeden Münzzauber. Setzen Sie ihn ein, wenn es um Wohlstand und materielle Sicherheit geht.

⊕ Efeu – Jede Bausünde deckt er zu, dieser beste Freund der Architekten. Efeu klammert sich an, selbst an den unmöglichsten Stellen findet er Halt. Im keltischen Baumalphabet steht er für Treue und verlässliche Freundschaft. Dem griechischen Weintrinker hingegen versprach ein Efeukranz Schutz gegen Trunkenheit und nüchternes Denken.

⊕ Farn, Moos und Pilze – Die Gewächse, die in den Wäldern wachsen, sind der Erde tief verbunden, mit dem Geheimnisvollen, was sich im Dämmer verbirgt, aber auch mit der Üppigkeit und Fülle der Vegetation.

⊕ Gräser – Grüne Halme oder die trockenen langen Rispen des späten Sommers sind gute Begleiter in einem Ritual, das Beständigkeit bewirken soll. Gras ist allgegenwärtig, durch jede Ritze im Pflaster zwängt es sich, geduldig, beharrlich und unermüdlich.

⊕ Knoblauch – Er soll sogar vor Vampiren, also vor jenen Menschen schützen, die einem den letzten Nerv und jegliche Energie rauben. Ein Erdgeschenk, das nicht gering zu schätzen ist. Notfalls essen Sie eine ausreichende Menge Knoblauchzehen, um sich lästige Wesen vom Hals zu halten.

⊕ Kornblume – Einst war sie den Kornfeldern ein ständiger Begleiter; sie gehört auch zum Vegetationsgott Saturn, der die herbe und dunkle männliche Seite der Erde verkörpert. Er ist der Richter und Prüfer, dem wir uns immer wieder stellen müssen.

⊕ Margerite – Kein Erntekranz verzichtet auf den Dreiklang von Kornblume, Mohn und Margerite. Die weiße, großäugige Wiesenpflanze steht für Ausdauer, Geduld und Toleranz. Und zur Erntezeit, wenn Sie ein Fest zu Ehren der Kornmütter feiern wollen, ist die Trikolore der Blumen (blau-weiß-rot) ein sehr passender Schmuck.

⊕ Mohnblume – Die Bewohnerin der Getrei-

defelder hat besonderen Charme. Als Schlafmohn liefert ihre Samenkapsel die Vorstufe zum Opium. Schlaf, Ruhe, in sich zurückziehen ist auch ein Aspekt der Erde.

⌖ Pfingstrose – Sie kam aus China zu uns, die Päonie, eine unverwüstliche Bauernblume mit unzähligen Blütenblättern, die ihre schwere Blüte stolz erhoben trägt. Reichtum und Ehre gehören deshalb zu ihr und machen sie zu einer der würdevollsten Erdblumen.

⌖ Rosmarin – Dieser würzige nadelige Strauch hat neben einigen anderen Eigenschaften vor allem den Ruf, für Treue zu sorgen. Darin zeigt sich seine Erdqualität.

Bäume und Sträucher

Grundsätzlich sind alle Bäume sehr irdische Gesellen, und Blätter, Holz, Äste, Beeren, Nüsse und Nadeln bringen die Erdkräfte dazu, mit Freude Ihrer Einladung zum Ritual zu folgen. Doch manche Bäume sind erdhafter als andere:

⌖ Buche – Buchen werden bis zu 45 Meter hoch. Unsere Region war in der Frühzeit mit alten Buchenwäldern überzogen, so dass die voll belaubten Bäume aus den Wäldern düstere Orte machten. Sie bietet Schutz, und zum Schutz sollten Sie sie auch einsetzen.

⌖ Eiche – Der stämmige, standhafte und hartnäckige Baum, der über 1000 Jahre alt werden kann, symbolisiert die Dauerhaftigkeit der Erde. Eichenhaine sind die alten heiligen Orte der Kelten, Germanen, aber auch der Griechen. In ihnen, sagt man, wohnen die Götter. Doch auch Elfen leben ihn ihnen.

⌖ Eibe – Beinahe schwarzgrün ist die Eibe und ziemlich giftig. Schon in alter Zeit galt sie als Totenbaum und wurde auf Gräber gepflanzt. Uralt wird sie und hochmagisch ist sie, ein Schutzbaum sondergleichen und ein Symbol des Todes.

Übungen: Hilfsmittel aus dem Wald

Sie haben nun ein reiches Handwerkskästchen voller Hilfsmittel, die die Erde symbolisieren. Es ist gut, wenn diese Dinge einen inneren Bezug zu dem haben, was man als geistiges Ziel des Rituals bestimmt. Deshalb wirken sie für den Uneingeweihten entweder geheimnisvoll oder unsinnig. Doch was immer der Einzelne mit Bedacht auswählt, hat einen Sinn. Machen auch Sie sich dieses Wissen zunutze, wenn Sie Ihrem Wollen und Wünschen Ausdruck verleihen möchten.

Man kann bei einem Spaziergang durch den Wald vieles finden, das hilfreich in einem Ritual eingesetzt werden kann. Wenn Sie einen Baum oder Strauch entdeckt haben, der nach eingehender Betrachtung Ihren Zielen nützlich ist, können Sie beispielsweise ein paar Zweige mitnehmen, um sie als Dekoration zu verwenden. Manche trockenen Blätter oder Nadeln können Sie als Räucherwerk nutzen, wobei Sie allerdings bei den duftenden Nadeln vorsichtig verfahren müssen, denn sie können ein wahres Feuerwerk verursachen! Sie können Statuen oder Votivgaben aus Holzstückchen, bizarre Wurzeln und Rinde herstellen, Talismane oder Amulette.

Nüsse, Kastanien, Eicheln, Bucheckern, Tannenzapfen und all die anderen holzigen Früchte des Waldes sind ebenfalls als Dekoration möglich oder können zu Ketten verarbeitet werden. Auch als Beigabe in magischen Beuteln sind sie denkbar. Die essbaren unter ihnen eignen sich im Nussbrot oder in Keksen als Ritualgebäck. Blätter und Blüten mancher Sträucher ergeben schmackhaften Tee, die Beeren Saft oder Wein. Aus allem, was Sie aus dem Wald mitbringen, können Sie natürlich auch ein Mandala legen, einen Kreis aus bedeutsamen Dingen, in dessen Mitte das Symbol Ihres Wunsches liegt. Oder das Symbol des göttlichen Wesens, mit dem Sie Kontakt aufnehmen möchten. Und selbstverständlich können Sie sich aus einem schönen Ast auch einen Zauberstab herstellen.

Orte der Kraft

Die Erdkräfte sind dort am deutlichsten zu spüren, wo der Bezug zum irdischen Untergrund sehr eng ist. Das ist in Höhlen der Fall oder in Schluchten und selbstverständlich im Wald. Alte Steinsetzungen, Menhire, Altarsteine oder steinzeitliche Grabstätten bieten sich an, um dort die Erdenergien auf sich wirken zu lassen. Sie sind oft an Orten errichtet worden, wo sich Kraftströme der Erde verstärken.

Höhlen sind magische Plätze

Natürliche Höhlen dienen nicht nur Tieren als Unterschlupf, sondern auch unsere Zivilisation hat dort angefangen. Sie kennen sicher einige der bemerkenswerten Höhlen, in denen phantastische Zeichnungen Zeugnis davon geben, dass sich der Mensch mit seiner Umwelt auf praktische, einfühlsame, aber vor allem auch spirituelle Weise auseinander gesetzt hat. Sie dienten eben nicht nur dem Unterschlupf und Schutz vor äußeren Gefahren, sondern waren auch ein Ort des geistigen Rückzugs, der Initiation, der Bestattung und der Beschwörung der Geister. Geheimnisvolle, dunkle Orte, in denen die Mächte des Untergrunds wirkten, wo der Schamane mit ihne in Kontakt treten konnte, um die Geschicke des Clans zu deuten und den Geist der Tiere zu bannen, die gejagt werden sollten.

Wundersame Welt unter der Erde

Das Betreten einer Höhle kostet Überwindung. Wer in den Schoß der Erde eintritt, den umfängt eine Stille, in der die Laute eine andere Bedeutung haben. Der fallende Tropfen hallt nach, ein unterirdischer Wasserlauf wälzt sich mahlend durch das Gestein, und der eigene Atem erscheint plötzlich lauter zu werden. Selbst beleuchtete Höhlen sind nicht einfach zu begehen. Wer weiß schon, wohin die gewundenen Gänge führen, was hinter einem beklemmenden Engpass auf einen wartet: ein stiller See, eine weite Halle voller schimmernder Kristallwände, ein Gewirr von steinernen Vorhängen und Tropfsteinen, eine Wand, ein Lager alter Knochen ...

Der Besuch einer Höhle bringt Sie in den direkten Kontakt mit der Erde, dem Ursprung des Seins und dem Ende. Hier mag die Urerinnerung an die Zeit vor der Geburt sein, in der wir in der warmen Höhle der Gebärmutter schwebten, um uns dann den Weg aus der Tiefe, der Dunkelheit und Stille hinaus an das Licht des Tages zu bahnen. Die Toten geben wir zurück an den Leib der Erde. Im Erdbegräbnis genauso wie in der Asche wird der Körper wieder eins mit der Materie, aus der er geschaffen wurde.

Unterirdische Kräfte

Unterirdisch wirken die chthonischen Götter, der griechische Pluto/Hades oder die germanische Hel. Sie sind keine lichtvollen Gestalten, und die Auseinandersetzung mit ihnen erfordert Mut. Doch sie lösen Transformation aus und geben damit dem Menschen die Chance, sich weiterzuentwickeln.

Die Elementargeister der Erde bewohnen Höhlen. Zwerge, Gnome und Trolle graben dort nach Schätzen. In Höhlen treten Gold- und Silberadern zutage, Kristalle und Edelsteine sitzen im Gestein. Auch die Wächter der Schätze mögen Ihnen hier begegnen, denn auch Drachen behausen sie und warnen jeden, der sich ihnen nähert.

Das Unterirdische und das Unbewusste gehören zusammen. Wie in der Höhle verbirgt sich auch dort ein ungeahnter Reichtum, der das Leben vollständiger macht, kommt man nur erst einmal heran und hebt den Schatz.

Suchen Sie eine Höhle auf, um einen Eindruck von der Tiefe zu gewinnen. Wählen Sie, wenn möglich, nicht gerade ein berühmtes Ausflugsziel. Höhlenforschung auf eigene Faust sollten Sie hingegen unterlassen, wenn Sie nicht über die entsprechende Ausbildung verfügen. Den Eindruck, den Sie in einer Höhle gewinnen, sollten Sie gut verinnerlichen. Er kann Ihnen höchst dienlich sein, wenn Sie im Rahmen Ihrer magischen Tätigkeiten mit den dunklen, geheimnisvollen und transformierenden Kräften der Erde arbeiten möchten.

Steinsetzungen als magische Energiepunkte

Die Stellen, wo die Erdkräfte (das Chi) besonders stark an die Oberfläche kommen, sind häufig gekennzeichnet worden. Monolithe, aufrecht stehende, behauene Steine, Menhire genannt, findet man dort. Einzeln können sie stehen, aber auch als Steinkreise oder in Reihen. Bekannt sind Stonehenge und Carnac, inzwischen gern besuchte Ziele des Eso-Tourismus. Aber es gibt auch viele unbekannte alte Steinsetzungen, Dolmen und Hügelgräber. Sie sind nicht leicht zu finden, aber mit ein wenig Forschungsarbeit werden auch Sie in Ihrer Umgebung den einen oder anderen Ort finden. Nehmen Sie eine

Wanderkarte zur Hand, oder schlagen Sie in einem Heimatführer nach.

Welche Kulte und Riten unsere Vorfahren an jenen Stellen vollzogen haben, darüber ist viel phantasiert worden. Von blutigen Opferriten ist da die Rede oder von Ahnenkult, von Fruchtbarkeitszaubern oder Jahreszeitfesten. Was stimmt, wissen wir nicht, aber dass etwas dort geschah, ist sicher. Und die heilige, magische Handlung hat Spuren im Gewebe der Welt hinterlassen, vor allem an Orten, wo die Erdkräfte stark sind. Hier sind die Götter der Steinzeit gerufen worden, man hat sie um Beistand gebeten und um Erfüllung der Wünsche. Die Steine, die in die Erde eingelassen wurden, stellen den Kontakt zu diesen Erdgöttern her. Sie wirken wie Akupunkturnadeln auf das Gewebe der Erde und leiten die Kraft zwischen Mensch und geistigen Wesen.

Wenn Sie einen solchen Platz gefunden haben, dann nähern Sie sich ihm respektvoll, und nehmen Sie sich etwas Zeit, um dort zu verweilen. Setzen Sie sich nieder, und lassen Sie die Stimmung auf sich wirken. Schließen Sie die Augen, und lauschen Sie. Betasten Sie den Stein und den Boden, der ihn umgibt.

Behalten Sie im Gedächtnis, was Sie dort erspürt haben, denn es wird Ihnen helfen, mit der Geduld, der Ausdauer und Festigkeit der Erde immer wieder in Kontakt zu kommen. Versuchen Sie auch mal, dort eine Erdungsübung durchzuführen.

Der Wald

Bevor die Menschen mit ihren zivilisatorischen Bedürfnissen den Bäumen zu Leibe rückten, war Europa von Wäldern überzogen, unzugänglich, voller Moder und Unterholz, lichtlos und schattig, ein Ort üppigster Vegetation. Der Wald bot Holz zum Bau von Häusern und Zäunen, Nahrung, Schutz und Heiligkeit, denn in ihm wohnten auch die Götter und Naturgeister. Erdmagie ist auch Waldmagie.

Auch hier gilt es, Erfahrungen zu sammeln, den Wald aufzusuchen. Seit wir vom Holz als Rohstoff nicht mehr in dem Maße abhängig sind wie noch vor einigen Jahrzehnten, gibt es auch wieder naturbelassene Wälder, in denen die Vegetation weitgehend sich selbst überlassen ist. Gehen Sie sorgsam mit diesen Reservaten um, aber nehmen Sie auch die verzauberte Atmosphäre eines solchen Waldes wahr.

Die Geister des Waldes

Bäume galten einst als Sitz der Götter. Sie verbanden die Erde mit dem Himmel, die Menschen mit den höheren Mächten. Die Germanen kannten den Weltenbaum Yggdrasil, der die Reiche der Unterwelt, der Menschen und das Reich der Asen miteinander verband. In den schamanischen Traditionen ist der Weltenbaum die Verbindungsbrücke, auf der der Schamane zu den Geistern der Ober- und Unterwelt reist. Unsere Vorfahren in Europa, die Kelten, besaßen ein Baumalphabet, bei dem jeder Buchstabe einem Baum zugeordnet wurde. Es war weniger eine Schrift zum Festhalten von Wissen als ein magisches System, denn den einzelnen Bäumen bzw. Buchstaben waren die verborgenen Kräfte der Welt zugeordnet. Bäume waren den Kelten heilig, und ihre Religion übten sie in den natürlich gewachsenen Tempeln, den heiligen Hainen, aus. Doch unser Wald stirbt – das sollte uns eigentlich sehr zu denken geben.

Einen Baum umarmen

Ich hoffe, Sie haben ein paar Bäume in der Nähe. Der Mensch ist nichts ohne Bäume! Jeder Baum drückt auf seiner geistigen Ebene einen bestimmten Charakterzug aus, für den er dem Menschen als Symbol steht. Um mit dieser Eigenschaft in Kontakt zu treten, sollten Sie versuchen, in Resonanz mit seiner Schwingung zu treten. Suchen Sie Ihren Lieblingsbaum. Vielleicht steht er schon in Ihrem Garten, vielleicht müssen Sie einen alten Park durchstreifen oder aufmerksam durch den Wald wandern. Wenn Sie Ihrem Baum begegnet sind, dann bleiben Sie einige Schritte weit von ihm entfernt stehen und nehmen ihn mit allen Sinnen auf. Betrachten Sie seinen Wuchs von den Wurzeln über den Stamm bis in die Krone. Auch ein Baum hat eine Persönlichkeit, deshalb sollten Sie ihn auch so behandeln. Treten Sie näher, und grüßen Sie ihn laut oder nur in Gedanken mit einigen liebevollen Worten.

Dann schließen Sie die Augen und umarmen seinen Stamm. Tasten Sie die Rinde ab, und nehmen Sie das Gefühl auf. Lehnen Sie Ihre Wange an den Stamm. Riechen Sie Harz und Holz. Lauschen Sie dem Flüstern der Zweige. Entspannen Sie sich ganz, und lassen Sie die Bilder aufsteigen, die Ihnen der Baum sendet. Fühlen Sie, wie er Feuchtigkeit und Nährstoffe tief aus dem Boden hinaufsteigen lässt, wie er Schicht um Schicht wächst und wie sich die Blätter aus den Knospen entfalten.

Mit allen Sinnen wahrnehmen

Wenn Sie ganz ruhig werden und sich mit allen Sinnen auf den Baum eingestellt haben, dann kann es geschehen, dass er Sie an seinem Leben teilhaben lässt. Dann verschmelzen Sie für eine Weile mit dem Baum, dann sind Sie Wurzel, Stamm und Krone. Es ist ein wundervoll beruhigendes Gefühl von unendlicher Geduld und Frieden. Wenn Sie in die Welt der Menschen zurückkommen, lösen Sie sich von Ihrem Baum, und danken Sie ihm.

Wenn Sie zu mehreren diese Übung gemacht haben, können Sie auch zu einem gemeinsamen Lied um ihn herumtanzen.

Behalten Sie die Erfahrung, die Sie mit Bäumen und im Wald gemacht haben, in Ihrem Herzen. Sie wird Ihnen helfen, wenn Sie die Kraft der Erde benötigen im Kreislauf von Werden und Vergehen.

Übung: Umgänge, eine alte Tradition

Wenn Sie sich auf die Suche nach einem magischen Ort machen, dann sollten Sie eine alte keltische Tradition beachten – die Umgänge. Wo immer Sie diesen Ort gefunden haben, nähern Sie sich ihm zu Fuß und mit Respekt. Wenn er weit entfernt liegt, so dass eine Anreise mit dem Fahrzeug notwendig ist, parken Sie in gebührendem Abstand. Stellen Sie sich auf die Begegnung ein. Wenn Sie eingetroffen sind, begrüßen Sie den Ort mit einigen höflichen Worten. Die rituelle Handlung, die Sie nun durchführen, ist das Umgehen. In Richtung des Sonnenlaufes, von links nach rechts, umschreiten Sie dreimal den Platz oder den Gegenstand. Dann lassen Sie sich nieder und öffnen Ihren Geist für die

Besonderheit des Ortes. Sie können dabei auch Bitten und Wünsche äußern oder Verbindung mit den Alten aufnehmen. Achten Sie in den folgenden Nächten auf Ihre Träume.

Kontaktaufnahme mit den Erdkräften

Wer alles die Erdkräfte verkörpert, haben Sie jetzt erfahren. Nun ist es an der Zeit, Kontakt mit ihnen aufzunehmen. Das ist magische Arbeit und erfordert ein Ritual. Absicht und Ziel dieses Rituals ist vorrangig, nicht das Verändern. Auch wenn eine Veränderung anschließend durchaus eintreten kann. Planen Sie also Ort, Zeit und Hilfsmittel, so wie Sie sie jetzt kennen gelernt haben. Überlegen Sie auch, ob Sie diese Erfahrung allein oder in einer Gruppe machen wollen.

Ort, Zeit und Hilfsmittel

Ort Dort, wo Sie ungestört sind, wenn möglich mit Erdkontakt. Vielleicht benutzen Sie einen Kellerraum dazu, sofern er nicht die schlimmste Gerümpelecke Ihres Hauses ist. Auf jeden Fall sorgen Sie für Dunkelheit.

Zeit In der Nacht, im Winter, bei der Wintersonnenwende, bei Schwarzmond – das alles kommt nicht immer zusammen. Aber eine Winternacht hat eine andere, erdhaftere Stimmung als ein heller Sommertag.

Hilfsmittel Etwas Erde, wenn Sie das Ritual im Haus durchführen – Blumentopferde, Sand, Lehm, Kieselsteine, Kristalle o. Ä. Füllen Sie diese Erde in einen irdenen Topf. In einem weiteren Topf halten Sie fein zermörsertes Steinsalz bereit. Außerdem sollten Sie sich überlegen, womit Sie den Kreis ziehen wollen, und gegebenenfalls vorab Blätter, Hölzchen, Steine usw. sammeln. Mit der Kerzenbeleuchtung sorgt man für eine stimmungsvolle Beleuchtung. Nehmen Sie grüne Kerzen, die den Wachstumsaspekt betonen. Ein Pentagramm, als Amulett, auf einen Stein gemalt oder aus Zweigen geflochten, gehört ebenfalls zum Erdritual. Für einen Duft – aber nur einen – sollten Sie sich entscheiden, und vielleicht ein Musikstück, das von dem langsam getrommelten Rhythmus des Herzschlags getragen wird. Setzen Sie nach Belieben Kristalle, Blumen, Nahrungsmittel ein.

Rituelle Vorbereitung

Und nun geht es los mit Reinigen, Erden, magischer Kreis. Wenn Sie Ihre persönliche Reinigung durchgeführt haben, kleiden Sie sich für das Ritual an. Dabei sollten Sie sich schon auf das Kommende konzentrieren und sich nicht durch Ihr Umfeld ablenken lassen. Anschließend suchen Sie den Ort auf, den Sie gewählt haben. Beginnen Sie mit der Salzreinigung. Nehmen Sie das Salzgefäß in die rechte Hand, und fassen Sie mit der Linken eine Prise zwischen den Fingern. Bitten Sie die Kraft der Erde, mit diesem Salz die Umgebung von störenden Einflüssen rein zu halten. Verstreuen Sie das Salz in einer schnellen Drehung im Uhrzeigersinn um sich herum, wobei sich das feine Salz durch die große Armbewegung in der Luft verteilt. Anschließend folgt das Erden und Zentrieren, wie auf Seite 131ff. beschrieben, und das Aufbauen des magischen Platzes. Stellen Sie Kerzen auf, und bereiten Sie das Räucherwerk vor. Das Pentagramm wird in Richtung Norden gelegt und Ihre sonstigen Hilfsmittel arrangiert. Um das alles ziehen Sie gegebenenfalls für sich und alle anderen den magischen Kreis, wie auf Seite 133 vorgeschlagen. Setzen Sie sich nun mit dem Gesicht Richtung Norden nieder. Es folgt der eigentliche Ritualinhalt – die Erfahrung der Erdkräfte.

Die Trancereise zur Erde

Dazu versetzen Sie sich in Trance, indem Sie sich bei tiefen Atemzügen und geschlossenen Augen eine steinerne Treppe vorstellen, die nach unten führt. Zehn Stufen steigen Sie ganz bewusst hinab, zehn Atemzüge lang. Unten angekommen, erwartet Sie ein Eingang – eine Höhle im Fels etwa, eine Wurzelhöhle eines mächtigen Baumes, eine hölzerne Tür in einem alten Bruchsteinhaus, ein Hügelgrab. Nehmen Sie Ihren Mut zusammen und treten Sie ein. Versuchen Sie zu erkennen, was sich vor Ihnen entwickelt. Wenn es mit dem Sehen noch nicht klappt, nehmen Sie Ihre anderen Sinne zu Hilfe. Lauschen Sie, schnuppern Sie, versuchen Sie Ihren Tastsinn, oder schmecken Sie. Meist stellt sich nach einiger Zeit ein inneres Bild ein. Beginnen Sie damit, dass Sie nach unten schauen. Wie fühlt sich der Untergrund an, auf dem Sie stehen? Wie sieht er aus? Was befindet sich rechts von Ihnen? Was links? Was liegt vor Ihnen? Beschreiben Sie für sich selbst oder andere die entstehenden Bilder, aber fragen Sie noch nicht nach der Bedeutung.

Wenn das Bild stabil geworden ist, beginnen Sie Ihre Wanderung. Nach diesem Entschluss tut sich meist ein Weg auf, dem Sie folgen können. Bewegen Sie sich in Ihrer Erdwelt, solange Sie mögen. Wo es Ihnen gefällt, können Sie sich niedersetzen, nur schlafen Sie dabei nicht ein. Wenn Sie diese Welt verlassen wollen, gehen Sie den gleichen Weg, den Sie gekommen sind, wieder zurück. Sie finden an seinem Ende das Tor, durch das Sie eingetreten sind. Verabschieden Sie sich von Ihrer inneren Welt, und treten Sie in das Wachbewusstsein ein. Bewegen Sie die einzelnen Glieder, atmen Sie tief ein, strecken Sie sich, und öffnen Sie langsam die Augen.

Ritualabschluss

Sollte all das beim ersten Mal nicht gleich gelingen, seien Sie sich selbst nicht böse. Und mir auch nicht. Es ist nicht unmöglich, aber man muss sich Zeit geben und sich öffnen. Auf jeden Fall sollten Sie nichts erzwingen. Auch laute, herrische Anrufungen der Geister nützen nichts, wenn man selbst nicht auf diese Energien eingestellt ist.

Entspannen Sie sich, stellen Sie sich ganz auf das Wahrnehmen ein und vor allem – zweifeln Sie nicht. Die Erde ist da, direkt unter Ihren Füßen – dauerhaft, beständig, fest und unsäglich tröstend. Sie ist so weise und alt, dass sie viel mehr Geduld mit Ihnen hat als Sie mit ihr. Vertrauen Sie ihr!

Wenn Sie das Gefühl haben, dass das Ritual zu Ende ist, dann bedanken Sie sich bei den Kräften der Erde, und verabschieden Sie sie mit einigen höflichen Worten. Erden Sie sich! Sollten sich negative Energien in Ihnen aufgebaut haben, reinigen Sie den Ort nochmals, und heben Sie dann den magischen Kreis auf.

Und dann denken Sie darüber nach, was Sie erfahren haben. Klugerweise schreiben Sie es auf.

Erdrituale

Im Folgenden finden Sie Vorschläge für den Einsatz der Erdenergie. Gerade diejenigen unter Ihnen, die einen hohen Anteil an Erdcharakter aufweisen, werden bei diesen Themen keine Defizite haben.

Hingegen haben ausgeprägte Luft-, Wasser- und Feuermenschen in diesen Bereichen Probleme. Bei ihnen wirkt die Erdmagie ausgleichend. Bei stabilen Erdtypen kann sie sogar ins Negative umschlagen. Dann wird ein gesundes Besitzdenken zu Habgier und Geiz, Geduld zu Trägheit und Festigkeit zu Sturheit. Wie üblich gilt also auch hier: Denken Sie gut darüber nach, was Sie sich wünschen – es geht in Erfüllung!

Ritualeinleitung

Und nun noch einmal zur Wiederholung – diese Schritte sind bei Beginn eines jeden Rituals gleich und stellen die Ritualeinleitung dar.

- Reinigen Sie sich selbst, legen Sie, wenn gewünscht, ein besonderes Kleidungsstück an. Lassen Sie sich ab jetzt durch nichts mehr ablenken, sondern widmen Sie Ihre Gedanken dem, was Sie durchführen wollen.
- Erden Sie sich, und alle, die sich beteiligen wollen, tun das auch.
- Reinigen Sie den Raum, indem Sie z. B. feines Salz verstreuen. Bitten Sie die Erdkräfte, ihn von negativen Einflüssen zu befreien.
- Entzünden Sie die Kerzen, die Duftlampe oder das Räucherwerk.

Ritual für Schutz und Bannung

Die Erde schützt, und mit ihren abwehrenden Kräften können Sie sich einen sicheren Raum schaffen. Doch halten Sie ihn nicht zu lange aufrecht, denn wer nichts an sich herankommen lässt, vereinsamt schließlich.

Ort Der zu schützende Raum oder Ihr persönliches magisches Arbeitszimmer.

Zeit Nachts und/oder samstags.

Hilfsmittel Ihr Pentagramm, schwarze Kerzen, ein schwarzes Kleidungsstück, als Duft vor allem Mekkabalsam oder Wacholder. Ein schwarzer Stein oder Edelstein, z. B. Onyx oder Türkis gegen den bösen Blick. Statt einen Stein können Sie auch ein Eibenzweiglein verwenden. Knoblauch, wenn Sie wollen, am besten in der Form von Knoblauchbrot.

Geistige Helfer Sie können Saturn oder die heilige Barbara einbinden, ansonsten reicht die schützende Kraft der Erde.

Ritualablauf

- Ritualeinleitung
- Drehen Sie sich nach Norden, und ziehen Sie mit der Hand das Pentagramm, so dass es wie ein leuchtender Stern vor Ihren Augen steht. Wiederholen Sie dies im Osten, Süden und Westen, bis der Kreis geschlossen ist.
- Rufen Sie die schützende Kraft der Erde an. Mit selbst gewählten Worten – ganz einfachen Sätzen oder einem ganzen Hymnus. Es liegt in Ihrem Ermessen. Die Erde hört Sie schon.
- Bitten Sie um Schutz für Raum oder Personen. Visualisieren Sie einen Mantel als Schutz.
- Wenn Sie möchten, können Sie jetzt den schwarzen Stein, ein Pentagramm oder ein Eibenzweiglein als Schutzamulett weihen,

indem Sie die schützenden Kräfte der Erde bitten, in diesen Gegenstand zu fließen.

⌖ Beschließen Sie das Ritual durch Danksagung, Verabschiedung, Erdung und Aufheben des magischen Kreises.

⌖ Den Stein oder das Amulett können Sie anschließend bei sich tragen oder in den Raum legen, der geschützt sein soll.

Ritual der Wachstumsmagie

Es geht hier um den empfangenden, keimenden Aspekt der Erde. Wachsen kann vieles, aber auch Ideen müssen wachsen, damit sie nicht im Keim ersticken. Ebenso sollte sich der Wohlstand mehren. Und natürlich ist auch das innere Wachstum eines Menschen ein ungemein wichtiger Vorgang.

Ort, Zeit und Hilfsmittel

Ort Garten, wenn es um Pflanzen geht, oder Ihr persönliches magisches Arbeitszimmer, wenn es um Ideen, Wohlstand und inneres Wachstum geht.

Zeit Nachts und/oder donnerstags.

Hilfsmittel Getreidekörner, (satt-)grüne Kerzen, ein grünes Kleidungsstück, als Duft Patchouli. Ein grüner Stein oder Edelstein, vorzugsweise grüne Jade (Empfängnis) oder Malachit (Wachstum). Soll Geld eine Rolle spielen, suchen Sie sich eine Münze, und polieren Sie sie auf. Ein grünes Tüchlein und ein Sträußchen Dill sind in diesem Fall auch angeraten. Ähren und Malzbier für die Erdung.

Geistige Helfer Wenn Sie wollen, können Sie die Kornmütter Ceres, Demeter oder Maria im Ährenkleid einladen oder Dionysos, ansonsten reicht die wachstumsfördernde Kraft der Erde.

Ritualablauf

⌖ Ritualeinleitung

⌖ Ziehen Sie den Kreis durch Ausstreuen von Getreidekörnern, im Norden beginnend, und stellen Sie sich ein schützendes Feld aus hohen Ähren vor.

⌖ Rufen Sie die wachstumsfördernde Kraft der Erde mit Ihren eigenen Worten an.

⌖ Bitten Sie um das, was für Sie keimen und wachsen soll, und stellen Sie sich die wachstumsfördernde Kraft des Elements Erde vor.

⌖ Sie können den grünen Stein jetzt als Fruchtbarkeitsamulett weihen, indem Sie die Kräfte der Erde bitten, in ihn zu fließen. Oder Sie nehmen die Münze, die Sie mitsamt dem Dillzweiglein in das grüne Tuch hüllen.

⌖ Beschließen Sie das Ritual durch Danksagung, Verabschiedung, Erdung und Aufheben des magischen Kreises.

⌖ Das Amulett oder den magischen Beutel können Sie nun bei sich tragen oder an die Stelle legen, wo Sie Ihr Geld aufbewahren.

Ritual für die Gerechtigkeit

Stabilität, Ordnung und Gerechtigkeit, auch das unterstützt das Element Erde. Wer entweder in Unordnung mit sich selbst lebt oder wessen Leben durch den Einfluss von Regelbrüchen anderer gestört ist, der sollte einen Ausgleich finden, um die stabile Ordnung wiederherzustellen.

Ort, Zeit und Hilfsmittel

Ort Ihr persönliches magisches Arbeitszimmer.

Zeit Nachts und/oder samstags.

Hilfsmittel Eichenblätter oder Eicheln,

braune oder schwarze Kerzen, als Duft Zypresse oder Wacholder. Als Stein den ordnenden Magnetit oder den schützenden Onyx, und, falls möglich, eine Kornblume.

Geistige Helfer Der große Richter und Prüfer ist Saturn, und ihm ist die Kornblume zugeordnet. Ansonsten die stabilisierende, ordnende Kraft der Erde.

Ritualablauf

- Ritualeinleitung
- Ziehen Sie den Kreis durch Ausstreuen von Eichenblättern oder Eicheln. Fühlen Sie sich geschützt wie an einem Thingplatz, dem Gerichtsplatz der Germanen und Kelten.
- Rufen Sie die richtende und ordnende Kraft der Erde mit Ihren eigenen Worten an.
- Bitten Sie um das, was für Sie geordnet werden soll oder wo Sie Gerechtigkeit verlangen. Das Urteil jedoch sollten Sie nicht bestimmen, nur die gerechte Beurteilung. Und dann übergeben Sie die Verantwortung der ordnenden Kraft des Elements Erde.
- Wenn Sie möchten, können Sie den schwarzen Stein jetzt als Amulett weihen, indem Sie die Kräfte der Erde bitten, in ihn hineinzufließen.
- Beschließen Sie das Ritual durch Danksagung, Verabschiedung, Erdung und Aufheben des magischen Kreises.

Das Amulett können Sie anschließend bei allen Kontakten mit Juristen bei sich tragen.

Ritual zu Lösezauber und Abschied

Die Erde kreist unablässig um sich selbst und um die Sonne, und mit ihr sind alle Abläufe ebenfalls zyklisch geordnet, ob Tageslauf oder Jahreszeiten, Vegetationsrhythmen oder Lebensphasen. Wachsen und Vergehen bestimmen den irdischen Kreislauf, und der Tod beschließt diesen Kreis. Nicht immer ist es das Leben, das zu Ende geht, auch von Vorstellungen lösen wir uns, von Gewohnheiten, Partnern, Kindern, Berufen. Es gibt viele Situationen des Abschiednehmens. Nicht alle sind schmerzlich, manche sehnen wir geradezu herbei. Die Erde hilft aber auch bei dem Wunsch nach Loslösung.

Ort, Zeit und Hilfsmittel

Ort Eine Gedenkstätte, wenn es um den Abschied geht, oder Ihr persönliches magisches Arbeitszimmer, wenn es das Lösen von Gewohnheiten oder Situationen betrifft.

Zeit Nachts an einem beliebigen Tag, vielleicht einem Gedenktag.

Hilfsmittel Ihr Pentagramm, schwarze Kerzen (Trauer) oder braune (Transformation und Verwesung), ein schwarzes Kleidungsstück, als Duft Zypresse. Ein Blumentopf mit Erde und Pflanzensamen nach Belieben. Wenn Sie eines Toten gedenken, seine Lieblingsspeise. Ansonsten ein Symbol dessen, wovon Sie sich lösen wollen.

Geistige Helfer Wenn Sie wollen, können Sie die dunklen Mütter Hekate oder Hel anrufen, Pluto besser nicht, Sie wollen ja auch getröstet werden. Ansonsten reicht die dunkle, tröstende Kraft der Erde.

Ritualablauf

- Ritualeinleitung
- Drehen Sie sich nach Norden, und ziehen Sie mit der Hand das Pentagramm, so dass es

wie ein leuchtender Stern vor Ihren Augen steht. Wiederholen Sie dies im Osten, Süden und Westen, bis der Kreis geschlossen ist.

⊕ Rufen Sie die zersetzende Kraft der Erde mit Ihren eigenen Worten an.

⊕ Bitten Sie um Hilfe bei dem, wovon Sie sich lösen wollen, und stellen Sie sich vor, wie die alles langsam verändernde Kraft des Elements Erde seine Wirkung entfaltet, wie die Zersetzung der alten Bindungen und Gewohnheiten beginnt und sich ihrem natürlichen Ende nähert und vor allem, wie sich daraus die neue Fruchtbarkeit bildet. So wie die Verwesung des Abgestorbenen den fruchtbaren Humus bildet, der dem Saatkorn des Neuen der Mutterschoß ist.

⊕ Wenn Sie möchten, gedenken Sie der Toten, und opfern Sie Ihre Tränen. Lassen Sie das Stückchen Zypressenholz (oder ein anderes Brennmaterial) mit dem Räucherwerk verglühen. Dies ist ein symbolischer Akt. Nehmen Sie also nur ein ganz kleines Stückchen Holz, es sei denn, Sie haben einen Kamin zur Verfügung oder im Freien ein größeres Feuer. Die Asche werden Sie später der Erde übergeben, wo sie den Boden fruchtbar macht. Oder opfern Sie das Symbol dessen, wovon Sie sich lösen wollen, indem Sie es vergraben. Beispielsweise in einem Blumentopf, in den Sie gleichzeitig die Samen einer Pflanze betten.

⊕ Beschließen Sie das Ritual durch Danksagung, Verabschiedung, Erdung und Aufheben des magischen Kreises.

⊕ Vergessen Sie nicht, anschließend die Erde im Blumentopf ein wenig zu gießen und dem neuen Leben Licht und Luft zu gönnen.

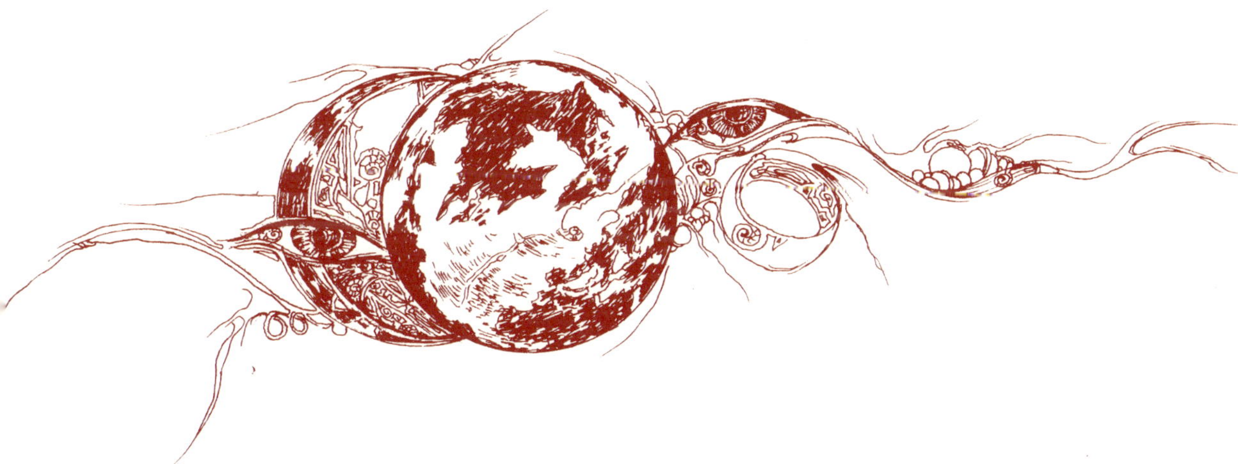

Analogien-Tabelle

	Luft	Feuer	Wasser	Erde
Richtung	Osten	Süden	Westen	Norden
Zeiten	Morgen Frühling Frühlingsäquinox Zunehmender Mond	Mittag Sommer Sommersonnenwende Vollmond	Abend Herbst Herbstäquinox Abnehmender Mond	Nacht Winter Wintersonnenwende Schwarzmond
Mensch	Kindheit Denken Sanguiniker Verstand	Jugend Wollen Choleriker Geist	Reife Fühlen Phlegmatiker Gefühle	Alter Handeln Melancholiker Sinne
Farben	Gelb Lichtgrau Orange Blassblau	Rot Gold Violett Purpur	Blau Blaugrün Dunkelgrau Silber	Schwarz Grün Braun Terrakotta
Steine	Bernstein Chalzedon Citrin Chrysoberyll Topas Tigerauge	Amethyst Diamant Feueropal Granat Jaspis Karneol Rubin	Aquamarin Chrysokoll Heliotrop Mondstein Opal Perle Rosenquarz Muscheln	Achat Grüne Jade Magnetit Malachit Onyx Rauchquarz Smaragd Türkis Steinsalz
Nahrungs-mittel	Brombeeren Honig Nüsse Zitronen Fruchtsäfte Minzlikör	Zwiebeln Rote Früchte Paprika Oliven Kaffee Branntwein Glühwein	Milchprodukte Äpfel Gurken Milch Weißwein	Getreide Kartoffeln Wurzelgemüse Malzbier Rotwein Met
Düfte	Beifuß Benzoe Eukalyptus Kiefer Lavendel Minze Weihrauch	Asa foetida Drachenblut Gartennelke Lorbeer Mastix Moschus Thymian Zimt Zedernholz	Vanille Kampfer Kamille Myrrhe Rose Sandelholz	Fenchel Geißblatt Jasmin Mekkabalsam Patchouli Salbei Wacholder Ylang-Ylang Zypresse
Instrumente und Laute	Flöten Windspiele Harfen I und E	Trompeten Fanfaren E-Gitarre A	Geigen Mandoline Klavier M und Sch	Trommeln Pauken Kontrabass O und U

Analogien-Tabelle

	Luft	Feuer	Wasser	Erde
Pflanzen	Besenginster Eisenkraut Glyzinie Löwenzahn Klee Kümmel Majoran Muskat Primel	Basilikum Brennnessel Gänseblümchen Löwenmäulchen Johanniskraut Pfeffer Sonnenblume	Flieder Heidekraut Hyazinthe Iris Katzenminze Lilie Lotus Schafgarbe Schilfrohr Veilchen	Dill Efeu Knoblauch Kornblume Margerite Mohnblume Rosmarin Gräser Moose/Farne Eiche Eibe
Orte	Berge Felsküste Türme	Vulkane Weihestätten Lagerfeuer	Quellen See-/Flussufer Meere	Höhlen Steinsetzungen Wald
Göttinnen und Götter	Alma Mater Minerva Athene Aurora Walküren Iris Musen Harpyen Sirenen Hermes Merkur Loki Odin Ogma	Maria vom Siege Hestia Brigid Apollon Balder Helios Hephaistos Jupiter Zeus Lug Mars Wieland	Maria Stella Maris Aphrodite Coventina Freya Selene Sequana Venus Mannanan Poseidon	Maria im Ährenkleid Gaia Ceres Demeter Nerthus Taillte Tellus Mater Cailleach Hel Hekate Persephone Arawn Cernunnos Dionysos Pan Hades Freyr Saturn
Elementar-wesen	Sylphen Feen Elfen	Salamander Drachen Feuervögel	Undinen Nixen Najaden Nereiden Selkies Wassermänner	Gnome Banshee Sidhe Kobolde Trolle Zwerge
Heilige und Erzengel	Blasius Katharina Raphael	Georg Margarete Michael	Christopherus Pantaleon Erasmus Gabriel	Ägidius Barbara Uriel
Magische Symbole	Schwert Sterne Räucherwerk	Stab Sonne Kerzen	Kelch Mond Weihwasser	Pentagramm Münzen Erde Erdung

7. Kapitel
Quinta Essentia

Die Suche nach der Quintessenz ist die Suche nach der Vollendung. Das ist ein wahrhaft hohes Ziel, das nur wenige Menschen erreichen. Aber ist das ein Grund, es nicht anzustreben? Schon kleine Schritte auf dem Weg dorthin machen das Leben reicher, die Sicht auf die Dinge weiter, den Blick in die Tiefen schärfer, das Verständnis für sich und andere größer.

So sind wir nun nach der intensiven Betrachtung der vier Elemente hier gelandet, bei der Quintessenz, dem mysteriösen fünften Element. Äther wurde es genannt, und es soll die Verbindung zwischen den vier Urstoffen herstellen. Das tut es auch, doch Äther ist es nicht. Die Quintessenz bleibt ein Geheimnis. Sie ist der wundersame Prozess, der dazu führt, dass das Leben mehr ist als seine Teile. So ist auch der Charakter des Menschen mehr als seine den Elementen zugeordneten Qualitäten. Das Zusammenspiel, das sich gegenseitig befruchtende, das sich wechselweise hemmende, das förderliche oder hinderliche Zusammenwirken der Kräfte, das macht das fünfte Element aus, nach dem die Alchimisten und Magier der Vergangenheit so sehnsüchtig gesucht haben.

Wissen und Weisheit

Die Suche ist nicht beendet. Sie kann nicht zu Ende sein, solange es Menschen gibt. Magisches Wissen verhält sich anders als Faktenwissen. Wissenschaftliche Erkenntnisse, zivilisatorische Errungenschaften und technische Fortschritte haben sich von Generation zu Generation entwickelt, bauen aufeinander auf und können, weil sie auch dokumentiert sind, von den nachfolgenden Generationen gelernt werden. Das ist es, was die Schule, die Ausbildung, das Studium vermitteln. Das Wissen des Einzelnen über sich selbst jedoch hat jeder Mensch neu zu erwerben. Natürlich können Sie Sozialverhalten, ethische Grundsätze und gesellschaftliche Regeln lernen, aber was Sie erfahren müssen, einsehen und begreifen, ist, wer oder was Sie selbst sind. Dafür gibt Ihnen keine Schule in unseren Breiten eine Anleitung. In gewissem Maße ist es eine philosophische oder religiöse Aufgabe, hier Hilfestellung zu leisten, aber auch da ist das Angebot spärlich, auch wenn manche Sekten so etwas versprechen. Glauben Sie denen lieber nicht. Wir lernen, uns Wissen anzueignen, niemand aber außer wir selbst lehrt uns, weise zu werden.

Der erste Schritt zu dieser Art von Wissen ist Selbsterkenntnis. Magische Techniken helfen dabei, magische Modelle liefern ein Gerüst. Das ist erst einmal nur Wissen. Die Weisheit entsteht durch die Erkenntnis, wie man selbst zu sich und der Welt steht. Die vier Elemente sind als solche frei von Wertung. Das habe ich in den vorherigen Kapiteln versucht zu vermitteln. Sie können sich im Guten oder im Schlechten auswirken, können im Übermaß vorhanden sein oder unterrepräsentiert. Sie können einander ergänzen oder bekämpfen, und nur in Maß und in Harmonie bilden sie ein vollkommenes Ganzes.

Das Gleichgewicht der Kräfte

Luft und damit Verstand, Feuer, also Wille, Wasser, das Gefühl, und Erde, mithin die Sinne, sollten in gleichem Maße das Leben bestimmen. Wenn Denken, Wollen, Fühlen und Handeln im Einklang miteinander stehen, wird ein Mensch sich selbst nicht mehr fremd sein. Er hat eine ausgeglichene Basis, auf die er sich und auf die andere sich verlassen können.

Glauben Sie nur nicht, dass eine solche Person eine gesetzte Matrone sei oder ein abgeklärter Greis. Es ist gerade die ungeheure Lebendigkeit, die freigesetzt wird, wenn die inneren Kräfte nicht mehr gegeneinander arbeiten, sondern miteinander schwingen. Dann kann die Abenteuerlust des Feuermenschen zwar ausbrechen, aber er wird so viel Verantwortung haben, dass sein Handeln weder waghalsig ist noch seine Begeisterung Unerfahrene mitreißt. Es kann die erdhafte Sturheit von Toleranz und Weisheit gemildert sein. Die kühnen Höhenflüge des Luftmenschen werden konsequente und pragmatische Lösungen nach sich ziehen, und das überströmende Mitgefühl des Wassermenschen zu angemessener Hilfe werden.

Die Aufgabe annehmen

Wir haben alle die große Aufgabe vor uns, dieses Gleichgewicht der Kräfte herzustellen. Es steht uns jedoch frei, diese Aufgabe anzunehmen. Niemand hindert uns, unbewusst weiterzuleben, anderen für jedes Missgeschick in unserem Leben die Schuld zuzuschieben oder höheren Mächten die Verantwortung dafür anzulasten. Niemand muss sich entwickeln. Jeder aber darf sich entwickeln.

Wenn Sie die Aufgabe angenommen haben, dann wissen Sie zumindest jetzt in etwa, wo Sie stehen. Sie wissen, wo eine Unterbetonung eines Elements bzw. einer seiner Eigenschaften bei Ihnen vorliegt. Nennen wir jetzt nicht mehr die Urstoffe, sondern verwenden wir ihre menschlichen Entsprechungen, dann wird es einsichtiger. Also wo mangelt es bei Ihnen? Im Denken, Wollen, Fühlen oder Handeln? Worin findet sich eine Überbetonung? In Geist, Seele, Gefühl oder Körper? Wo spielen Sie Rollen, statt Sie selbst zu sein? Wo missfällt Ihnen Ihre eigene Art zu sein?

Zugegeben, es ist kein einfaches Unterfangen, die schwach entwickelten Seiten erst einmal zu akzeptieren und dann auch noch an deren Stärkung zu arbeiten. Aber mit den magischen Bildern, den Symbolen und Archetypen, haben Sie ein Handwerkszeug dafür in der Hand. Sie können Träume und

Zufälle mit ihnen deuten und erkennen, wann es Zeit ist, etwas zu tun.

Die Entwicklung der Elemente im Laufe des Lebens

Noch ein Weiteres sollten Sie zum Trost wissen: Es ist eine lebenslange Aufgabe, dieses Gleichgewicht herzustellen, aber es gibt Zeiten, in denen es besonders wertvoll ist, eine bestimmte Qualität aufzubauen. Es gibt Phasen, da steht ein Wandel förmlich an, und wenn man diese Chance vertut, dann hat man hinterher doppelte Mühen. Sie erinnern sich – die Elemente stehen auch für die Lebensalter.

Als Kind und heranwachsender Mensch sind die Lufteigenschaften zu integrieren. In jener Zeit ist Lernen einfach. Das Erkennen der sinnlichen Welt, später das Ziehen von Schlüssen und das eigenständige Nachdenken, das Weiterforschen, Grenzen austesten und Zukunftspläne schmieden gehören in die ersten etwa 14 Lebensjahre. Es fällt sicher schwer, hier schon ein Feuerdefizit erfolgreich auszugleichen. Das Feuer entwickelt sich in der Pubertät und in den darauf folgenden Jahren des jungen Erwachsenseins. Wer allerdings auf dem kindlichen Luftniveau stehen bleibt und diese Feuerzeit nicht auslebt, wird Probleme mit dem Selbstbewusstsein bekommen. Denn Wettkampf, Selbstbestätigung, Leidenschaft, Karrieredenken und Abenteuerlust wachen im verstärkten Maße auf. Der Mensch testet seine Kräfte am Rest der Welt, auf welche Weise auch immer. Für verträumte Wasserphantasien bleibt wenig Raum. Der tägliche Lebenskampf, Beruf und Familie müssen erst einmal bewältigt werden.

Doch mit dem Übergang zu den mittleren Jahren rücken die inneren Fähigkeiten in den Vordergrund, wenn man sie nicht ignoriert. Etwa zwischen 35 und 45 Jahren sollte man anfangen, die Wasserqualitäten zu stärken. Die Zeit ist reif dafür. Übergeht man diesen Wandel, wird irgendwann ein spirituelles Loch klaffen und eine Leere und Unzufriedenheit, vor allem in Beziehungen, eintreten. Die inneren Welten wollen gelebt, das Mitgefühl, die soziale Verantwortung, die schlummernde künstlerische Ader geweckt und ausgelebt werden. Ob als Beruf, als Hobby oder als Ehrenamt, das hängt von der Entwicklung des Einzelnen ab. Engagement in der Interaktion mit anderen Menschen aber ist es, was hier leicht fällt. Für die tiefe Innenschau ist vielleicht noch nicht die rechte Zeit. Die dunklen Erdqualitäten aber sollten zum Alter hin nicht geleugnet werden. Es ist das unabänderliche Schicksal des Menschen, dass sein Leben mit dem Tod endet. Und es ist mehr als verantwortungslos sich selbst und dem eigenen Heilsein gegenüber, wenn man das ignoriert.

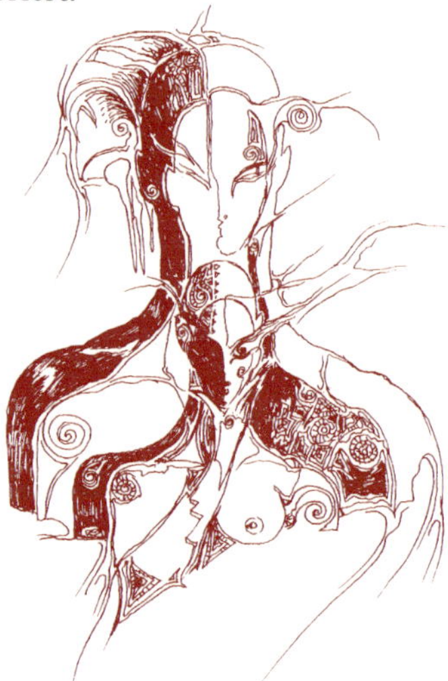

Register

Analogien **26**
Archetypen **27,** 77, 155
Autogenes Training 24
Bilder, magische
– der Erde 129ff.
– der Luft 38ff.
– des Feuers 69ff.
– des Wassers 100ff.
Choleriker 18, 63
Dämmerung 45f.
Denktyp (n. C.G. Jung) 19
Duftstoffe/-öle 40f., 49, 55, 71, 81, 110f., 141f.
Elementarwesen
– der Erde 136f.
– der Luft 45
– des Feuers 76
– des Wassers 106
Elemente
– Entwicklung 8f., 156
– Symbole 7
– und Psychologie 19
Elementtyp 12
Empfindungstyp (n. C.G. Jung) 19
Entspannung **24**
Erdcharakter 18, 125ff.
Erde (Element) 6ff., 26, 28, 62, 68, 79, 108, **124ff.,** 155
Erdkreis 133f.
Erdmagie, praktische 138ff.
Erdseite 19, 36f., 67f., 98f., 127f.
Erdung 22f., 56, 131f.
Erdzeichen 18
Farben, magische 47, 78f., 108, 138f.
Feenplätze 46
Feuer (Element) 6ff., 20f., 26, 28, 47, **62ff.,** 77, 108, 155
Feuercharakter 64ff.
Feuerkreis 73f.
Feuermagie, praktische 78ff.
Feuerseite 19, 36, 66, 97f., 127
Feuerzeichen 18
Fische 18
Frühling 42, 55
Fühltyp (n. C.G. Jung) 19
Geistwesen **28ff.,** 45
Göttinnen/Götter
– der Erde 134f.
– der Luft 43f.
– des Feuers 74f.
– des Wassers 104f.
Gral, heiliger 95
Hausputz, magischer 54f.
Heilige/Engel
– der Erde 136
– der Luft 44f.
– des Feuers 76
– des Wassers 105f.
Herbst 102f.
Herz 101f.
Hilfsmittel der Magie 21f., **30f.**
Höhlen 144f.
Imaginieren **23f.**
Intuition 65f.
Intuitionstyp (n. C.G. Jung) 19
Jungfrau 18
Kelch 100f.
Kerzenmagie **71ff.**
Kraftorte 52ff., 83ff., 113ff., 144f.
Kreativität 23, 37
Krebs 18
Kreis, magischer, in der Luftversion 42f.
Licht 63, 69, 71
Löwe 18
Luft (Element) 6ff., 26, 28, **32ff.,** 62, 68, 77, 81, 110, 155
Luftcharakter **34ff.**
Luftmagie, praktische 47ff.
Luftseite 19, 35, 65f., 96f., 126f.
Luftzeichen 18
Magie, weiße 9, **20ff.**
Meditation **24f.,** 38, 69, 72, 100, 129
Melancholiker 18
Mond 101ff.
Münzen 130f.
Nahrungsmittel 48, 80, 109f., 140f.
Neumond 132
Orte, magische **31** → Kraftorte
Pentagramm 129f.
Persönlichkeitstest **13ff.**
Pflanzen 50f., 82f., 111f., 142f.
Phlegmatiker 18, 94
Quellen 113f.
Quintessenz 154ff.
Räucherwerk 55f.
Reinigen 54ff.
→ Hausputz, magischer
Rituale **21ff.,** 55ff., 86ff., 107, 116ff., 148ff.
Sanguiniker 18
Schütze 18
Schwert 38f., 42f., 55
Skorpion 18
Sommer 73
Sonne 70ff., 78
Stab 69f.
Steinbock 18
Steine/Kristalle 47f., 79f., 108f., 139f.
Sterne 40
Stier 18
Symbole **27,** 155
Töne 50, 81f., 111, 142
Trance **25f.,** 56, 87f., 117, 149
Übungen 40, 42f., 45, 51, 54, 73, 76, 82f., 85, 103f., 107, 112f., 115f., 133, 137, 143f., 147f.
Visualisieren **23,** 42
Vollmond 72, 101, 103
Vulkane 83f.
Waage 18
Wald 146f.
Wärme 69
Wasser (Element) 6ff., 26, 28, 50, 62, 68, 82, **94ff.,** 155
Wassercharakter **96ff.**
Wasserkreis 104
Wassermagie, praktische 108ff.
Wassermann 18
Wasserseite 19, 34f., 65, 96, 126
Wasserzeichen 18
Weihestätten 84
Widder 18
Winter 132
Zentrieren 56
Zwillinge 18

Über die Autorin
Ansha beschäftigt sich seit vielen Jahren mit Magie und artverwandten Gebieten. Sie versucht vor allem eine Synthese zwischen alten magischen Praktiken und den derzeitigen wissenschaftlichen Erkenntnissen herzustellen.

Bildnachweis
gettyimages, München: U1/Wüste (Jack Dykinga), U1/Hintergrund (Spencer Jones); Jump, Hamburg: U1/Himmel (Annette Falck); photonica, Hamburg: U1/Feuer (Chris Ferebee), U1/Wasser (James Gritz). Illustrationen von Beate Brömse, München

Hinweis
Dieses Buch ist sorgfältig erarbeitet worden. Dennoch erfolgen alle Angaben ohne Gewähr. Weder Autorin noch Verlag haften für eventuelle Fehler oder Schäden, die aus den im Buch gegebenen praktischen Hinweisen resultieren.

Literatur
Banzaf, Hajo: Die vier Elemente in Astrologie und Tarot, Arkana, 1994
Banzaf, Hajo: Das Tarot-Handbuch, Arkana, 1998
De Bairacli Levy, Juliette: Das Kräuterhandbuch für Menschen, Zweitausendeins, 1987
Caland, Marianne und Patrick: Weihrauch und Räucherwerk, Windpferd, 1995
Gabriel, Vicky: Der alte Pfad, Arun, 1999
Gottschalk, Herbert: Lexikon der Mythologie, Heyne, 1993
Graichen, Gisela: Das Kultplatzbuch, Bechtermünz, 1997
Heller, Eva: Wie Farben wirken, rororo, 1999
König, Ditte: Die Welt der Feen, Heyne, 1996
Monaghan, Patricia: Lexikon der Göttinnen, O.W. Barth, 1997
Peschek-Böhmer, Dr. Flora: Heilung durch die Kraft der Steine, Ludwig, 1997
Rätsch, Christian: Heilkräuter der Antike, Diederichs, 1995
Schreiner, Klaus: Maria – Jungfrau, Mutter, Herrscherin, Hanser, 1994
Schauber, Vera und Schindler, Hanns Michael: Heilige und Namenspatrone im Jahreslauf, Pattloch, 1999
Telesco, Patricia: Das Blumenorakel, Mosaik, 1999

Impressum

Der Ludwig Verlag ist ein Unternehmen der Ullstein Heyne List GmbH & Co. KG, München

2. Auflage 2003

Redaktion
Margit Brand, Karin Stuhldreier

Projektleitung
Karin Stuhldreier

Umschlag
Jan Dirk Hansen

Layout
Markus Nerger

DTP/Satz
Mihriye Yücel

Produktion
Angelika Kerscher (Leitung), Gabriele Kutscha

Druck und Bindung
Westermann Druck, Zwickau

Printed in Germany

Gedruckt auf chlor- und säurearmem Papier

ISBN 3-7787-5058-5